# DISGWL BŶS YN STAFELL MAM

# DISGWL BỲS
# YN STAFELL MAM

## Chwech o ddramâu
## Aled Jones Williams

NIC ROS

bwthyn
GWASG Y BWTHYN

ISBN 1-904845-39-8

Cyhoeddir y llyfr hwn gyda chymorth ariannol
Cyngor Llyfrau Cymru.

Cyhoeddir y dramâu hyn gan gredu bod gan bawb ohonom yr hawl i ddarllen
llenyddiaeth yn rhydd a'r hawl i gloriannu yn ôl barn a chwaeth unigol.
Y mae Aled Jones Williams yn un o ddramodwyr Cymraeg pwysicaf
ein dyddiau ni. – *Y Cyhoeddwyr.*

Cyhoeddwyd ac argraffwyd gan
Wasg y Bwthyn, Caernarfon

# CYNNWYS

# Cyfweliad gydag
# Aled Jones Williams

NR    Ga i ofyn yn hollol gyffredinol i ddechrau a wyt ti'n dewis ynteu yn gorfod ysgrifennu?

AJW    Dwi'n meddwl buaswn i'n cael fy nhemtio i ddeud fod yna ryw hen ysfa yn'o i. Dwi eisiau deud rhywbeth, dwi ddim yn gwbod beth, ond dwi eisiau ysgrifennu. Neu mae yna ryw gymeriad yn fy mhen i yn ymddangos ac unwaith mae'r cymeriad yna, mae yna orfodaeth wedyn i ddeud rhywbeth. A tydyn nhw ddim yn mynd i ffwrdd nes bod rhywbeth wedi digwydd. Felly ydy, mae o'n fwy o orfodaeth nag o ddewis. Mae'n ymylu ar obsesiwn.

NR    Hynny yw, gyda'r cymeriad rwyt ti'n dechrau yn hytrach na'r sefyllfa ddramatig?

AJW    Rhyw gymeriad sydd yna'n deud rhywbeth, ac os glywa i gymeriad yn siarad imi, fydda i'n gwbod fod yna bethau'n digwydd. Y cwestiwn mawr wedyn ydy lle mae hwnna'n mynd i fynd? Ac fe all rhai pethau fod yna am flynyddoedd. Mae'r sefyllfa hefyd, wrth reswm, yn bwysig ond, gan amlaf, y cymeriad sy'n dŵad yn gyntaf, wedyn y sefyllfa.

NR    Mae gennyt nifer o ffigyrau sy'n ymddangos mewn nifer o dy ddramâu di, er enghraifft y dyn sydd yn dal i fod yn fachgen.

AJW    Deudodd rhywun fod ganddo fo un nofel wedi'i hysgrifennu saith o weithiau, neu un ddrama mae o wedi'i hysgrifennu saith o weithiau. 'Swn i'n deud bod gen i, mae'n siŵr, un cymeriad. Dwi'n cofio mynd i'r ysgol fawr, Ysgol Dyffryn Nantlle. Wnes i ymddangos mewn trwsus bach. O'n i'n meddwl, does yna neb arall mewn trwsus bach yn y lle yma, a dwi'n meddwl fod yna rywbeth yn fy mam nad oedd hi ddim am i mi dyfu fyny. Person sydd rhwng dau fyd, felly. Yr un cymeriad yna ydy o – lot ohono fo'n fi a lot ohono fo nid y fi chwaith.

NR    Gwn fod gweld *Wrth Aros Godot* wedi bod yn drobwynt i ti, ond pa ysgrifenwyr eraill sydd wedi cael dylanwad neu sydd wedi dy ysbrydoli di?

AJW Ia, *Waiting For Godot* welais i gynta. A'r gweld oedd y peth, nid yn gymaint hwyrach y cynnwys, ac nid yr athroniaeth chwaith, ond beth welais i ar y llwyfan.

Ychydig yn ôl mi wnes i weld *The Entertainer* gan John Osborne ac o'n i'n gweld bod hon yn ddrama bwysig i mi. Dwi'n cofio ei darllen hi flynyddoedd yn ôl, a gweld Lawrence Olivier yn y ffilm yn actio Archie Rice. Ailymweld â honno eto a gweld ei bod yn bwysig. Drama wleidyddol iawn wrth gwrs ond bod cymeriad yr Archie Rice yma, cymeriad oedd wedi cuddiad cymaint o bethau ynddo fo ei hun ac yn cyfathrebu trwy jôcs, 'has-been' go iawn ac eto yn dod allan efo'r llinell ysgytwol *'I'm dead behind these eyes you know'*.

At beth mae rhywun yn dod yn ôl o hyd ac o hyd? Y ddrama fydda i'n mynd yn ôl ati ydy *King Lear* – wna i bob amser drio mynd i weld honna. a gwahanol actorion a'u dehongliadau nhw ohoni. Mae yna rywbeth am *King Lear*, yn y darn diwedd yna lle mae o ar yr hen gomin yna – dyn wedi dod i lawr i'w elfennau, yn yr elfennau. Mae honna'n bwysig i fi. Mae pethau eraill yn bwysig, a ffilmiau yn enwedig. Beth welais i gyntaf ydy'r peth. *'Westerns'* bob amser, lle mae yna rywbeth hollol, hollol glir, rhwng da a drwg, er nad ydw i fy hun yn dilyn hwn chwaith.

Lle arall fydda i'n mynd yn ôl ato fo ydy llyfr Job bob amser, oherwydd am wn i mae Job yn arwr. Mae o'n gwrthod derbyn ei sefyllfa ac mae o'n mynnu cael y cyfarfyddiad yma hefo Duw a dydy Duw ddim yn dod allan ohoni yn dda iawn.

Yn Gymraeg, dwi wedi mwynhau Gwenlyn Parry yn fawr o ran y delweddau. Ond o safbwynt sgwennu a deialog, yna Wil Sam dwi'n licio. *Y Dyn Swllt* – wrth fy modd efo honna.

Ond mae yna rai sy'n waelodol. Mae yna rywbeth am *King Lear* sydd yn waelodol, mae yna rywbeth am lyfr Job sydd yn hollol, hollol waelodol. Rwyt ti'n medru gorffwys arnyn nhw rhywsut ac yn teimlo'n saff yna hefo nhw. Mae yna rywbeth am y ddau yna, buasai'n anodd iawn byw hebddyn nhw rhywsut.

NR Rwyt ti'n cyfeirio at *King Lear* a Job a'r ddau yn arwyr trasig yn dy dyb di. Oes yna arwriaeth yn dy ddramâu di?

AJW Na, dydw i'm yn meddwl bod yna arwriaeth o gwbl ynddyn nhw. Dwi ddim yn siŵr iawn a ydy o'n bosib i ti gael arwr y dyddiau yma. Mae yna dristwch yn y cymeriadau, mae yna gomedi ynddyn nhw hefyd. Am wn i, ar y cyfan, liciwn i feddwl am fy hun fel rhywun sy'n ysgrifennu comedïau, ond nid rhywbeth sydd yn "hahahahaha" bob munud. Un arall wnes i ddim sôn amdano fo gynnau, ond un pwysig iawn i mi, oedd Tony Hancock. Rwyt ti'n gwbod yn iawn bod rhain yn cario pwn, dwyt ti'm yn siŵr iawn beth ydy o, ond tydy o'n ddim byd trasig fel colli teyrnas. Ond maen nhw wedi colli rhywbeth. Mae'r rhai sydd wedi bod yn cynhyrchu'r dramâu yn gofyn 'wel, o le mae'r cymeriadau yma wedi dŵad? A beth oedden nhw'n ei wneud cynt, a beth oedd eu gwaith nhw, a beth oedd enw ei fam o?'

Dydw i'm yn gwbod o lle maen nhw wedi dŵad, ond maen nhw wedi cyrraedd rŵan. A mae 'na rywfaint o arwriaeth yna, os ydy arwriaeth yn golygu dyfalbarhad er gwaetha bob dim.

NR     Bardd ynteu dramodydd wyt ti? Ac a wyt ti'n gwbod beth wyt ti am ei ysgrifennu cyn gwneud, neu wrth i ti ddechrau ysgrifennu?

AJW     Dwi yn meddwl, i fod yn ddramodydd go iawn, mae'n rhaid i chi fod yn actor ar yr un pryd. Dwi wedi meddwl erioed mai'r dramodwyr gorau ydy'r rhai sydd wedi bod yn actorion hefyd. Dwi yn meddwl hynny oherwydd bod yna ryw ddealltwriaeth o'r cyfrwng reit o'i du fewn, a dwi erioed wedi actio'n broffesiynol. Beth fydda i'n licio ydy sŵn geiriau a sŵn iaith lafar, pobl yn siarad; ar y cyfan rhywbeth i'w hynganu ydy iaith i mi, nid rhywbeth i'w ddarllen. Felly byd llafar ydy fy myd i nid byd llyfr – ychydig ar y naw o nofelau fydda i'n ddarllen er enghraifft.

     Dwi wedi eisiau bod yn fardd erioed. Pan o'n i'n blentyn, ro'n i'n meddwl bod yna rywbeth ffantastig am fod yn fardd. Dwi'm yn gwbod beth, 'sgen i'm syniad beth, ond o'n i'n meddwl bod yna. A dwi wedi ysgrifennu rhyw lun ar farddoniaeth ar hyd f'oes. Pan fydda i'n trio ysgrifennu cerddi maen nhw'n troi allan yn farddonllyd ar y cyfan, ond pan fydda i'n ysgrifennu drama dwi'n meddwl weithiau bod yna rai darnau o'r ddrama sydd yn farddoniaeth, oherwydd mod i ddim yn trio ysgrifennu barddoniaeth bryd hynny. Felly cyfuniad o eiriau a beth mae pobol yn ei ddeud sy'n bwysig.

     Ydw i'n gwbod beth dwi'n mynd i'w ddeud? Nac ydw. Pan fydda i wedi cael gafael ar beth mae'r cymeriad yn ei ddeud, mae hwnna a'r cymeriad yn un. Maen nhw'n deud beth maen nhw'n deud ac nid beth fyddwn i'n licio iddyn nhw ddeud. Dramodydd ta bardd? Rhywle yn y canol am wn i.

NR     Celfyddyd lafar ydy barddoniaeth felly, sydd angen llwyfan, neu bulpud?

AJW     Ia, dwi yn meddwl hynny. Dwi'n meddwl bod barddoniaeth yng Nghymru yn dal yn berffaith gyhoeddus, talwrn neu stomp neu beth bynnag. Mae o'n rhywbeth llafar, rhywbeth i'w glywed. Am wn i dyna beth ydy'r gynghanedd, rhywbeth i'w glywed ydy o nid rhywbeth i'w ddarllen. A mae'r rhain, y cymeriadau yma, maen nhw'n creu byd hefo'u geiriau a dwi'n meddwl bod hynny'n bwysig. Nid disgrifio y maen nhw ond creu, amddiffyn eu hunain. Os gwnân nhw beidio siarad does 'na'm byd yna wedyn ond y mudandod. I greu byd, nid i'w ddisgrifio fo, maen nhw'n siarad.

NR     Oes yna wrthgyferbyniad rhwng dy waith bob dydd fel ficer ac fel dramodydd a bardd, ynteu ydyn nhw'n ddwy ochr yr un geiniog?

AJW     Maen nhw'n ddwy ochr i'r un geiniog. Mae crefydd wedi dirywio gymaint yng Nghymru ac yn y byd Gorllewinol, ond mae o'n fwy nodedig yng Nghymru nag yn yr un lle arall dwi'n meddwl, nes wyt ti wedi colli hanfod crefydd, sef i mi canfod storïau a delweddau sydd yn gwneud synnwyr o fywydau bobol. Dyna'i hanfod o, felly beth sydd gen ti bellach ydy rhyw lun ar ffwndamentaliaeth lle mae pawb yn mynnu bod rhaid i'r peth yma fod yn wir, bod rhaid i chi berthyn i hyn, bod rhaid i chi gredu hyn. Wel nonsens ydy hynna, arwydd o'r dirywiad ydy hynny. Bellach tydy pobl ddim yn ymgodymu efo stori, fel Job. Mae stori Job yn stori ardderchog. Lle ma'r dyn yma yn ymgodymu ac yn mynnu lle mae Duw? Pa fath o Dduw ydy o? Dwi'n meddwl bod y cwestiynau yna mewn rhyw ffordd neu'i gilydd drwy'r dramâu, ag i fod yn berffaith onest dwi'n teimlo'n hun weithiau yn llawer mwy crefyddol yn yr ystyr yr ydw i'n ei ddehongli o fewn i'r theatr nag ydw i tu fewn i eglwys. Oherwydd fy mod i'n medru holi'r cwestiynau iawn. Felly, ia, dwy ochr yn sicr o'r un geiniog ydy'r ddau beth.

NR    Mae'n syndod fod yna gyn lleied o bregethu yn dy ddramâu di. Ond gyda *Ta-ra Teresa* roedd rhai'n gobeithio y byddai gennyt ti ddweud mawr ar bwnc sydd mor ddyrys yn y Gymru gyfoes, ond fe wrthodaist wneud hynny. Ai cyfrifoldeb yr artist yw bod y tu hwnt i unrhyw ystyriaethau gwleidyddol?

AJW   Dwi ddim wedi meddwl amdano'n hun erioed fel person gwleidyddol. Dwi wedi bod yn weddol llugoer tuag at wleidyddiaeth. Dwi'n ffeindio hi'n anodd ofnadwy i fod yn rhan o unrhyw blaid, boed honna'n blaid wleidyddol neu'n blaid grefyddol. Tydw i ddim yn ffeindio hynny'n hawdd, oherwydd mod i'n ffeindio perthyn yn anodd, i fod yn berffaith onest. Mae'r syniad yma o berthyn yn mynd yn ôl at blentyndod mae'n siŵr eto. Y ddelwedd lywodraethol sydd gen i ohonof fy hun ydy hogyn bach yn crwydro o gwmpas yn gwneud fel fyd a fynno fo, ond eto fod yna lawer o dristwch yn y "byd a fynno fo" hefyd. Dwi'n meddwl bod yna rywbeth am natur perthyn yn gysylltiedig â beth dwi'n ei alw'n efengyliaeth. Felly, yn grefyddol mi fyddai'n golygu'r rhai sy'n hwrjio sicrwydd, yn deud mai fel hyn mae hi. Ac efengyliaeth Gymraeg hefyd. Oherwydd dwi wedi byw mewn cymunedau bychan Cymraeg, lle mae pobol yn deud "ew, fel na bydda hi yn bob man e'sdalwm" ac o'n i'n meddwl "argol, naci. Plîs naci". Unffurfiaeth – dim ond un ffordd o wneud pethau, un ffordd o feddwl. A dwi'n meddwl bod hwnna wedi dod trwodd yn *Ta-ra Teresa*. Tydy hi ddim yna i roi pregeth grefyddol, dydy hi'm yna chwaith fel mater o ffaith i roi pregeth Gristnogol o'r math mae pobol yn meddwl dylwn ei rhoi. Beth dwi yn ei licio'i wneud ydy cael hyd i'r cwestiwn iawn, ond dwi'm yn siŵr iawn am yr ateb. A mae 'na rywbath am ateb sy'n dod â rhywbeth i ben.

NR    I ba raddau felly mae dy weithiau di'n Gymraeg neu'n Gymreig?

AJW  Maen nhw'n Gymraeg yn eu hiaith. Dwi ddim yn meddwl fedri di gyfieithu lot ohonyn nhw, oherwydd mae'r idiom Gymraeg yna, a ffordd o ddeud rhywbeth sydd o'i drosi i iaith arall yn mynd ar goll. A mae fy naearyddiaeth i'n gysáct iawn. Rhyw ddwy filltir sgwâr ydy o, a mae cerflun Lloyd George [ar y sgwâr yn Nghaernarfon] yn y canol. Fanna mae o, ac yn fanna mae'r cymeriadau yma. Felly ym mha ystyr maen nhw'n Gymraeg? Wel maen nhw'n dŵad yn sicr o Gymru, o'r diriogaeth yna, ac yn deud pethau gwahanol i beth sydd wedi cael ei ddeud.

NR  Ydy dy hiwmor di'n Gymreig? Ac a ydy hiwmor dy ddramâu yn fwriadol?

AJW  Ydy mae o. Dwi wedi licio hiwmor Iddewig erioed, sydd yn deud y pethau mwyaf digri yn y sefyllfaoedd mwyaf uffernol, a mae yna ryw adnod yn un o'r Salmau 'a'r Arglwydd Dduw a edrychodd o'r nefoedd ac a ddywedodd "ha ha".'
     A mae yna rai pethau tabŵ yng Nghymru. Dwi'n meddwl bod yr iaith Gymraeg yn dabŵ: chei di ddim chwerthin am yr iaith. Barddoniaeth hefyd. Er bod yna farddoniaeth ddigri, fedri di'm chwerthin am ben barddoniaeth chwaith. A wedyn y gair mawr hanfodol hwnnw i'r feirniadaeth Gymraeg, y gair 'di-chwaeth' wrth gwrs. Mae hwnnw'n dod i mewn yn aml, bod rhywbeth yn 'ddi-chwaeth'. Dwi wrth fy modd hefo'r 'di-chwaeth'.

NR  Ydy gwynfyd plentyndod ac uffern aeddfedrwydd yn thema mewn ambell un o dy ddramâu?

AJW  Dwi'n meddwl bod plentyndod yn thema fawr. Mae lot o'r cymeriadau yma yn dal yn blant. Ond mae plentyndod yn garchar hefyd. Tydyn nhw ddim wedi medru dianc oddi wrtho fo. A hefyd un o'r hen ddaliadau Freudaidd yna – mai yn y plentyn mae'r dyn a'r wraig, a dyna lle mae'r problemau hefyd. Felly ti'n sôn hefyd mewn plentyndod am y pethau ciaidd a dyna pam dwi'n licio *Un Nos Ola Leuad*, oherwydd mae hi'n wirioneddol fynd i'r afael â'r pethau yna. Mae'r dramâu dwi'n meddwl y tu mewn i fanna'n rhywle, felly uffern plentyndod a'r strach yma i gyrraedd aeddfedrwydd. Y broses yma o dyfu fyny ac yn y diwedd o gael dy ddadrithio rhywsut neu'i gilydd, ond dy ddadrithio mewn ffordd dda rhywsut. Dwi'n cofio rhywun sy'n gwneud lot o waith cynghori fel therapi yn deud, "Diben therapi ydy'ch dadrithio chi". Ia, i'ch rhoi chi yn eich terfynau i chi wybod beth sy'n bosibl a beth sy'n amhosibl, oherwydd mae'r plentyn yn meddwl bod pob dim yn bosibl. Ac felly proses o ddadrithiad ydy hyn, ag o'n i'n meddwl 'Wel, dwi'm yn siŵr iawn ydw i eisiau gwneud y therapi yma mwyach.'

NR  Mae *Wal. Be' Oedd Enw Ci Tintin?* ac ychydig o *Ta-ra Teresa* yn cynnwys deialog, ond mae'r rhain yn annodweddiadol. Dramâu ynteu monologau wyt ti'n eu hysgrifennu?

AJW    Ia, byd monolog ydy fy myd i dwi'n meddwl. Os wyt ti eisio mynd
       yn ôl i ngwaith i, ficar plwyf, monolog ydy pregeth, dim byd arall
       ond monolog. A rwyt ti'n canfod o'r fonolog yr hyn nad ydy'r dyn yn
       ei ddeud. Dwi'n cofio cwestiwn am bregethwr yn ei bulpud – y
       cwestiwn mawr oedd, ydy hwn yn deud y gwir? Ydy o'n credu beth
       mae o'n ei ddeud? Ac ydy ei fywyd o, a beth mae o'n ei ddeud, yr un
       un peth? Felly mae yna rywbeth am fonolog lle mae yna lot o
       gwestiynau – ydy hwn, wrth ddeud hyn, yn deud beth sydd mewn
       gwirionedd ynddo fo? Ynteu ydy o'n deud rhywbeth arall? A'r
       cwestiwn y tu ôl i hwnnw oedd, fedri di ymddiried mewn iaith?
       Hwyrach na fedri di ddim.

NR     Drama deledu ynteu drama lwyfan ydy *Fel Stafell*? Wnest di ei
       haddasu ar gyfer y teledu?

AJW    Drama lwyfan ydy hi a wnes i ddim ei hailysgrifennu.

NR     Ai cyfeirio at y theatr y mae'r teitl?

AJW    Dwi'n meddwl bod hi (y wraig) yn sôn am farwolaeth fel stafell. Ac
       am wn i, ydy, mae o'n fetaffor gen i, mae'r ystafell yn le pwysig
       oherwydd pa fath o ystafell ydy hon. Ystafell fyw, beth sydd yn
       digwydd yn yr ystafell fyw yma? Mae yna rywbeth cyfforddus am
       ystafell ag eto mae yna anwarineb yn medru digwydd mewn ystafell.
       Fydda i'n licio, o safbwynt lluniau, rhywbeth yn digwydd ar y
       cyrion, ar yr ymylon, felly mae "fel stafell" yn fetaffor.

NR     Ai'r alcohol, ynteu salwch ac yna marwolaeth ei wraig, sy'n gyrru'r
       cymeriad?

AJW    Ddeudwn i mai'r alcohol sy'n gyrru'r dyn. A phob problem arall yn
       deillio o hynny, a bod o'n cuddiad yn yr alcohol ac wedi gwneud
       erioed. Mae o'n meddwl bod o'n twyllo ond tydy o ddim; hi sydd
       wedi cyflawni homar o dwyll arno fo. Ac felly yn yr ystafell yma beth
       oedd pobol yn ei wybod am ei gilydd, beth oedd yn gudd, beth oedd
       ar yr wyneb? Ond mae'r dyn yn hollol ar chwâl ar un wedd. Ond pan
       mae o'n darganfod beth sydd wedi digwydd, mae ei fyd o yn mynd
       ar chwâl a bron mai sment i'w gadw at ei gilydd ydy'r alcohol, ond
       yr alcohol ydy'r grym llywodraethol, nid ei salwch hi.

NR     Ai drama radio oedd *Pryd Fuo Kathleen Ferrier Farw?* o'r cychwyn?

AJW    Dwi'n meddwl mai *Pryd Fuo Kathleen Ferrier Farw?* ddoth â'r
       boddhad mwyaf i mi erioed, o ran ysgrifennu. Wnes i wironeddol
       fwynhau y cyfrwng radio oherwydd roedd yn rhaid i mi weld pob
       dim trwy nghlust. Baswn i wedi licio gwneud lot mwy o waith trwy
       gyfrwng y radio. Mae gen i ryw un peth yn fy meddwl fel mater o
       ffaith. Mi oedd yna rywbeth am Kathleen Ferrier a'r radio erioed, mi
       oedd yna ryw raglen ar nos Sul, *Your Hundred Best Tunes*, a mi fydda
       Kathleen Ferrier yna'n aml yn canu *Blow the Wind Southerly*. Mi gofia
       i ryw fywgraffiad teledu ohoni hi, a'i ffrind hi'n sôn fel yr oedd hi

wedi marw – efo cancr, ac argol, oedd cancr yn beth mawr i mi ac o'n i'n meddwl bod o ar Nhad. Ac felly dwi'n cofio, mi oedd hi'n rhyw ffigwr pwysig, Kathleen Ferrier, oedd hi'n clymu lot o bethau efo'i gilydd. Wedyn pan ofynnwyd i mi wneud drama radio doedd gen i ddim byd, dim syniad, ac yn sydyn wrth daro'r radio ymlaen mi ddoth Kathleen Ferrier. A dwi'n meddwl "o, mae 'na ddyn yn gwrando ar Kathleen Ferrier", ac o fanno y doth hi. A mi roddodd honna fwy o foddhad i mi na dim byd dwi'n meddwl, oherwydd mi oedd o'n fwy o sialens, oherwydd o'n i'n gorfod cau'n llygadau a sbio – a gweld trwy nghlust.

NR  Mae'r cynhyrchiad radio yn gaboledig tu hwnt, gyda John Ogwen yn llwyddo i greu un o gymeriadau mwyaf empathig dy waith. Rwyt ti i'th weld yn hoffi'r cymeriad hwn yn neilltuol. Ai am ei fod yn gysylltiedig â dy dad?

AJW  Oedd mi oedd o. Mae yna dri gwaith yn perthyn i'w gilydd dwi'n meddwl. Mae *Rhaid i Ti Fyned y Daith Honno Dy Hun*, *Pryd Fuo Kathleen Ferrier Farw?* ac *Awelon* – mae'r tri yna'n perthyn i'w gilydd, o'r un lle mae rheini wedi dŵad. Nhad yn sicr oedd hwn – mae yna rywbeth yn hollol 'desperate' ar un wedd yn y Mr Parry yma sydd yn holi cwestiynau iddo fo'i hun. A sut beth ydy colli – nid yn unig colli dy gof – ond colli pwy wyt ti – hwnna oedd y peth mawr i mi yn fanna. Mae hwnna'n thema gen i, beth ydy colli pwy wyt ti, mewn unrhyw ffordd, boed o drwy alcohol, boed o drwy salwch, boed o'n ddementia, boed o'n unrhyw beth. Ar beth wyt ti'n dal dy afael bryd hynny? Beth ydy'r pethau yna wyt ti'n wirioneddol fachu arnyn nhw, hwnna ydy'r peth. A'r ffordd mae pobol yn camddeall wedyn yr hyn rwyt ti'n trio'i wneud a'i ddeud.

NR  Ai gweledigaeth o dy uffern personol di ydy *Pêl Goch*?

AJW  Beth sy'n bwysig am *Pêl Goch* i mi oedd nid beth ysgrifennais i ond ei byd hi. Dwi ddim yn or-hoff o'r hyn dwi wedi'i ysgrifennu efallai, ond ei byd hi – ia. Ydy o'n disgrifio uffern personol? Ar ryw wedd mae o. Rwyt ti wedi croesi rhyw drothwy a rwyt ti'n meddwl dy fod ti yn rhywle, ond dwyt ti ddim, rwyt ti mewn rhywle hollol wahanol. Mae hwnnw wedi digwydd i mi sawl tro, sawl achlysur, yn bennaf ym myd alcohol. Byd alcoholig ydy o er nad oes yna ddim alcohol yn *Pêl Goch*. Rwyt ti yn y byd yma, ag eto dwyt ti ddim. Mae pethau cyfarwydd y byd yma o dy gwmpas di ond dwyt ti ddim yna. Beth sy'n bwysig am *Pêl Goch* ydy ei delweddaeth hi, nid yr ysgrifennu fel y cyfryw.

NR  Ai dinistr plentyn, sy'n digwydd yn *Pêl Goch*, *Tiwlips*, ac eto yn *Lysh* gyda Sandra, ydy'r drasiedi fwyaf?

AJW  Ydy, mae o. Bod yna ryw goil yn rhywle wedi digwydd, bod yna ryw ddadrithiad – Nietzsche ddeudodd 'mae'r ffeithiau'n uffernol' a dyna pam rwyt ti angen celfyddyd. Rŵan ta, ydy hynny'n wir ai peidio? Dwi'm yn gwbod, ond mae yna ryw ymdeimlad o hynny, a dwi'n meddwl bod y stori orllewinol lywodraethol yma o golli gardd Eden, a does dim rhaid i ti feddwl am hynny'n grefyddol oherwydd dwi'm yn meddwl mai stori grefyddol ydy hi; stori ddynol ydy hi. Mae yna ymdeimlad bod rhywbeth wedi mynd o'i le yn rhywle rhywbryd a bod chdi'n chwilio am ffordd o gael hwnnw yn ôl, a'r cwestiwn mawr ydy sut wyt ti'n byw efo beth sydd gen ti rŵan? Heb adael i'r gorffennol dy ddinistrio di a heb adael i'r presennol a'r dyfodol dy lywodraethu di. Sut wyt ti'n byw yn rŵan?

NR    Mae *Wal* yn cynnwys un o dy ddelweddau theatrig cryfaf, felly *Tiwlips* hefyd. Ai'r cymeriadau ddaeth yn gyntaf eto gyda *Wal* ynteu'r sefyllfa?

AJW    Dwi ddim yn siŵr yn fanna, dwi'n mynd yn ôl ar beth ddeudais i gynnau, mai y ddelwedd ddoth yn gyntaf tro yma. Ond yn rhyfedd iawn yn Ynys Enlli ffeindiais i'r ddelwedd yma. Roedd yna ddau ddyn. Un dyn yn crafu'r wal a mi ddoth y llall ato fo. Ac oeddan nhw'n gwneud y pethau rhyfeddaf. Yn y cynhyrchiad, wrth gwrs, mi oedd yna ryw gath wedi'i rhoi, ond does gen i ddim cath yna, does 'na ddim byd yna, jyst bag efo rhywbeth ynddo fo, ond dwyt ti ddim yn gwbod beth sydd yn y bag yma. Mi o'n i hwyrach yn teimlo bod y cynhyrchiad yn rhy amlwg, ond hwyrach bod yr ysgrifennu yn rhy amlwg? Ond eu henwau nhw: Corporal Alji a Plain Eddy. Os gymeri di hanner cyntaf eu henwau – Alji ac Eddy – gei di Aled, a mi oedd hwnna'n fwriadol wrth gwrs.

NR    Ym mha ystyr oedd y cynhyrchiad yn rhy amlwg?

AJW    Dwi ddim yn gwbod. Meddwl o'n i – dwi'n cofio gweld y wal am y tro cyntaf erioed ac yn meddwl 'Arglwydd naci, nid wal fel hyn ydy hi'. Mae o'n fwy na hon, mae yna rywbeth yn ofnadwy am y wal yma. Fuaset ti ddim eisiau bod wrth ymyl y wal yma o gwbwl. Wal sy'n dy stopio di, dyna ydy o. A mae'n siŵr mai adwaith i hwnna oedd o.

NR    Ai drama gymdeithasol ydy *Tiwlips*?

AJW    Wnes i erioed benderfynu mod i'n mynd i ysgrifennu drama am gam-drin plant, dim ond digwydd dod i fod ddaru'r cam-drin. Wrth reswm, drama am gam-drin plentyn ydy hi ond hefyd beth sydd yn digwydd i rieni sydd yn methu â bod yn rhieni? Dyna oedd y peth: pa mor bell weithiau y medr rhiant fynd os ydy o neu hi ar ben 'i hunan, lle maen nhw'n colli'r berthynas sylfaenol yna rhwng mam a phlentyn, neu dad a phlentyn, lle mae o'n mynd drosodd i rywbath arall? Felly dyna oedd y syniad, dyna beth oedd yn digwydd o'n i'n teimlo yn fanna. Am nad oedd hi'n benodol am gam-drin, roeddwn i'n ymwybodol hwyrach na fedrwn i'm ysgrifennu am gam-drin oherwydd doedd gen i ddim o'r profiad o fod wedi cael fy ngham-drin. Ond rhywbeth am y berthynas sylfaenol yna, plentyn a mam a beth sy'n digwydd pan mae'r berthynas yna'n mynd yn gam. Dyna oedd y thema; mae honna'n thema sydd gen i drwy'r amser.

NR     Felly ar ddiwedd y ddrama does neb yn cael ei ddal yn gyfrifol am gam-drin Patric?

AJW     Yn y diwedd Yncl Jo ydy'r camdriniwr a does yna ddim esgus, does 'na ddim rheswm, a does 'na ddim byd fedri di'i wneud i gyfiawnhau y dyn yna. Ond ar yr un pryd, pan oeddwn i'n ysgrifennu honna, sut oedd medru cael, os oedd yn bosib, rhyw lun ar gydymdeimlad efo Yncl Jo? Mi oedd hwnna'n gwestiwn pwysig gen i. Oherwydd o'n i ddim eisiau bod mor ddu a gwyn.

NR     Y perygl yw, wrth gwrs, os nad ydyn ni'n dal Yncl Jo yn gyfrifol, mae'n siŵr mai'r fam sy'n gyfrifol.

AJW     Ia, yn hollol. Dwi'n meddwl iddi hi wneud ei gorau o dan yr amgylchiadau, ond doedd o ddim yn ddigon. Mae yna rywbeth am hwnna sydd gen i o hyd, y ddelwedd o'r fam. A sut mae'r berthynas sylfaenol yna rhwng mam a plentyn sydd yn medru lliwio gweddill oes y plentyn neu'n medru dinistrio hwnnw, a beth sydd yn rhaid i ti gael i wneud honna'n berthynas iach.

NR     Ar ôl y cynhyrchiad cyntaf o *Ta-ra Teresa*, roedd yn fwriad gennyt ei hailysgrifennu. Er na chest gyfle i wneud, pa elfennau penodol fyddai wedi cael sylw?

AJW     Mi oedd cymeriad Johnny wedi'i sylfaenu'n iawn gen i, mi oedd cymeriad y fam eto yn iawn, ac o'n i'n weddol hapus efo'r ferch ond doeddwn i ddim yn hapus o gwbl efo Robert Hefin. Doeddwn i ddim yn siŵr iawn sut i'w achub o a dydw i'n dal ddim. Hynny ydy, roedd o'n mynd yn fwy o ystrydeb Cymdeithas yr Iaith, ac er pob dim oeddwn i'n drio'i wneud efo fo roedd o'n dal i fod felly. A hwyrach mai ysgrifennu Robert Hefin oeddwn i ac nid mynd i mewn i gymeriad Robert Hefin. Oherwydd dydy'r profiad o'r math yna o genedlaetholwr ddim gen i, yr unig beth oedd gen i oedd y gwawdlun. Felly dwi'n meddwl mod i 'di ysgrifennu gwawdlun yn fanna.

NR     Mewn un ystyr gallai Robat Hefin fod yn arwr trasig y ddrama. Ond yr argraff gyffredinol ges i o'i gweld hi sawl gwaith oedd mai dyma'r cymeriad lleiaf diddorol gen ti, fel ei fod e'n atchweliad bwriadol i'r chwe degau.

AJW     Mae modd i ti edrych arno fo felly. Ond mi ges i Robert Hefin yn anodd iawn, iawn oherwydd roedd gen i ryw ragfarn yn ei erbyn o, ac o'n i'n methu â chael gwared o'r rhagfarn. Mi oedd peth diffyg cydymdeimlad yna rhywsut ag o'n i'n methu'n glir â chael gafael arno fo'n iawn oherwydd doeddwn i ddim yn gwbod pwy oedd o'n iawn, a doedd yntau ddim yn gwbod pwy oedd o. Roedd yna elfennau cryf ohonof fi'n hun ynddo fo oherwydd mae'r stori am fynd i Lerpwl ac ati yn hollol wir. Ond pan oedd o'n dŵad i'r elfennau pregethwrol doeddwn i ddim yn teimlo bod o'n taro deuddeg o gwbl. Felly mi oedd o'n broblematig ofnadwy.

NR    Ydy hi'n ddrama sydd â neges benodol?

AJW    Un cwestiwn oedd gen i oedd, beth ar ddiwedd y dydd ydy cenedl? Beth ydy Cymro, beth ydy Saesnes, beth ydy Ffrancwr, beth ydy Almaenwr, beth ydyn nhw yn y diwedd? Ai damwain hollol ydy hyn, bod rhywun wedi cyrraedd rhywle? Ai damwain ydy o, ynteu a oes yna rywbeth mwy hanfodol na hynny? A dwi'n meddwl mai dyna'r cwestiwn. Fedri di ddychmygu yn y dyfodol efallai y byddai plant y ferch yn Gymry Cymraeg ac wedi anghofio. 'O ia mi oedd fy nhaid, hen hen daid yn dod o Lerpwl un tro'. Ai dyna beth ydy o? A dydw i ddim yn mynd i ateb y cwestiwn yna achos does gen i ddim y gallu yna. Ond mi fedra i holi'r cwestiwn. Dwi'n meddwl bod pawb yn dod oddi yno am wn i hefo'i gwestiynau ei hun – dwi'n gwbod nad oedd o'n plesio rhai oherwydd doeddwn i ddim wedi rhoi ateb, ond does gen i ddim diddordeb mewn atebion fel y cyfryw, dim ond mewn gwahanol gwestiynau.

NR    Yn dy apêl i'r Cymry Cymraeg gymryd cyfrifoldeb drostyn nhw eu hunain yn lle edrych dros eu hysgwyddau at Loegr a thaflu'r baich i fanna, gellid priodoli neges Bwdhaidd i'r ddrama.

AJW    Mi oedd yna fwy o elfennau Bwdhaidd ac fe dorrodd Ian [Rowlands, cyfarwyddwr y cynhyrchiad] y rheini allan; roedd o'n meddwl eu bod nhw'n rhy bregethwrol. Mae yna rywbeth am y syniad yma o ragluniaeth neu ewyllys rydd. Mae gan bobol yr hawl i ddŵad, ond beth ydy cyfrifoldeb yr hawl yna? Oes yna gyfrifoldeb yn mynd efo hwnna? Felly yn yr ystyr yna mae hi'n ddrama wleidyddol. Ond dydy Robert Hefin ddim yn cymryd y cyfrifoldeb. Tydy Eirwen ddim chwaith. Ond o bob cymeriad rydw i wedi delio â nhw, Robert Hefin ydy'r cymeriad sydd wedi gadael blas drwg yn fy ngheg i. A mae o'n dal yna, mae o'n dal yna yn dwrdio ac yn damio – ti 'di'n lladd i y diawl! Dyna be mae o'n ddeud.

NR    Yn Lerpwl!

AJW    *(chwerthin)* Ia, yn Lerpwl o bob blydi man. Dwi wedi methu efo Robert Hefin; mae Robert Hefin yn meddwl mod i wedi methu efo fo a felly mae o'n damio. Pob tro fydda i'n sbio ar *Ta-ra Teresa*, o – mae hwn yn dal yna.

# Rhwng rheg a rhethreg

Cerddi sy'n corddi ydy cynnyrch Aled Jones Williams. Y cyfuniad o regfeydd a rhyw, agnosticiaeth ac anffyddiaeth, sydd yn gyfrifol am gyflwr myfyrgar a holgar ei gynulleidfaoedd a'i ddarllenwyr. Mae'r codi cwestiynau weithiau'n codi gwrychyn am nad oes ateb yn cael ei gynnig. Y noethni ffigurol yn hytrach na'r enghreifftiau llythrennol sy'n creu anghysur: delwedd o ddyn heb sicrwydd hunaniaeth na pherthyn. Wrth ymyl y dibyn, naill ai eisoes yn golledig neu ar fin plymio i'r dyfnderoedd, y mae ei braidd. Yr hyn sy'n anodd i ni'r gynulleidfa ei stumogi yw pa mor agos yr ydym ninnau at yr un dibyn, a pha mor fregus y mae ein gafael ni ar yr hyn sy'n atgyfnerthu ein lle yn y byd hwn. Nid oes disgwyl ateb ar ôl cwestiwn rhethregol, ond gofyn y cwestiwn iawn yw consýrn y bardd hwn. Ar adegau ni cheir ateb i'r cwestiwn llwyfan oherwydd unigrwydd y cymeriad, neu oherwydd ei ddymuniad i beidio â chlywed yr ateb mae'n hanner ei synhwyro. Marciau cwestiwn yn atseinio ym mudandod mawr yr awditoriwm yw dramâu Williams.

Ar yr olwg gyntaf mae gwaith AJW yn gynnyrch person ifanc. Hawdd adnabod y sgrech o anobaith, y poen dybryd o fethu dirnad, yr ymhyfrydu mewn iaith stryd, a'r obsesiwn gyda materion rhywiol. Ond er bod yr elfennau yma'n uchel eu croch dydyn nhw ddim yn celu'r dyngarwch sy'n llifo trwy'i waith ac yn cysylltu'r ysbrydol gyda'r sathredig. Er mor ddybryd eu problemau, nid oes yna fwystfilod yn ei waith, dim ond unigolion dryslyd sy'n gweithredu'n fwystfilaidd weithiau. Y cydymdeimlad a'r empathi a rydd Williams i'w gymeriadau yw'r arwydd amlycaf o'i aeddfedrwydd. Efallai y bydd y dramodydd yn aml yn troedio'r gwter, ond gyda'i olygon o hyd ar y nefoedd. Serch hyn, ac er y lleolir un o'r dramâu yma ym mhurdan, nid yw dyn yn cael ei farnu gan ei Dduw ond ganddo'i hun, a mae ei ymwybyddiaeth o'i fethiant yn ategu at yr elfen drasig ynddo.

Yr un mor nodweddiadol ag y mae canfyddiad yr awdur o'r dwyfol ymhlith y darostyngedig yw ei ddefnydd o hiwmor i liniaru ar y weledigaeth ddu o'r bydysawd. Yn ei dyb ei hun comedi a ysgrifenna Williams, ond gŵyr mai comedi bol buwch ydyw, cymaint felly nes ei fod yn anweledig weithiau. Yn aml nid yw'n fwy na strategaeth i gadw'r sgrechfeydd draw, gyda'r chwerthin yn aml yn cynyddu i hysteria. Mae Williams ei hun yn cyfeirio at natur Iddewig ei hiwmor, sef y math o hiwmor sydd heb fod at ddant pawb, ac yn ddi-chwaeth hyd yn oed.

Gwraidd yr ymateb adweithiol hwn yw fod rhai pynciau yn sanctaidd a thu hwnt i hiwmor. Chwaeth bersonol yn y diwedd ydy hiwmor, a hwyrach na fydd y gerdd hon gan yr Iddew o Montreal, Leonard Cohen, yn ddoniol yn nhyb rhai ceidwadol, ac yn eu plith rhai o feirniaid mwyaf chwyrn y gerdd *Awelon*:

*The Music Crept By Us*

I would like to remind
the management
that the drinks are watered
and the hat-check girl
has syphilis
and the band is composed of former SS monsters

However since it is
New Year's Eve
and I have lip cancer
I will place my
paper hat on my
concussion and dance.[1]

Ceir yma nifer o gyfeiriadau penodol, tuag at gancr, afiechydon rhywiol, erchyllterau rhyfel, sy'n gymaradwy, ond yr un yw'r bwriad hefyd, sef dangos y gwacter o dan y gwâr. Cwmpas hiwmor Cohen a Williams yw'r bydysawd cyfan, ac ymestyniad o ddyngarwch y Cymro yw ei ddymuniad i fod mor holl gynhwysfawr ei hiwmor ag y mae o ran ei empathi.

Nid oes yr un o'r dramâu a gynhwysir yn y gyfrol hon mor amlwg ei phwyslais ar y comig ag y mae ei waith cynnar i Theatr Bara Caws, ond mater o raddfeydd yw'r gwahaniaethau. O ddechrau ei yrfa fel dramodydd llwyfan, mae rhyddhau'r hiwmor sydd ymhlyg wrth ei waith yn ddibynnol ar deimladau'r gynulleidfa o fod yn sicr eu tir. Arwyddocaol yw'r ymateb gwahanol i'r ddwy ddrama gyntaf a gyflwynwyd gan Theatr Bara Caws, lle cafwyd derbyniad ysgafnach o dipyn i'r ail, gyda'r gynulleidfa yn dod i arfer i ryw raddau â bydysawd gwyrdroëdig Williams erbyn llwyfannu'r ddrama honno, sef *Be' Oedd Enw Ci Tintin?* Mae'r trosedd a gyflawnir yn hon yn waeth o lawer na'r rhai o eiddo prif gymeriad y ddrama gyntaf *Sundance*, ac eto ar y ddau achlysur y gwelais y cynhyrchiad roedd awyrgylch agosach at sioe glybiau Bara Caws nag at ddrama ddifrifol. Er gwaethaf y ffaith mai drama mewn *genre* penodol oedd *Be' Oedd Enw Ci Tintin?* ac felly'n haws ei chymryd yn ysgafn, ynghyd â'r ffactor tyngedfennol na chyflwynir y fam a leddir ar y llwyfan o gwbl er mwyn sicrhau nad oes llawer o gydymdeimlad tuag ati, gellir ystyried datblygiad y gynulleidfa yn ffactor cyfranogol i dderbyniad mwy gwresog *Be' Oedd Enw Ci Tintin?*

Roedd y gynulleidfa ar gyfer *Cnawd*, a lwyfannwyd gan Dalier Sylw yn Eisteddfod Genedlaethol 1996 ar ôl ei buddugoliaeth yng nghystadleuaeth y Ddrama Fer ym 1995, ag ofn chwerthin gan fod y dweud mor giaidd o agos at yr asgwrn. Ychydig iawn o chwerthin a gafwyd o ganol cynulleidfa Eisteddfod draddodiadol a oedd wedi'u synnu, yn bennaf gan blethiad ieithyddol Williams o'r Beiblaidd a'r barbaraidd. Ond perthynas dwy ffordd sydd rhwng llwyfan a thorf, gyda chynulleidfa pob diwylliant yn addasu ac yn aeddfedu mewn ymateb i'r arlwy theatrig, ac mae Aled Jones Williams wedi gwneud mwy na'i siâr o wthio'r ffiniau. Roedd ei benodi ar gyfer Drama Gomisiwn Eisteddfod Genedlaethol 2004 yn nodweddiadol o allu ein prif sefydliad diwylliannol i newid gyda'r oes, a chorddi dim ond y mwyaf adweithiol ymysg ein cenedl a wnaeth y ddrama honno, *Lysh*.

Bu'r Eisteddfod Genedlaethol yn ffocws datblygol i Williams o ddechrau ei yrfa fel dramodydd, gyda *Y Dyn Lln'au Bogs* yn fuddugol yng nghystadleuaeth y ddrama hir yn Eisteddfod Genedlaethol 1994. Nid mynychwyr mwyaf traddodiadol yr Eisteddfod efallai yw cynulleidfa darged amlycaf ei waith, ond mewn gwirionedd mae'r degawd diwethaf wedi gweld nifer o gwmnïau a dramodwyr a fuasai yn y gorffennol y tu allan i brif ffrwd ein harlwy dramatig yn canfod cynulleidfa ffyddlon yn yr Eisteddfod. Mae parodrwydd y sefydliad i hybu a datblygu gwaith sydd yn ymylol neu'n anodd yng ngolwg rhai yn dyngedfennol yn hyn o beth. Elwodd Sêra Moore Williams a'i chwmni perfformio, Y Gymraes, yn fawr o'r cyfle i berfformio'n rheolaidd gan gynyddu nifer eu selogion, gyda'r datblygiad hwnnw'n cyrraedd penllanw gyda pherfformio *Mab* fel y Ddrama Gomisiwn yn 2001.

Datblygu wnaeth y berthynas gyda'r cynllun hybu ysgrifennu newydd a gomisiynodd *Wal* erbyn Eisteddfod Genedlaethol Môn ym 1999, ac fe lwyfannwyd *Lysh* gan Theatr Bara Caws yn Eisteddfod Casnewydd 2004. Er mai dyma'i drydedd ddrama i Bara Caws, dyma'r lleiaf tebyg i'r ddwy arall, gan nad oes gymaint o hiwmor na digwydd yn perthyn iddi. Yn wir, rhaid gofyn i ba gwmni y perthyn gwaith Aled Jones Williams? Gwelwyd *Cnawd* a *Fel Stafell* yn cael eu datblygu trwy Dalier Sylw, ond siom yw methiant y cwmni a'i ddilynodd, sef Sgript Cymru, i ddatblygu eu perthynas â'i waith hyd yma. Nid yw elfennau trymach ei waith yn gwneud cynulleidfa Bara Caws yn ddewis amlwg ar gyfer ei weithiau i gyd. Fe lwyfannwyd *Pêl Goch, Tiwlips* a *Ta-ra Teresa* dan wahanol gyfarwyddwyr gan Theatr Gwynedd, ac efallai mai dyma sy'n gweddu i natur agored ei waith. Gwahanol iawn yw *œuvre* Williams i waith Povey, er enghraifft, lle mae un ffordd yn unig o'i lwyfannu a hynny mewn ffordd finimal ac episodig. Mae natur farddonol gwaith Williams, ar y llaw arall, yn gwahodd dehongliadau gwahanol, ac efallai mai da o beth yw hi bod saith o gyfarwyddwyr proffesiynol wedi ymdrin â'i waith hyd yma. Er gwaethaf ambell gam gwag rhaid cymeradwyo'r amrywiaeth yma. Nid oes awgrym eto nad yw'n medru canfod llwyfan parod i'w waith, a does ond gobeithio na chyfyngir ar yr amrediad o agoriadau iddo.

Methiant a cholled yw'r norm yng ngwaith AJW. Mae ei waith yn ddirfodol gan ei fod yn gyson yn archwilio'r posibiliadau ysbrydol mewn byd di-Dduw. Anaml y bydd y sylweddoliad nad oes yna Dduw yn esgor ar ddicter megis yn *Diwéddgan* Samuel Beckett: "Y bastard! Tydi o ddim yn bod."[2] Er y defnydd o reg cyffelyb, ysgafnach yw'r amheuaeth yn *Fel Stafell* a fynegir gan Tom, sy'n gweiddi gan edrych i'r nefoedd "Gobeithio fod chdi yna . . . y bastard!" Er mai dymuno bodolaeth Duw a wna Tom er mwyn cael cyfle i'w frwydro, nid oes yr un terfynoldeb o ran tôn. Dryswch yn hytrach na dicter yw canlyniad mwyaf tebygol archwiliad arwyr AJW am ystyr. Maen nhw'n hiraethu am sicrwydd bod Duw yn bodoli gan eu bod yn medru cofio dyddiau diniwed o ffydd a gobaith. O gefndir crefyddol (a chapel yn benodol) y daw y mwyafrif o arwyr Williams, ond mae ei gefndir yntau yn yr eglwys yn caniatáu iddo bellter oddi wrth y profiad normatif crefyddol dosbarth canol Cymraeg a ddadansoddir mewn modd mor gignoeth. Mae Williams wedi ei ymneilltuo oddi wrth Ymneilltuaeth, ond mae'n bwrw golwg feirniadol dros y ffens o'i gorlan ei hun. Yr un mor anghydffurfiol yw ei berthynas â'r traddodiad barddol Cymraeg, fel y dengys ei gerdd goronedig *Awelon*, a hefyd yr elfennau hiliol o genedlaetholdeb Cymraeg a gondemnir yn *Ta-ra Teresa*.

Ar yr wyneb y defnydd o iaith y stryd sydd fwyaf annisgwyl yng ngwaith awdur sy'n ficer plwyf Porthmadog, ond mae'r amheuaeth ddofn a'r cwestiynu parhaus ar berthynas dyn â'i Dduw yn fwy o syndod. Amlygir edmygedd Williams o *King Lear* yn ei ddefnydd o ffigyrau aeddfed eu hoedran sy'n anghrediniol yn wyneb diffyg synnwyr y bydysawd. Dro ar ôl tro cyflwynir dyn ynghanol "blasted heath"[3] ei unigrwydd yn methu â dirnad sut yr aeth pob dim o'i le. Y gwahaniaeth mwyaf sylfaenol rhwng arwyr Williams a'r brenin Llŷr yw eu derbyniad, ar ryw lefel, mai nhw yw gwraidd y cyfan a ddigwydd iddynt. Hawdd yw gweld sut mae trallod brenin Shakespeare yn rhagflaenu themâu'r theatr absŵrd, ond y mae hefyd yn ymdebygu at waith y dramodwyr dirfodol megis Sartre a Camus, sy'n pwysleisio'r rheidrwydd ar ddyn i ganfod a chreu ei ystyr ei hun yn y byd.

Yr un mor fethedig yw perthynas dyn â'i gyd-ddyn, lle y bydd pob cyfarfyddiad yn ei atgoffa na all ddianc rhag ei hun. Dyn yn methu â byw yn ei groen ei hun yw pob un o brif gymeriadau gwrywaidd Williams, gyda'r methiant hunanymwybodol yma yn arwain at broblemau seicolegol ac alcoholiaeth. Ond nid yw'r dyn hwn yn wystl ffawd, ac mae ei fethiant yn hollol hysbys iddo, elfen sy'n ei ddyrchafu'n agosach at arwr trasig. Wrth osod y gwenwyn a'r moddion yn nwylo'i gymeriadau, dim ond fel esgus arall yr ystyrir syniadau am ragluniaeth a threfn ddwyfol. Yr hyn sy'n creu arwriaeth yn ei gymeriadau yw eu dycnwch, eu dyfalbarhad.

Bardd gwter yw pob un o brif gymeriadau Williams, unigolion o gefndir cyfforddus (ac eithrio Mr Parry yn *Pryd Fuo Kathleen Ferrier Farw?* ac efallai Patric yn *Tiwlips*) ond a ddewisodd fynd ar gyfeiliorn. Er cystal cyfle a gynigia cymhlethdod y cymeriadau i actorion, nid yw'r portread a gynigia Williams yn real nac yn grwn. Efallai mai dim ond yng Nghymru neu mewn gwlad debyg, gyda chysgod y capel yn dal i fod yn ddylanwadol (yn ein cynulleidfaoedd theatr, fodd bynnag), y gallai Williams ein darbwyllo gyda'r fath rith. Prif effaith yr holl regi yn ei waith yw rhoi patina o realaeth ar gymeriadau sy'n amhosib o huawdl. Mae'r rhegi yn ymwrthodiad hunanymwybodol o addysg ac o gefndir ac o'r "pethe", gan fod y rhain wedi gosod cyfres o hualau ar yr unigolion a ychwanegodd at botensial eu salwch. Gor-feddwl yw salwch cynhenid y dyn hwn nad oes iddo gartref yn y byd hwn. Rhith yw ei aelodaeth o unrhyw eglwys, capel, cymdeithas, plaid, teulu hyd yn oed, gan y gŵyr mai ffug yw'r cysuron hyn i gyd, gyda bywyd cyfforddus yn cynrychioli hefyd rhyw fath o farwolaeth. Mae ei ddeallusrwydd cynhenid yn tanseilio gwerth unrhyw gysur a geisia'r galon.

Nid yw credu yn Nuw na gwneud eich gwaith yn ddigon i sicrhau hapusrwydd. Yn wir, nid oes yna fformiwla am fodlonrwydd, na chwaith moesoldeb confensiynol yn cael ei gynnig o gwbl yng ngweithiau Williams. Awgrymir efallai edmygedd at y rhai cadarn eu ffydd, ond awgrymir yr un mor gryf mai bod yn unllygeidiog y mae'r rheiny, a bod cadernid safbwynt moesol yn beryglus gan yr arweinia'n anochel at gollfarnu eraill. Dim ond yn ddiweddar iawn, gyda'i ddrama fwyaf newydd *Lysh*, y ceir am y tro cyntaf gymeriad sy'n bregethwr o fath, neu'n hytrach bregethwraig: therapydd sy'n trin alcoholiaeth ei chleifion, ond un sydd â'i hysbrydion ei hun i geisio dygymod â nhw. Mae yna foeswers o fath yn cael ei chynnig yn *Ta-ra Teresa*, ond un sy'n annisgwyl a hyd yn oed yn annymunol i fwyafrif y gynulleidfa, sef byddwch yn gyfrifol am eich gweithredoedd a'ch hunaniaeth eich hunain.

Yn y gyfrol hon ceir enghreifftiau o bob un o foddau dramatig Williams. Mae *Fel Stafell* a *Pryd Fuo Kathleen Ferrier Farw?* yn fonologau dramatig, ac fe berthyn ei ddramâu *Sundance* a *Cnawd* i'r un dosbarth. Ond yn eu hanfod monologau ydy holl weithiau Williams, ac er gosod *Pêl Goch* a *Tiwlips* yng nghategori'r gweledigaethau theatrig oherwydd eu defnydd o fotiffau gweledol penodol fel y gwnaeth Gwenlyn Parry, cyfres o fonologau wedi'u rhannu a geir gan y mwyafrif ohonynt. Er ei phwyslais ar ddeialog, mae modd dadlau mai monodrama yw *Wal*, wedi'i lleoli ym mhen un cymeriad, ond fe ellir ei gosod gyda'r gweledigaethau oherwydd ei defnydd arbennig o'r theatr fel cyfrwng gweledol. Mae *Ta-ra Teresa* yn gerdd ddramatig (yn hytrach na theatrig) ac yn arwydd o'r ffordd y mae awen Williams yn ei arwain fel Beckett at lwyfan a chysyniad syml, barddonol. Mae'n arwyddocaol iawn mai "cerdd ar gyfer y theatr" yw ei ddisgrifiad ei hun o'i ddrama ddiweddaraf *Lysh*.

## ISFYD ISLAW'R GWTER

Gwelir dylanwad Gwenlyn Parry yn amlwg ar y ddrama *Pêl Goch*, gydag adfail perthynas y cwpl sy'n brif gymeriadau yn ein hatgoffa o *Y Tŵr*. Wrth drafod anffyddlondeb a chenfigen rhywiol y ceir y cyffelybiaethau amlycaf, er enghraifft y llinell "Nid fi oedd y cynta, naci?". Ar eu gorau mae Williams a Parry yn creu geiriau a delweddau sy'n bodoli ar ddwy lefel yr un pryd, sef y realistig a'r symbolaidd, gyda'r llowcio tuniau bwyd yn llenwi gwacter sy'n fwy na llwgu yn enghraifft nodedig. Mae yma hefyd ymdrech wirioneddol a phrin yn *oeuvre* Williams i greu drama â'i phwyslais ar ddeialog cymharol naturiolaidd, er nad yw strwythur na chymeriadu'r ddrama yn realistig. Er gwaethaf byrder cymharol *Pêl Goch*, mae'n meddu ar yr un strwythur amser cyffredinol â'r *Tŵr*, sef tair act ddilynol. Ond o fewn y strwythur cadarn mae *Pêl Goch* yn fwy episodig na champwaith Parry hyd yn oed, gyda pherthynas y gorffennol â'r digwydd yn fwy cymhleth. Nid y ffurfiau arferol yn unig o ymdrin â'r gorffennol a geir yn nrama Williams, sef cofio ac ailchwarae, ond hefyd ffurf o ymweld â'r gorffennol trwy brofiad y presennol.

Ond mae awdur arall â'i ddylanwad yn amlycach o lawer ar y ddrama hon. Gyda hoffter amlwg Williams tuag at theatr yr absŵrd mae'n syndod efallai canfod ôl-troed Jean-Paul Sartre ar *Pêl Goch*. Ond y cysyniad gwreiddiol ar gyfer *Huis Clos (Caeëdig Ddôr)* yw'r dylanwad yn hytrach na'r arddull neu'r strwythur. "Pobl eraill – dyna ydy uffern"[4] ydy gwraidd syniadol Sartre, sy'n methu â chanfod potel newydd ar gyfer ei win newydd: drama fwrgeisaidd hen-ffasiwn yw *Huis Clos* yn y bôn, yn adlewyrchiad o drwythiad y mudiad dirfodol mewn llenyddiaeth ac athroniaeth academaidd, tra bod y mudiad absŵrd yn fudiad theatrig yn anad dim. Yn *Huis Clos* mae'n gwawrio'n raddol ar y tri chymeriad paham y maent yn yr un uffern, a sut y mae eu hanes a'u cymeriadau yn eu cymell i arteithio ei gilydd, gyda phob un o'r tri â diddordeb carwriaethol yn yr un sydd heb fod â diddordeb ynddo ef neu hi.

Ym mhurdan yn hytrach nag uffern y mae cymeriadau *Pêl Goch*, ac er nad oes wybod i sicrwydd i le y byddan nhw'n teithio wedyn, mae'n hysbys iddynt mai am dridiau y byddant yn eu purdan. Maen nhw felly rhwng bod a diddymdra, neu *Être et Néant* Sartre. Rhydd y syniad o amser penodol dyndra dramatig sy'n naturiol gynyddu at derfyn y ddrama, gyda dirnadaeth y gynulleidfa eu bod yn rhannu eu hamser ym mhurdan. Yn wahanol i breifatrwydd uffern Sartre, ceir cip ar ambell unigolyn arall sy'n rhannu'r purdan â nhw. Rhyw fath o stordy sbwriel yw eu bydysawd, gydag amseriad y ddrama – "tua diwedd y ganrif" – yn awgrymu'n gryf mai detritws yr ugeinfed ganrif a gynrychiolir yn bennaf gan yr holl eitemau gwastraff sy'n glwstwr ar hyd a lled y set. Er bod ambell eitem megis y rhewgelloedd yn gweithio, gwrthrychau darfodedig a geir yn y purdan hwn, gosodiad sydd yr un mor wir am yr unigolion sy'n ei boblogi. Roedd llwyfaniad gwreiddiol y ddrama, gan Theatr Gwynedd ym 1998, wedi llwyddo i gyfleu hyn yn berffaith, gyda waliau real y theatr i'w gweld a'r gymhariaeth rhwng storfa wastraff purdan a stordy propiau theatrig yn fwriadol. Yn ei ddefnydd o ofod llwyfan mae Williams eto'n ymdebygu i Gwenlyn Parry a'i leoliadau deublyg. Mae'r bydysawd a bortreadir yn realaidd, yn hytrach nag yn naturiolaidd, ac yn meddu ar briodoleddau symbolaidd hefyd. Fel y dywed Williams ei hun am y ddrama: "Mae *Pêl Goch* yn digwydd mewn hen eglwys neu gapel – yn y lle o dan y sêt fawr – neu 'fallai mewn hen bictiwrs."[5] Mae Williams yn gosod ei her fwyaf i gynhyrchydd ar y diwedd un, gyda'i gyfarwyddyd llwyfan amhosib "O'i gwaed a'i hymysgaroedd cwympa pêl goch". Hoff o herio llwyfanwyr y mae'r awdur, ond dydy e ddim o ddifri yn disgwyl realeiddio'r ddelwedd mewn termau credadwy. Mae'r foment Sarah Kane-aidd yma yn dwyn i gof ei hymateb i'r ymdrech i hyfforddi llygod mawr ar gyfer golygfa amhosib gyffelyb mewn cynhyrchiad o'i drama *Cleansed*.[6] Ei hymateb oedd chwerthin, am mai celfyddyd, nid realiti, a geir ar unrhyw lwyfan. Gyda gwaith unrhyw ddramodydd, hawdd yw ildio i'r demtasiwn i ddehongli'n or-lythrennol, a chydag ysgrifenwyr mor haniaethol â Williams mae'r demtasiwn hyd yn oed yn fwy.

Yn ei bortread o gyd-ddibyniaeth dau gymeriad sydd wedi hen arfer â'i gilydd yn hytrach nag yn dal i garu'i gilydd mae *Pêl Goch*, fel *Wal*, yn ein hatgoffa o *Wrth Aros Godot*. Ond mae gwaith arall o yrfa theatrig gynnar Beckett, sef *Diwéddgan*, yn cael ei awgrymu gan elfennau penodol o'r ddrama hon, gyda'r cyd-ddibyniaeth ddi-gariad yn amlycaf. Dehonglwyd lleoliad Beckett fel anialdir wedi rhyw fath o apocalyps, ac mewn peth o'r dweud ceir adleisiau o'r Gwyddel alltud hefyd, megis "Does 'na ddim byd ond y gwacter lle roedd yna rywun unwaith." Sylwer mai'r ferch yw'r realydd yma, gyda'r dyn fel ym mhob un o weithiau Williams yn ei chael hi'n llawer haws diflannu i niwl angof neu rith.

Er gwaethaf y ddeialog amlycach na'r arfer, nid cymeriadau crwn, cyflawn a welwn yn y ddrama. Her fwyaf yr actorion yma yw rheoli datguddiad eu cymeriadau heb gymorth datblygiad unionlin. Rhaid iddynt ddangos mai'r un cymeriad ydynt er gwaethaf y newidiadau disymwth mewn cywair sydd hefyd yn her i'r gynulleidfa. Cymeriadau o gig a gwaed ydynt, gyda'r cig yn adfail a'r gwaed yn wenwyn. Amwys yw arwyddocâd y newid graddol a ddaw i ddiwyg y cymeriadau erbyn yr ail ddiwrnod, a'r newid yn ôl drachefn. Gellid edrych ar y newid i fod yn gymeriadau iau fel trosiad ar gyfer dychwelyd mewn henaint at gyflwr plentyndod, yn union fel a ddigwydd yn *Y Tŵr*. Mae'r newid yn ôl ynghlwm, o bosib, wrth y syniad o gofio – a ddisgrifir gan y wraig fel "y weithred brydfertha sy gynno ni". Mae eu methiant i gofio, yn enwedig yng nghyd-destun ei ddymuniad ef i anghofio digwyddiadau penodol – goryrru a lladd y ferch fach, lladd ei hun wedyn – yn golygu efallai eu bod wedi'u condemnio i anghofio pob dim, yn dda ac yn ddrwg. O anghofio eu "pechodau" fe'u cosbir trwy orfod ail-fyw'r cyfan eto. Mae elfennau o bob un o ddramâu llwyfan Williams sy'n ddibynnol ar ddehongliad cyfarwyddwyr, ond yma mae nod aneglur gan yr awdur wrth osod cyfarwyddyd i newid y cymeriadau.

Ni ddylai nodi'r holl ddylanwadau tebygol yma awgrymu mai gwaith ail-law yw *Pêl Goch*. Mae uffern y cymeriadau yma'n amlycach ac yn cael ei gyfleu'n fwy theatrig nag yn nrama Sartre, ac nid oes fawr ddim i'w hoffi yn unrhyw un o dri chymeriad yr athronydd, lle ceir empathi llwyr gyda chymeriadau cymhleth Williams. Mae geiriau ei gymeriadau yn esgyn i lefel farddonol nad oedd yn fwriad gan Parry, ac mae cysylltiad y rhain a'u sefyllfa â'n bywydau beunyddiol ni yn gryfach nag yng ngwaith Beckett, er nad yw efallai bob tro'n glir beth yw union natur y cysylltiad hwnnw.

## DRAMA O DYNERWCH A DONIOLWCH

Ysgrifennu'n dameidiog iawn a wna Williams, gan gyfosod gwahanol ddarnau i greu cyfanweithiau. Mae *Fel Stafell* yn enghraifft o ddrama oedd yn llawer hwy gyda'i ffocws yn wahanol, ac efallai ar ôl craffu'n hir, bod modd canfod gwreiddiau dwy ddrama ynddi, y naill am alcoholiaeth a'r llall am wraig ac arni salwch angheuol. Ni ddylid dibrisio'r ysgrifennu tameidiog yma, gan fod Williams yn cylchdroi nifer cyfyng o gymeriadau a sefyllfaoedd, a'r rhain yn gosod ffocws ar ei gorff o waith.

Hyd yn oed yma, yn gymharol gynnar yng ngyrfa dramatig Williams, cyfarwydd yw Tom, sef prif gymeriad *Fel Stafell*. Cyflwynir Tom inni fel "gogoniant a fu" "yn ei bedwardegau", ac felly mae'n perthyn yn ddi-os i'r llinell hir o fethiannau sy'n cynnwys meddwyn *Cnawd*, gŵr *Pêl Goch*, *Sundance*, Yncl Jo yn *Tiwlips*, Alji ac Eddi, Johnny Heneghan, heddwas *Be' Oedd Enw Ci Tintin?*, a'r tri alcoholig yn *Lysh*. Mae'r ddrama hon, ei ddiweddaraf, yn ymdebygu mewn sawl ffordd i *Fel Stafell*, ac mae modd dadlau mai un cymeriad yw Tom a Jona, Ifor a Santa Clôs, sef tri chymeriad gwrywaidd *Lysh*. Cysylltir y ddwy ddrama yma gan thema ac arddull. O ran arddull mae *Fel Stafell* yn fonodrama, a ddigwydd ym mhen un cymeriad, ac er gwaethaf presenoldeb y therapydd benywaidd yn *Lysh* a'r ymgais i rannu persona'r meddwyn yn dri, monodrama ydy honna hefyd. Diod a rhyddid yw testunau'r dramâu hyn, er mai cynilach o lawer yw'r dweud yn *Fel Stafell*.

Unig gymeriad y ddrama yw Tom yn ogystal â chymeriad unig. Canolbwynt emosiynol taith Tom yw ei sylweddoliad echrydus mai unigrwydd oedd ei hanes hyd yn oed pan fu'i wraig yn fyw. Ceir peth amwysedd yn union natur perthynas Gwen a Martin, ond mae'r ysgrifennu personol yn y llyfr olaf yn awgrymu bod eu perthynas yn fwy na deallusol, neu o leiaf bod Martin yn dymuno iddi fod. Fel y weddw Julie yn y ffilm *Trois Couleurs: Bleu*, mae'r datguddiad yn gorfodi'r prif gymeriad i amau faint o adnabyddiaeth gwirioneddol oedd ganddo ar ei bartner. Ar un lefel mae'r wybodaeth yma yn gwrthod rhoi lle i'r galar sy'n naturiol, ac fe geir awgrym yn nrama Williams fod Tom yntau, fel Julie yn y ffilm, wedi datgysylltu ei hun oddi wrth y byd. Mae amwysedd perthynas ei wraig a'i "chompanion" yn gwaethygu sefyllfa Tom, ac ymdrech i ddianc yw ei yfed. Os nad oedd elfen gorfforol i'w perthynas, mae anffyddlondeb emosiynol neu ddeallusol Gwen bron yn waeth am na fedr ddirnad ei hangen. Mae'r twyll meddyliol yr ymhyfrydai Tom ynddo ynghynt, sef coleddu'r syniad nad oedd y merched eraill yn cyfri, ac iddo fod yn ffyddlon i'w wraig mewn ystyr ehangach a phwysicach, yn cael ei danseilio ar yr un pryd ag y mae ei wirionedd annisgwyl yn ei danlinellu.

Gyda'i broblem yfed a salwch angheuol ei wraig, gallai *Fel Stafell* fod yn ddiflas o drasig, ond fe'i cedwir rhag llithro i hunandosturi gan y cyfuniad o dynerwch a doniolwch sy'n plethu trwy holl waith Williams. Gwreiddiau difrifol episod doniol y risg yw consýrn Tom dros ei wraig, ei anghrediniaeth yn wyneb agweddau eraill, ac wrth gwrs ei ymwrthodiad llwyr o wir natur druenus y sefyllfa. Mae Tom angen yfed er mwyn rhyddhau'r dicter ynddo, ac mae angen y newidiadau cywair cyson i gynnal yr elfen ddramatig, ond mae ei fynegiant o golled yn ddirdynnol o dyner:

> Curo dy fforc ar ochr dy blât a syllu ar y gwacter dwfn yr ochr arall i'r bwr' . . . Nid ymyl bwr' weli di ond dibyn . . . Symud *(yn gweiddi)* darn o ham oer at ddarn o domato . . . Chwara efo pys ar y plat . . . Cnoi brechdan a byth rywsut yn 'i llyncu hi . . . "

Ar lwyfan wrth gwrs mae ei unigrwydd ar ei fwyaf gweladwy. Erbyn diwedd y ddrama ni ellir amau maint ei gariad a'i golled, a rhan o'i drasiedi yw ei sylweddoliad hwyr o'r ffaith yna. Yn ffilm Kieslowski, cynrychiolir y cyflwr o fod yn ddatgysylltiedig oddi wrth y byd gan y defnydd o las, lliw oeraf y sbectrwm, ond tra bod Julie yn niwedd y ffilm wedi sylweddoli ei bod yn dymuno a'i bod yn gallu perthnasu ag eraill, mae hi o bosib yn rhy hwyr i Tom. Fel a ddyfynnir yn eiliadau olaf *Trois Couleurs: Bleu*: "heb gariad, heb ddim".

Ni chafodd *Fel Stafell* lwyfan eto, ond fe welwyd fersiwn deledu ohoni gan gwmni Bracan ym 1999 ar gyfer S4C Digidol. Heb ei hailysgrifennu ar gyfer y sgrin erys y gwaith yn ddrama lwyfan, ond mae'r ffilm yn codi nifer o gwestiynau sylfaenol ynghylch natur theatrig gwaith Williams. Nid yw teledu yn caniatáu amwysedd lleoliad, ac felly rydym mewn dau leoliad penodol: hen warws ac ysbyty. Mae'r warws yn berffaith fel lleoliad llwyfan: "gogoniant a fu" fel Tom ei hun, a gofod enfawr i feddwl Tom gael crwydro. Tra pwysleisia'r cyfarwyddiadau llwyfan gwreiddiol mai "ym mhen Tom" y mae'r amgylchfyd, a lle bod modd i gynllun llwyfan fod yn drosiad ac yn real ar yr un pryd, real yw'r warws a'r ysbyty. Ond er mai "gogoniant a fu" yw Tom, nid trempyn *Cnawd* mohono a chyfforddus yw ei fyd materol. Tra bod peth amhendantrwydd yn parhau ynghylch y warws, mae'r ysbyty yn gwbl ddiriaethol gan osod haenen anghymwys o naturioldeb. Mae'r gofod llwyfan hefyd â'i amwysedd statws o ran realiti, sydd ynghlwm wrth y teitl, ac yn cael ei gysylltu'n uniongyrchol ag angau ym monolog Gwen:

> W't ti'n meddwl fod marw run fath â bod mewn stafell a hitha'n dechra nosi . . . Y petha o dy gwmpas di'n dechra duo . . . Colli'u siâp . . . y gola'n pylu nes diffodd yn llwyr . . . A ti na gweld dim na theimlo dim na chlywad dim . . . Mond y distawrwydd a'r düwch . . .

Dyma un arall o gyfeiriadau metatheatrig Williams, sy'n tynnu sylw at y weithred o gyflwyno drama o flaen cynulleidfa.

Mae'r broblem cysondeb a rydd cynrychioli lleoliadau yn real, yn cael ei hamlygu hefyd mewn eiliad lletchwith yn y fersiwn deledu. Mae'r deialog byr rhwng y ddau ar destun gwir ystyr ei "weithio'n hwyr" yn arwyddocaol oherwydd ni ddigwydd yn yr un o'r ddau ofod "real". Cyfaddawd annigonol y cynhyrchwyr yw ei dangos hi yn y warws, ond heb fod mewn ffocws. Elfen bur lwyddiannus, fodd bynnag, yw presenoldeb Olwen Rees fel Gwen, gydag agosrwydd y camera yn caniatáu i raddfa ei pherfformiad fod yn llai. Gan nad yw hi yna, dim ond ym mhen Tom, mae ei bodolaeth fel cysgod ysbryd yn gwbl ddilys. Datblygir hyn yn hanner cyntaf y cyflwyniad teledu lle mae onglau penodol y camerâu'n awgrymu nad yw Gwen byth yn edrych i fyw llygaid Tom yn yr ysbyty, gan awgrymu ymhellach nad yw hi yno.

Yn y darnau monolog sy'n britho'r hanner cyntaf yn enwedig ceir defnydd o effeithiau sain fel offerynnau taro a hefyd newidiadau ongl camera er mwyn atalnodi'r newidiadau cywair. Technegau teledol yn hytrach na rhai theatrig ydy'r rhain wrth reswm, ond pwysleisir yr angen cyffredinol am ddealltwriaeth o rythm yng ngwaith Williams. Er nad yw ei ysgrifennu'n naturiol o gwbl, mae ganddo glust ddi-ffael am iaith lafar. Fel cynifer o arwyr Williams, dim ond geiriau sydd gan Tom yn gysur. Mae Gwen yn gofyn iddo: "Be 'sa'n digwydd i chdi tasa ti'n stopio gweiddi a rhegi?" Mudandod ydy'r ateb amlwg i'r cwestiwn rhethregol. Diffinnir "Mudandod" yng nghyfarwyddiadau cychwynnol y ddrama *Wal* fel "y peth 'na ar ôl i rywun farw". Siarad â'i hun a wna Tom er mwyn peidio â chlywed y mudandod, ond gŵyr ei fod yna.

## BLODAU MUD

Drama drom iawn ydy *Tiwlips*, ac efallai bod natur herfeiddiol un o'r themâu, sef cam-drin plentyn, yn golygu nad oes lle i hiwmor yn y ddrama. Mae natur gwaith yr artist hynod hwn yn ymwneud yn aml â themâu sy'n dabŵ, ond dyma un sydd y tu hwnt i ffiniau hyd yn oed ei hiwmor Iddewig ef. Mae paedoffilia yn un o'r themâu tabŵ olaf, gyda'r dychanwr Chris Morris yn derbyn mwy o feirniadaeth dros ei raglen *Brass Eye*[7] nag unrhyw gynnyrch arall mewn gyrfa ddadleuol sy'n ymdrin â'r cyfryngau a'u perthynas â'r cyhoedd yn gyson ac yn uniongyrchol. Ond gwaith cyhuddgar sydd gan Morris, a dyma sydd yn gyfrifol am y derbyniad chwyrn. Mae'n cyhuddo'r cyfryngau o elwa ar ddiwylliant o godi bwganod, yn condemnio'r cyhoedd am eu twpdra, ac yn chwerthin am ben y twpdra hwnnw. Nid yw cyllell Williams mor finiog, na'i fwriad yn ddychanol, ond mae yma dir cyffredin: apelio am ymdriniaeth aeddfed a rhesymol o'r pwnc y mae'r ddau. Prin iawn, ac o bosib yn fwriadol felly, yw'r cyffyrddiadau o hiwmor, megis araith "cyn . . . ar ôl" y fam.

Elfen fwyaf annisgwyl *Tiwlips* yw Yncl Jo, sydd heb ddangos ei wyneb tan ddiwedd y ddrama. Dyma'r agosaf a ddaw'r awdur at ddweud mawr, cymdeithasol, gyda'r neges glir mai diwyneb a chyffredin yw'r rhan helaeth o baedoffiliaid. Mae camweddau Yncl Jo yn erbyn Patric yn eithafol o erchyll, gyda rhes hir o gleientiaid yn disgwyl eu tro gyda'r bachgen. Yn euog o gam-drin, ond o bosib yn rhyw fath o pimp i Patric hefyd, mae Yncl Jo yn ffilmio'r sesiynau yma ar gyfer ei fwynhad ei hun yn ogystal. Ar bapur, o'r braidd y gellid creu bwystfil gwaeth, sy'n gyfuniad o pimp, paedoffeil a phornograffydd. Ond yn y defnydd o dechnoleg, sef Polaroid a Cine 8, ceir awgrym gref mai yn y gorffennol yr ydym. Lleolir y ddrama yn yr 80au, neu yn y 70au hyd yn oed, ac effaith hyn yw gosod y mymryn lleiaf o bellter rhwng gweithgareddau erchyll Jo a'r gynulleidfa. Gyda chamera digidol a gwefan, heddiw byddai modd i'r niwed fod yn ehangach ac effeithio ar fwy o bobl. Dewis doeth mewn cyd-destun Cymreig, ac annodweddiadol o gynnil, yw'r penderfyniad i gadw gweithgareddau Yncl Jo oddi ar y llwyfan. Cymeriad ymylol yw Yncl Jo, ac er y ceir awgrym o ysbrydion llethol y gorffennol arno yntau a hefyd y posibilrwydd o edifeirwch am ei weithgareddau (a welir yn ei ddagrau), nid dyma ganolbwynt y ddrama. Nid yw neges gynhenid a chynnil y gwaith yn hawdd ei derbyn, sef o greu'r amgylchiadau iawn, fel a wneir yn nheulu Patric, yna mae yna ryw Yncl Jo yn sicr o ddod i'r fei.

Sefyllfa statig a geir yma fel arfer yng ngwaith Williams, gyda datguddiad yn hytrach na datblygiad yn cadw'r gynulleidfa ar ymyl eu seddi. Yn nrama Povey, *Perthyn*, sydd yn fras ar yr un thema, ceir peth amwysedd ar ddechrau'r ddrama ynghylch perthynas y tad Tom a'i ferch Mari. Ond yma, rydym ni fel cynulleidfa mor ymwybodol â thiwlips y ddrama o'r hyn sy'n digwydd, a hynny o'r dechrau. Lleolir drama Povey yn y presennol, a dyma ran o neges ehangach y gwaith hwnnw, sef dangos mai mewn teuluoedd cyffredin Cymraeg y digwydd hyn. Mae'r math o deulu un rhiant a bortreadir yn nrama Williams efallai yn cynrychioli patrwm sydd erbyn heddiw, er gwaethaf yr elfennau hynny sy'n awgrymu'r gorffennol, yr un mor gyffredin â'r traddodiad dau riant, ond penodol a gwahanol yw teulu *Tiwlips*.

Y gwahaniaeth amlycaf rhwng y ddwy ddrama yw canolbwyntiad Williams ar berthynas y mab a'r fam, yn hytrach na'r plentyn a'r camdriniwr. Mae'r portread o'r fam yn dyngedfennol i lwyddiant y ddrama ar lwyfan, er nad oes ganddi ond traean o gyfanswm geiriau Patric. Yn hytrach na "gogoniant a fu" Tom yn *Fel Stafell*, "gogoniant na fu erioed" yw'r fam, menyw niweidiol o hunanol nad yw am gydnabod yr hyn sy'n digwydd i Patric. Wrth osod ei dwylo dros ei chlustiau'n llythrennol ac yn ffigurol, mae'n closio at Gwen, y fam yn *Perthyn*. Eiliad mwyaf erchyll drama Povey ydy'r sylweddoliad y gŵyr hi o'r gorau beth a wna ei gŵr i'w merch ei hun: pan fo Mari'n ceisio dweud wrth ei mam, y cyfan a gâi yw "Gwna baned i mi, gwael". Hyd yn oed ar ôl ystyried rhan Gwen yn rhwystredigaeth rhywiol ei gŵr, mae mam *Tiwlips* yn fwy uniongyrchol gyfrifol am drallod ei phlentyn. Mae ei hangen hi am sylw dynion yn golygu anwybyddu anghenion ei mab, ac wrth fod yna gymaint o orgyffwrdd rhwng ei dynion hi a rhai Patric, sydd yn cynnwys o leiaf Stileto a Jo, ar ryw lefel mae'n caniatáu impio ei hymddygiad ei hun ar y patrwm o gam-drin a sefydlir gan Jo.

Egin fardd yw Patric y mae angen geiriau arno i ddwyn trefn ar ei fyd. Gwelir hyn yn eglur yn ei ailadrodd atgof am synau "emffysemia" ei fam yn caru gyda dyn arall "yn nhrymder y nos": wrth reoli a thrin geiriau i'w troi'n llên mae'n gwneud synnwyr o'i fywyd. Mae'r llyfrau yn lloches o'r hunllef byw, ond maent hefyd yn bwydo'r ffantasïau peryglus o niweidio a lladd sy'n rhan annatod o'r un ddihangfa. Mae ei feistrolaeth raddol ar eiriau yn cynnig gobaith i Patric, wrth iddo symud o ansicrwydd dweud ei araith gyntaf, lle mae'n ymylu ar atal-dweud, at huodledd ail hanner y ddrama. Yn ei ben mae gwrandawyr ar ei ffantasïau a'i lenydda, ond dyma'i unig gynulleidfa. Siarad at Patric a wna ei deulu yn hytrach na gwrando arno. Methiant oedd ei ymgais i ddianc o'i fyd, a gwelir ef yn glir ac yn unigryw yng ngwaith Williams fel dioddefydd camweddau pobl eraill, a dau'n bennaf. "Plentyn 40 oed" yw ef yn y ddrama ac felly edrych yn ôl y mae, ond heb i ni ganfod beth yw ei bresennol. Mae cam-drin yn batrwm sy'n ailadrodd mewn teuluoedd ac mae'n siŵr mai ymdrech i ymwrthod â'r posibiliad ohono ef yn troi'n Jo arall yw ei droi ei hun yn ferch. Un her amlwg a wyneba'r actor wrth chwarae Patric yw canfod y dyn yn y bachgen yn ogystal â'r gwrthwyneb haws. Gyda chyfarwyddiadau llwyfan y ddrama yn pwysleisio mai dyn yn ei bedwar degau'n edrych yn ôl ar ei blentyndod yw Patric, rhaid i gynhyrchydd benderfynu beth yw ei hanes yn oedolyn, ond nid oes fawr ddim tystiolaeth o'i bresennol yn y ddrama.

Mae'r tiwlips yn tra-arglwyddiaethu ar y llwyfan, mewn defnydd symbolaidd sy'n fwy integredig na'r hyn a geir yn *Blue Velvet*. Yn ffilm David Lynch, cynrychiola'r blodau ar ddechrau'r ffilm y normalrwydd ymddangosiadol sydd ar wyneb cymdeithas a ddatgelir wedyn fel un afiach. Tebyg yw defnydd Williams ohonynt, ond maent yn rhan annatod o dirlun delweddol a barddonol y ddrama. Fel yn *Wal* a *Pêl Goch* mae'r teitl yn esgor ar ddelwedd a metaffôr sydd ond yn raddol ildio'i ystyron. Mae *Tiwlips* yn awgrymu defnydd penodol iawn o'r llwyfan, ac er y ceir peth amwysedd yn y cyfarwyddiadau, mae angen tri gofod ar y llwyfan, sef ystafell ei fam, y sièd, a'r trydydd gofod niwtral sy'n cynrychioli lloches y presennol i Patric. Drama drom ydy *Tiwlips* ac mae hi felly'n bwysig ein bod ni'r gynulleidfa yn gweld Patric yn dewis dychwelyd i'w orffennol, er mwyn iddo fod erbyn hyn â'r rhithyn lleiaf o reolaeth ar ei fyd, yn hytrach na dim ond dioddef yn oddefol. Gyda phwnc mor ddirdynnol ni chynigir llawer i ysgafnhau profiad y gynulleidfa, ond fe ddeillia eu gwerthfawrogiad o ddwyster a chysondeb barddonol yr idiomau, ynghyd â'u canfyddiad o'r bydysawd theatrig a gaiff ei greu. Er nad oes yma ymdrech i ail-greu realiti, mae byd glawog, trefol y ddrama hon mor gyflawn ag y mae campweithiau'r nofel a'r ffilm.

## CYNNWRF Y CLWYF

Prif gryfder theatrig *Wal* yw symlrwydd twyllodrus ei drosiad canolog: dyn yn crafu wal sy'n llawn gwrthrychau annisgwyl. Dyma ddyn yn crafangu yng nghorneli ei isymwybod gan wybod ar ryw lefel nad llawen fydd ei ddarganfyddiadau. Er gwaetha'r boen, mae'r dyn yn parhau i bigo'r briw, gan ddwysáu difrifoldeb y graith yn nhu mewn ei ymennydd. Gwreiddioldeb ac amhendantrwydd y ddelwedd sy'n dyrchafu'r gwaith i fod yn un o weithiau mwyaf Williams. Ar ei gorau mae'r ddrama'n llwyddo i ddarbwyllo ar lefelau real a symbolaidd, fel gwaith mwyaf barddonol Gwenlyn Parry. Mae modd dehongli *Wal* ar nifer o lefelau: drama am ddau rafin yn crafu papur a chrafu byw; deialog ym mhen un dyn; perthynas homoerotig neu wrywgydiol lawn sydd ag is-destun sadomasocistaidd, fel nofel J. G. Ballard *Crash*.

Mae parau a chyplau cyd-ddibynnol, fel yn *Pêl Goch* a *Fel Stafell*, yn elfen gyson sydd â'u llinach yn ein harwain yn ôl at *Wrth Aros Godot*. Yn ei fydolwg naïf braidd mae Eddi'n closio at Vladimir, tra bod traed Alji mor sownd wrth y llawr â rhai Estragon. Ond yn gyferbyniol, Alji yw'r ceffyl blaen fel Vladimir ac ef sy'n gyrru'r agenda. Yn nrama Beckett pâr o ddynion crwydrol a gyflwynir gydag elfen o berthynas homoerotig yn cael ei hawgrymu mewn ebychiadau fel "Cyfod imi dy gusanu di".[8] Nid yw rhywioldeb Alji ac Eddi yn gyfforddus heterorywiol ond nid yw'r naill na'r llall yn fwy gweithredol na'i bartner. Defnyddir "Cadi-ffan" fel sarhad gan Alji, ond wrth iddo glosio at Eddi caiff yntau ei alw'n "bwff". Mae modd priodoli ebychiadau homoerotig Alji i'w gefndir tebygol yn y fyddin lle llesteiriwyd yn llwyr unrhyw deimladau rhywiol ynghyd ag unrhyw deimladau dyngarol. Gellir dadlau mai dioddef o PTSD (*Post-Traumatic Stress Disorder*) y mae Alji, gyda'i stori ynghylch milwr clwyfedig. Mae Alji yn mynnu bod gweld clwyfau wedi ei gynhyrfu, ond tybed nad ei hyfforddiant sydd wedi ei wyrdroi? Ymestyniad o'i hyfforddiant milwrol yw'r gallu i droi merched yn wrthrychau, sydd yn un o'r diffiniadau amlycaf o bornograffi, a dyma a geisia Alji ei wneud i Eddi hefyd. Y trawma arall tebygol a effeithiodd ar Alji yw salwch ei dad.

Ond ceir adleisiau amlycach fyth o *Diwéddgan*, yn dechrau gyda'r berthynas bartner sylfaenol. Mewn rhai manylion mae'r dylanwad yn amlwg, megis y gri ar y Duw marw, a'r symud dibwrpas o gwmpas y gofod a'r mynnu dychwelyd i'r union un fan. Prif nodwedd drama Beckett yw dibyniaeth gyfan gwbl Hamm ar Clov, a vice versa, er nad perthynas gytbwys a gyflwynir. Yn yr un modd mae Alji yn arbennig yn ceisio goruchafiaeth dros Eddi trwy ei ddogmatiaeth a'i fygythiadau, gyda chysgod Pinter weithiau'n dod i'r fei yma. Dehonglwyd *Diwéddgan* fel monodrama a ddigwydd ym mhen un cymeriad, gyda'r ffenestri yn cynrychioli llygaid ar y byd y tu allan. Gellid cynnig dadl gref ond nid cynhwysfawr dros ddehongli *Wal* hefyd fel monodrama, ac er fod cynulleidfa'n dirnad yn weledol unrhyw wahaniaethau, tebyg yw modd siarad y ddau ar y dudalen. Dramâu i'w perfformio ydi'r rhain wrth gwrs, ond ceir yr un broblem adnabod y cymeriadau wrth ddarllen *Lysh*, monodrama ddiweddaraf Williams. Sefydlir o'r cychwyn y posibilrwydd eu bod yn gyfarwydd â'i gilydd – gydag anghrediniaeth Alji ynghylch taliadau "VAT" Eddi, ac wrth ei daro mae Alji ond yn llwyddo i'w frifo'i hun. Ond nid yw hi mor syml â dehongli Eddi fel hunan arall neu *alter-ego* Alji, neu hyd yn oed fel yr ochr fenywaidd o'r bersonoliaeth. Cymeriad addfwynach yw Eddi sydd â'i ben yng ngorffennol pell ei blentyndod hapus, tra bod Alji yn ei orffennol agos fel milwr, yn cofio "y petha dwi isio'u hanghofio". Mae bodlonrwydd cymharol Eddi, er gwaethaf ei ddymuniad datganedig i ffeirio gyda rhywun, yn deillio o'i "ddychmyg cachu iâr". Mae profiadau erchyll Alji wedi esgor ar huodledd, ac yn hytrach nag Eddi, ef yw'r egin fardd sy'n mwynhau "geiria fel tasa nhw'n dda-da yn dy geg di".

Ar lwyfan dylai maint y wal daflu cysgod dros yr holl ddigwyddiadau. Wal ddi-ben-draw heb ochr na nenfwd gweladwy iddi yw'r delfryd, er mwyn llesteirio'r elfennau naturiolaidd yn y sefyllfa gynhenid o ddau ddyn wedi'u cyflogi'n anghyfreithlon i ddiwygio rhan o dŷ rhywun. Un dyn sydd yma yn crafu yng nghyrion ei gof a'i isymwybod, yn methu ag ymatal rhag gwneud er gwaetha'r boen. Mae yma sawl her i gynhyrchydd y ddrama hon, gan gynnwys y cyfeiriadau at fwyta llygad o botel a rhoi llygad arall yn ei le gan Alji. Gall eiliadau mor ddadleuol fod yn ddoniol, ond mae'n debyg na fyddai Williams yn gwrthwynebu chwerthin ar sail nerfusrwydd. Y perygl gydag eiliadau llwyfannu anodd fel hyn, ac yn nramâu Sarah Kane, yw eu bod yn cael eu cyflwyno mewn modd chwerthinllyd o afreal wrth geisio bod yn llythrennol. Ond yr hyn sy'n cynnal *Wal* yn theatrig yw deinamig perthynas y ddau ynghyd â'r dweud deheuig nodweddiadol sy'n symbolaidd a real ar yr un pryd:

EDDI:   Lle awn ni o fama?

ALJI:   Ni?

EDDI:   Lle ei di o fama?

ALJI:   Rwla arall.

EDDI:   A finne 'efyd.
        Nei di ngholli fi?

ALJI:   Ma' siŵr.
        Dwi 'di colli bob dim arall.

Mae yma rhythm rwtîn, fel petai'r union un sgwrs wedi digwydd droeon, ond rhaid chwarae'r cydbwysedd iawn yma rhwng y gomedi amlwg a'r dweud dirdynnol sy'n llechu o'i du ôl. Yn bennaf oherwydd amseru penigamp a chyd-chwarae ysblennydd Maldwyn John (Alji) a Myrfyn Jones (Eddi), roedd derbyniad y llwyfaniad cyntaf o *Wal* gan Theatr Gwynedd yn annisgwyl o ddoniol. Mae cysylltiad amlwg y ddau yma â Theatr Bara Caws yn hanner awgrymu mai sioe glybiau a ddisgwylid gan y gynulleidfa, ond er y cafwyd llawer iawn o chwerthin, ni lethwyd dim ar farddoniaeth syml y delweddu na'r sefyllfa. Wrth i'r cynhyrchiad dynnu tua'r terfyn, gyda diweddglo atgofus y sŵn traed à la *Footfalls* Beckett, cafwyd tawelwch llethol a myfyrgar.

## GWENU ER Y GWAETHAF

Gwyrdroi un o elfennau cymeriadol mwyaf cyson ei waith a wna *Pryd Fuo Kathleen Ferrier Farw?* Yn lle dyn sydd yn methu ag aeddfedu ac wedi aros yn blentyn yn emosiynol, mae gennym brif gymeriad sydd yn cael ei drin fel plentyn ond sydd â rheolaeth lwyr bron arno'i hun. Er gwaethaf erchylltra anochel ei ddyfodol ar ffurf afiechyd Alzheimer, mae'r unigolyn unigryw yma yng ngwaith dramatig Williams yn wynebu ei dynged yn llygad-agored. Mae agwedd nawddoglyd y Doctor, y Nyrs a'r Soshylwyrcyr Nerys tuag ato, yn wrthrych aml i'w hiwmor sych a sefydlir yn bendant ar ddechrau'r ddrama gyda'i neges ffôn: "'Sa neb yma!" Nid oes yma ddim o ddicter *Fel Stafell* tuag at ddifaterwch neu ddiffyg dealltwriaeth y staff meddygol: ffraethineb ydy ymateb Mr Parry. Ac er mai hiwmor Iddewig sydd yma eto yn y bôn, hiwmor dirnad a dygymod gyda'r gwaethaf, fe rydd ymagwedd iach y claf y llaw uchaf iddo yn ein tyb ni. Dyma'r enghraifft amlycaf o arwriaeth y dyfalbarhad y cyfeiria Williams ato. Mae Mr Parry yn arwr prin y mae'r gynulleidfa yn medru ymddiried ynddo, ac nid oes angen inni chwaith gwestiynu'n gyson realiti ei fydysawd.

Nid bwriad y cyflwyniad yma yw archwilio cysylltiadau mynych bywyd a gwaith yr artist: byddai hynny'n orchest syml yng ngoleuni huodledd cyson a chyhoeddus yr awdur parthed y cysylltiadau hynny. Serch hyn, mae'n rhaid wrth un nodyn bywgraffiadol byr wrth drafod *Pryd Fuo*

*Kathleen Ferrier Farw?* yn ei chyd-destun llawn. Mae hi'n ffurfio rhyw fath o drioleg answyddogol gyda'r gerdd goronog *Awelon* a'r cofiant ffuglennol *Rhaid i Ti Fyned y Daith Honno Dy Hun*. Mae'r drioleg, a'i chanolbwynt ar dad yr awdur, yn caniatáu iddo fod yn ysgafnach ei ysgrifbin: dathlu bywyd rhywun arall yn hytrach na dadansoddi ei wendidau ei hun fel a wna yn y rhelyw o'r gwaith dramatig. Mae ym mhob un o'r tair yr amwysedd lleoliad angenrheidiol sy'n eu gwneud yn anaddas ar gyfer llwyfan, ac er yr addaswyd *Awelon* a *Rhaid i Ti Fyned y Daith Honno Dy Hun* ar gyfer y llwyfan, roedd y ddau gynhyrchiad wedi'u llesteirio cyn dechrau gan natur yr ysgrifennu. Yn gryno, petai'r llwyfan yn fforwm naturiol i'r rhain, byddai Aled Jones Williams wedi'u hysgrifennu felly. Llwyddwyd gyda fersiwn deledu o *Awelon*, gan Gwmni Da ar gyfer *Y Sioe Gelf* yn 2003, a grëwyd ar yr un pryd â'r fersiwn llwyfan gan Theatr Gwynedd, ond er gwaethaf ymdrechion clodwiw yr actor Iwan Roberts, nid monolog dramatig mohoni ond cerdd. Felly hefyd y fersiwn llwyfan o *Rhaid i Ti Fyned y Daith Honno Dy Hun*, gan Theatr Tandem.

Byddai addasiadau radio o *Awelon* a *Rhaid i Ti Fyned y Daith Honno Dy Hun* yn llawer mwy tebygol o fod yn llwyddiannus, ac mae'n syndod nad ysgrifennodd Williams ar gyfer y cyfrwng clywedol ynghynt. Dyma fforwm naturiol i fardd, ac un sy'n caniatáu amrywiaeth lleoliad diddiwedd. Monolog arall yw *Pryd Fuo Kathleen Ferrier Farw?* yn ei hanfod, gyda pherfformiad John Ogwen fel Mr Parry yn ganolbwynt sy'n sicrhau'r cydymdeimlad mwyaf iddo. Fel y plentyn Parry, wrthi'n gwrando'n ddyfal ar y radio, mae perfformiad gwresog Ogwen yn tynnu'n clustiau tua'r "weirles". Yn dechnegol mae gofyn am lais sydd â nifer o amrywiaethau, ond heb fod y rheiny i'w clywed fel actio. Yn y pen draw, Parry sy'n dynwared y lleisiau eraill, er mai yn ei ben y maent, ac fe lwyddodd Ogwen i sicrhau gwahaniaeth goslef heb golli golwg ar ei gymeriad. Mae'r mwyafrif o ddramâu Williams wedi'u gwreiddio yn y gorffennol, er eu gosod weithiau yn y presennol, ond yma defnyddir Ferrier fel symbol o oes aur a fu. Mae yma ddathliad o gyfrwng yn ogystal â dathliad o fywyd, gyda Williams yn cysylltu'r cyfrwng â'i thema mewn modd amlycach na'r cyfeiriadau metatheatrig sy'n atgoffa'i gynulleidfa mai chwarae ffug sydd o'u blaenau. Ond mae'r radio, fel unrhyw gyfrwng, yn un sydd yn cynnig anfarwoldeb, ac felly nid wedi marw mae Kathleen Ferrier, ond wedi "troi'n llais".

Mae yma themâu difrifol tu hwnt sy'n gyfarwydd, ond y driniaeth sy'n annodweddiadol. Ni fu i anffyddlondeb y fam, er enghraifft, gyda Malcolm a chyda Mr Prichard y siop, beri canlyniadau erchyll, er gwaethaf i'r tad fygwth y siopwr yn anuniongyrchol. "Deall ein gilydd" y mae'r tad a'r fam, ac ni cheir gormod o effaith andwyol ar Mr Parry yn fachgen. I'r gwrthwyneb, y bachgen piau'r llaw uchaf oherwydd ei ymwybyddiaeth o anffyddlondeb ei fam, a'i hymwybyddiaeth hithau o'i sefyllfa wybodus yntau. Gwrthgyferbynnir eto gyda *Fel Stafell* lle mae'r anffyddlondeb yn frad sy'n datgymalu bydysawd Tom. Mae'r pellter rhwng tad a mab sy'n thema aml yng ngwaith Williams, ac a welir eto yn nirmyg a thrais y tad tuag at yr egin fardd, yn cael ei gydbwyso gan dynerwch episod y dant. Tua diwedd y gwaith hefyd cyfeirir at ddyn eira gyda glo mân ar gyfer llygaid, ac er gwaethaf erchylltra'r afiechyd sydd ar fin ei ormesu, ac a gysylltir yn ffigurol â'r eira, mae yma hefyd eiliad o fuddugoliaeth wrth i'r "cadi-ffan" a fu'n "gabaloitjio" ddyfod yn "hogyn 'i dad o'r diwadd".

## NOFIO YN ERBYN Y LLIF

Erbyn 2003 roedd Williams yn enw ymhlith y blaenaf o lenorion Cymru, a mawr oedd y disgwyl am ei waith newydd nesaf. I'r rhai nad oedd wedi dwys ystyried natur foesol gymhleth ei waith, roedd ei gomisiynu i ysgrifennu am broblem gymdeithasol yn debygol o ddwyn ffrwyth. Yn wir, dyma awdur eofn yn ei driniaeth o bobl a'u problemau, gyda'r gallu i roi calon a chnawd ar gymeriadau mor ddryslyd â phaedoffiliaid hyd yn oed. Wrth ymdrin â'r mewnlifiad, mae'n bosib iawn bod *Ta-ra Teresa* wedi llwyddo i siomi carfanau ar ddwy ochr yr hollt ieithyddol yng ngogledd Cymru. Ni chafwyd pamffled, ond fe gafwyd pregeth o fath, neu foeswers o leiaf. Gŵyr pawb beth yw hanes proffwyd yn ei wlad ei hun.

Mor wahanol fyddai *Ta-ra Teresa* o'i lleoli ym Mhen Llŷn. Arwyddocaol iawn yw dewis yr awdur i osod y ddrama ym Mlaenau Ffestiniog ac i raddau llai yn Lerpwl a Llandudno. Mae cysylltiad Blaenau â diwydiant mor gryf ag y mae â diwylliant yn ei gwneud yn debycach i Lerpwl nag i Ben Llŷn. Mae llwydni'r llechi yn gyfan gwbl addas ar gyfer drama heb ddu a gwyn yn agos ati. Y ddelwedd gryfaf yn y ddrama yw dŵr a hylifau: dros y dŵr yn Sealand y tyfodd ymwybyddiaeth Johnny o Gymru'n gyntaf; mae Tryweryn yn thema sy'n llifo drwy'r ddrama; dŵr potel sydd yn llaw Robat cyn ei farwolaeth; gwaed misglwyf Adrian; wrin Johnny am ben Robat. Gwagedd yw ail ddelwedd y ddrama, ac mae hwn yn symbolaidd o gyflwr ysbrydol y cymeriadau, yn enwedig y Cymry Cymraeg brodorol.

Ffoadur economaidd yw Johnny Heneghan sy'n ennyn cymaint mwy o gydymdeimlad y gynulleidfa nag y mae Robat Hefin, sydd yn fwy o anachroniaeth na'r un cymeriad arall. Yn eu plith, Adrian yw'r unig gymeriad sydd heb fod yn edrych yn ôl. Perthyn Robat yn ei dyb ei hun i ddegawd ymgyrchol y 60au, ond ni ŵyr hyd yn oed i bwy y perthyn mewn gwirionedd. Mae Robat yn un o gymeriadau anghyflawn Williams, ac fe gyffesa'r awdur ei fod yn clywed y cymeriad yn gofyn am gyfle arall i'w gyfiawnhau ei hun. Dibynna Robat ar ei deimlad cryf o hunaniaeth fel sail ei ffydd wleidyddol, ond fel Oidipos yn y chwedl Roegaidd ni ŵyr pwy ydyw. Gellid collfarnu'r elfen o gyd-ddigwyddiad sydd mor ganolog i'r cynllwyn fel dyfais gyfleus gan y dramodydd, ond mae'n rhan o gynllun a neges ehangach y ddrama. Yn Llandudno, y Blackpool Cymreig, mae'r genedl ar ffurf mam Robat yn hwrio'i hun ac yn methu dygymod â'r canlyniadau. Nid cyd-ddigwyddiad yw perthynas waed Robat a Johnny, ond symbol cryf o ymwadiad y Cymry Cymraeg o'u hanes o gydweithio â'r "gelyn". Mewn drama gynharach nas cyhoeddwyd, dan y teitl 2, daw gwraig a meistres ynghyd adeg cynhebrwng y dyn a rannwyd ganddynt. Dyma a ddywed y Saesnes Rachel, meistres yr ymadawedig, am berthynas y Cymry a'r Saeson: "We are the mirror you look into. You hate yourselves by hating us who reflect you. Enemies are always ourselves out there killing us. Insistence on difference is only another way of saying 'I'm frightened'."

Camp fawr Aled Jones Williams yn y ddrama hon yw cyfiawnhau gweithred erchyll Johnny ar ei ddarpar fab-yng-nghyfraith. Mae'r weithred o wrineiddio dros Robat yn gyfoethog iawn ei symbolaeth, gydag adleisiau o Dryweryn wrth gwrs, ond hefyd mewn ffordd yn ystrydeb o driniaeth y Saeson o Gymru erioed, er nad yw'r awdur yn cytuno â'r symleiddiad yna. Mae i'r ddrama neges led-Gristnogol, ein bod ni oll yn rhan o'r un ddynoliaeth, ond mae yma hefyd neges Fwdhaidd ei naws i'r Cymry Cymraeg, ac nid cyd-ddigwyddiad mai wrthi'n darllen poster cyfarfod Bwdhaeth y mae Robat pan wêl Adrian ef. Cymerwch gyfrifoldeb dros eich gweithredoedd eich hun a'r hyn yr ydych chi yw un o orchmynion hanfodol Bwdhaeth.

Tra bod gan Robat ei wleidyddiaeth genedlaetholgar, mae gan Eirwen ei chapel a Johnny ei Gatholigiaeth fel conglfeini cred. Nid oes ffydd mewn unrhyw beth o gwbl gan Adrian, a wêl gyd-destun cymdeithasol pawb yn ddim amgenach na "damwain". Yn enwedig yn ail lwyfaniad y ddrama gan Llwyfan Gogledd Cymru, gyda Tammi Gwyn yn dod â dryswch clwyfedig i ran Adrian, hi efallai yw ysglyfaeth y drasiedi. Ei "damwain" hi yw cyflawni llosgach, ond mae hi'n fwy diniwed na'r tri chymeriad arall. Mae datguddio'r mwngrel fel arwres drasig y ddrama mor annisgwyl ag y mae clyfrwch Ewripides yn troi Agawe yn arwres *Y Bacchai* ar ddiwedd ei drasiedi er gwaethaf y ffaith na wnaeth ond ymddangos chwarter awr cyn y diwedd.

Roedd cyffro noson gyntaf *Ta-ra Teresa* yn annodweddiadol o'r theatr Gymraeg, gyda'r edrych ymlaen eiddgar yn amlwg yn y gynulleidfa. Roedd y rhai a ddisgwyliai neges gref, a gwrth-Saesneg, wedi'u siomi, ond roedd yna fwyafrif yn teimlo eu bod yn bresennol mewn digwyddiad theatrig o bwys: drama fawr ar thema fawr. Fe gafwyd hefyd lwyfaniad gan Theatr Gwynedd ar raddfa a weddai i'r pwnc. Mae'r gorlwytho synhwyrau a ddigwydd ar ddechrau'r cynhyrchiad yn fythgofiadwy, er nad dyna a ysgrifennodd Williams. Gwnaeth cynhyrchiad Ian Rowlands ddefnyddio holl adnoddau'r theatr gan gynnwys taflunyddion fideo a llun llonydd, propiau a darnau set yn hedfan i mewn ac allan o'r llwyfan, ac is-deitlau'n britho waliau'r awditoriwm. Crëwyd cynnwrf yn ddi-os, ac fe ellir cyfiawnhau'r ymdrech i drosi peth o'r Gymraeg i wneud y ddrama'n ddealladwy i'r uniaith hefyd. Os oedd yr ymdrech yn fethiant, oherwydd tynnu ein sylw oddi wrth yr hyn a ddywed y ddrama, roedd yn fethiant anrhydeddus o uchelgeisiol. *Crave* gan Sarah Kane oedd ysbrydoliaeth Williams, a'i defnydd o lwyfan gwag a phedwar cymeriad ar gadeiriau i bwysleisio barddoniaeth y pedwar monolog rhanedig oedd y model a awgrymir gan y testun.[9]

Gŵyr Aled Jones Williams fod gwendidau yn *Ta-ra Teresa*, ac roedd yn fwriad ganddo ailysgrifennu rhannau o'r testun erbyn yr ail lwyfaniad. Er na chafodd gyfle i wneud hynny, roedd wedi bod yn holi nifer ynghylch ffaeleddau'r ddrama. Yn sicr mae'r ffaith fod llai o gydymdeimlad i gymeriad Robat Hefin na'r un arall yn dwysbigo cymeriad yr awdur, a dyma un elfen oedd yn sicr o gael sylw ganddo. Efallai y byddai wedi rhoi ymateb i'r feirniadaeth a gynigiwyd gan *Barn*: "Mae clwstwr o ddigwyddiadau mawr yn chwarter olaf y ddrama yn golygu ei bod hi braidd yn anghytbwys".[10] Gellid ategu y gor-glystyru ar symbolau o farwolaeth a gwagedd sydd hefyd yn tagu'r diwedd. Efallai y caiff gyfle i'w hailwampio erbyn y llwyfaniad nesaf o ddrama sy'n rhy bwysig ei thema i ddiflannu i ddifancoll.

Cerdd ydy hon ar gyfer y theatr dlawd, yn yr ystyr Grotofscïaidd o fod heb unrhyw adnoddau ond y rhai dynol sy'n ganolbwynt i'r profiad theatrig. Ceir rhywfaint o ddeialog, ond pedair ongl wahanol ar gyfres o ddigwyddiadau a geir yma, a phedwar monolog mewn gwirionedd. Mae llwyfaniad y brecwast dyweddïo fel golygfa draddodiadol yn anghyson â'i gweddill hi, felly mae'r theatrigrwydd yn anghyson â'r undod aesthetig. Ond gwelir yn glir fod cryman datblygiad artistig Williams yn symud i ffwrdd oddi wrth y ddrama tuag at farddoniaeth bur. Hyd yn oed yn y ddrama sydd fwyaf dibynnol ar ddeialog, sef *Wal*, gellir dadlau mai sgwrs o fewn un pen a gynrychiolir. Gydag unigrwydd yn thema mor gref yn ei waith, nid yw'n syndod mai symud tuag at leisiau unigol mewn anialwch y mae awen Williams. Nodwyd dylanwad cydnabyddedig Sarah Kane ar y ddrama olaf yn y gyfrol hon. Mae *Crave* yn gam tuag at ddarlleniad dramatig o gerdd, gyda phedwar cymeriad (A, B, C, M) sydd â'u lleisiau a hyd yn oed eu personau'n gorgyffwrdd. Erbyn drama olaf Kane, *4. 48 Psychosis*,[11] ni cheir cymaint â diffiniad o ba actor sy'n dweud pa linell, na chwaith syniad o faint o actorion a ddylai fod ar y llwyfan. I'r cyfeiriad haniaethol yma, efallai, y mae awen Williams yn ei arwain.

NODIADAU

1. Leonard Cohen, *Poems 1956-1968*, Jonathan Cape 1969, t. 60.
2. Samuel Beckett, *Diwéddgan*, trosiad Gwyn Thomas, Gwasg Prifysgol Cymru, 1969, t. 36.
3. William Shakespeare, *Macbeth*, Act 1 gol 3
4. Jean-Paul Sartre, *Caeëdig Ddôr*, trosiad J. T. Jones, Gwasg Prifysgol Cymru, 1978, t. 31.
5. Aled Jones Williams, cyfweliad gyda Huw Roberts, *Golwg*, 20 Mai 1997.
6. Mewn nifer o weithiau Kane ceir cyfarwyddiadau amhosib i'w llwyfannu'n realistig. Mae *Cleansed* yn cynnwys "The rats carry Carl's feet away" (t. 136), a *Phaedra's Love* yn gorffen gyda'r cyfarwyddyd: "A vulture descends and begins to eat his body." (t. 103) *Complete Plays*, Methuen, 2001.
7. Cafodd y rhaglen ffug-ddogfennol *Brass Eye: Special* ei chynhyrchu gan Talkback i Sianel 4 Lloegr yn 2001. Yn y rhaglen, ar gam-drin plant, gwnaed yr honiad absŵrd fod rhai paedoffiliaid yn cuddwisgo fel ysgolion cynradd er mwyn cyrraedd at y plant.
8. Samuel Beckett, *Wrth Aros Godot*, trosiad Saunders Lewis, Gwasg Prifysgol Cymru, 1970, t. 3.
9. Sarah Kane, *Crave*, yn *Complete Plays*, Methuen, 2001.
10. Nic Ros, *A55 Dwy Ffordd*, yn *Barn*, Rhagfyr 2002.
11. Sarah Kane, *4. 48 Psychosis*, yn *Complete Plays*, Methuen, 2001.

NODYN GOLYGYDDOL

Cyflwynir y testunau yn nhrefn eu hysgrifennu, ac ar ffurf y fersiynau terfynol a gyflwynwyd i'r cwmnïau cynhyrchu. Wrth reswm mae'r fersiwn a berfformiwyd yn medru bod ychydig yn wahanol, a gan amlaf ychydig yn fyrrach.

Mae yma ddau eithriad i'r egwyddor uchod. Mae testun *Fel Stafell* wedi colli yr un cyfeiriad at ongl camera a gyflwynwyd gan yr awdur er mwyn cynorthwyo'r cynhyrchiad teledu. Yn *Ta-ra Teresa* mae araith gan Johnny ar y "Stool-Ann Dam" wedi'i hadfer i'r sgript ar gais yr awdur, er na pherfformiwyd y darn hwnnw yn y cynhyrchiad llwyfan.

# Pêl Goch

Perfformiwyd PÊL GOCH am y tro cyntaf gan
Gwmni Theatr Gwynedd ar 20 Ionawr 1998
yn Theatr Gwynedd, Bangor.

**Cast**
GŴR: *DEWI RHYS*
GWRAIG: *GWENNO ELIS HODGKINS*

**Cyfarwyddydd**
*VALMAI JONES*

**Amser**
TUA DIWEDD Y GANRIF

**Cymeriadau**
GŴR 40 oed
GWRAIG 40 oed
Y DYN tua 30 oed
DYN ARALL
DYN MEDDW
LLEISIAU PLANT
CYHOEDDWR
MERCHED DAWNSIO

**Y set**

Yn weddol agos i flaen y llwyfan ac yn ganolog i'r set gyfan gwelir dwy rewgell fawr (mor fawr ag sydd bosib) ychydig ar wahân i'w gilydd. Dylai drws y naill agor i'r chwith a drws y llall i'r dde.

O'u mewn y mae golau glas ffloresant a pheth myrdd o duniau bwyd a jariau bwyd. I'r chwith o'r rhewgell gyntaf gryn bellter i ffwrdd yn agos i flaen y llwyfan y mae peiriant ffacs wedi ei osod ar golofn euraidd o faint taldra "dyn cyffredin" neu "ddynes gyffredin". Wrth odre'r golofn mae corn galw. Yn lled agos i'r golofn y mae hefyd ddwy droli siopio archfarchnad. I'r dde o'r ail rewgell yn ddigon pell i ffwrdd y mae teledu ymlaen drwy gydol *Dwrnod Cynta* lle gwelir hysbysebion am bob mathau o nwyddau. Wrth ochr y teledu y mae dwy gadair. Yn eistedd ar un o'r cadeiriau y mae mannequin noeth sy'n waed i gyd.

Y tu ôl i hyn i gyd blith-draphlith, bendramwnwgl y mae dodrefn ac offer swyddfa o bob math: cypyrddau, cypyrddau ffeilio, desgiau, byrddau, loceri, hysbysfyrddau, cyfrifiaduron, teipiaduron ag ati. Eto y mae yma drefn sy'n golygu fod y cymeriadau'n medru symud yn rhwydd o gwmpas y geriach, cuddied yn eu plith, mynd ar goll, ac esgyn i ben y loceri a'r cypyrddau. Wal breeze blocks llwyd yw cefn y llwyfan. Yn uchel i fyny'r wal y mae sgrin ffilm. Uwchben y sgrin y mae ffenestr wydr, sgwâr. Gwelwn drwy'r ffenestr feicroffon mawr, du a golau oren ffyrnig sy'n boen i'r llygaid.

Dylid goleuo'r set â golau glas, tywyll, niwlog, llychlyd, isel sy'n huddo'r cwbl. O bryd i bryd bydd golau sbot yn ffrwydro ar ambell beth neu declyn. Pan ddaw llun ar y sgrin ni ddylai barhau ond am ychydig o eiliadau: braidd gyffwrdd llygaid y gwylwyr un unig.

Y mae system Tannoy yn rhan o'r ddrama.

Drwy gydol *Dwrnod Cynta* y mae'r wraig a'r gŵr yn newid – newid eu dillad a'u hedrychiad, eu pryd a'u gwedd – hyd nes ein bod yn gweld dau gymeriad hollol wahanol. Dylai'r cyfarwyddwr a'r actorion benderfynu amser a mannau y newidiadau.

## DWRNOD CYNTA

*Y THEATR GYFAN MEWN TYWYLLWCH.*

   *CLYWIR SŴN CŴN YN UDO FEL YN NHRYMDER NOS A'U CYFARTHIAD. SAIB GWEDDOL HIR. YNA TAIR ERGYD GWN, UN AR ÔL Y LLALL YN SYDYN. YN SYTH AR ÔL HYNNY CLYWIR LLAIS HOGAN FACH YN LLAFARGANU " . . . TI'N . . . OER! . . . TI'N OER! . . . TI'N OER!" SAIB. CLYWIR Y GERDDORIAETH HERE COME DE HONEY MAN – MILES DAVIS. AR ÔL PETH AMSER O'R MIWSIG CYFYD Y GOLAU GLAS, MYGLYD AR HYD YMYL Y LLWYFAN. DAW DYN O'R DDE YN CERDDED YN URDDASOL, SYTH BIN, YN CERDDED YN RHYTHMIG, BWYLLOG MEWN COT GYNFFON FAIN NAD YW CWEIT YN EI FFITIO, EI FRON A'I STUMOG YN NOETH, TROWSUS DRAINPIPES, MENIG GWYNION AC ESGIDIAU DU LLAWN SGLEIN. Y TU ÔL IDDO DAW GWRAIG SY'N*

*FEICHIOG, COBAN YN UNIG AMDANI. Y TU ÔL IDDI A GOLWG HURT
BRAIDD ARNO DAW GŴR WEDI EI WISGO MEWN TROWSUS PYJAMAS
STREIPS, CRYS BOB-DYDD GWYN HEFO STAEN COCH AR HYD UN
OCHR, A THEI. MAE O'N CARIO SIWTCÊS.*
   *NI DDYLAI'R CYMERIADAU FOD YN RHY AGOS AT EI GILYDD.*

GWRAIG      *(WRTH GERDDED OND HEB DROI ROWND I EDRYCH AR
            EI GŴR)* Deud wbath w'tha i nei di!

            *SAIB.*

GŴR         *(FE'I WELIR YN YSGWYD Y CÊS, EI ROI WRTH EI GLUST
            HYD YN OED)* Ffycin 'el . . . Teimlo ei bwysau.

            *SAIB.*

GWRAIG      Deud wbath . . .

            *SAIB.*

GŴR         *(YN DAL I YMHEL Â'R CÊS)* Ffycin 'el . . .

            *MAE'R DYN YN STOPIO'N STOND; TROI I WYNEBU'R GŴR
            A'R WRAIG. ILL DAU YN RHEWI YN EU HUNFAN.*

Y DYN       *(WRTH IDDO SIARAD CYFYD Y GOLAU GLAS AR WEDDILL
            Y SET)* Dyma ni.

            *SAIB.*

GWRAIG      Lle ydy fan hyn, 'lly?

Y DYN       Ia . . . Lle ydy fan hyn.

            *SAIB.*

GWRAIG      *(YN MESUR YR AMSER Â'I DWYLO)*
            Ac am faint fyddwn ni yma? . . .

Y DYN       Tridia . . . Ma' pawb yma am dridia . . .

            *SAIB.*

GWRAIG      Ond gawn ni aros am chwaneg os dan ni'n licio yma? . . .

            *SAIB.*

Y DYN       Mi ddo i yn f'ôl toc . . .

            *Y DYN YN MYND ALLAN.*

GWRAIG      *(YN GWEIDDI AR EI ÔL)* 'Dy o'n iawn i ni ista? . . .

            *SAIB.*

GWRAIG      *(YN RHEDEG AR ÔL Y DYN Â'I BREICHIAU YN YR AWYR)*
            Sbia ar 'y ngarddyna i . . . 'Y ngarddyna i . . . *(YN LLIPA)* Sbia
            ar 'y ngarddyna i . . .

*DYCHWEL Y WRAIG YN DAWEL I'W LLE.*
*MAE'R GŴR O HYD YN BUSTACHU Â'R CÊS.*

GŴR      *(AR EI LINIAU, EGYR Y CÊS)* Ffycin 'el . . .

        *Y MAE'R WRAIG YN SYLLU AM YN HIR AR EI GŴR.*

GWRAIG    Llembo.

        *SAIB.*

GŴR      Ffycin 'el.

GWRAIG    'Di colli wbath do?

GŴR      Ffycin 'el.

GWRAIG    Paid ti â lladd dy hun efo'r cês 'na . . .

GŴR      Y?

GWRAIG    Paid â lladd dy hun . . .

GŴR      *(YN YSGWYD Y CÊS)* Lladd yn hun! . . . Mae o'n ysgafn fel pluen . . . Nid 'n un ni ydy o . . . Mae o'n wag bron . . . Ma' gynnon ni fwy o betha na hyn decini . . . Fuo ni rioed mor dlawd . . . Chdi baciodd o ia?

GWRAIG    Chdi mwn . . . *(YN SARRUG)* Ti rêl cês . . .

GŴR      Naddo neno'r Tad . . . Swn i ddim 'di dŵad â petha fel hyn . . . *(YN TAFLU PETHAU O'R CÊS)* Un pâr o fenig gwynion . . . Llyfr ar gerdd dant . . . Be gythral ma' petha fel hyn yn da? . . . Tant telyn . . . Cyfansoddiada a Beirniadaetha Steddfod . . . Llyfr hyms . . . Trôns . . . Un budr . . . Nicyrs . . . Butrach . . . *(MAE O'N AROGLEUO O'R CÊS)* Ogla stêl yn y bag 'ma . . . Ogla petha 'di darfod . . . Ogla cachu.

        *MAE O'N LLUCHIO'R CÊS AT YMYL Y LLWYFAN. ERYS Y CÊS AR Y LLWYFAN DRWY GYDOL Y DDRAMA.*

GWRAIG    *(YN CERDDED AT Y RHEWGELLOEDD GAN AGOR EU DRYSAU)* Be ddudat ti ydy'r lle 'ma? . . . Hen gapel? . . . W'rach 'n bod ni yn y lle o dan y sêt fawr . . .

GŴR      *(YN PWYNTIO AT Y NENFWD)* Ti'n iawn . . . Sbia! . . . Ti'n flaenor . . . Ti'n iawn! . . . Ha-ha . . . Dalld? . . . Ti'n iawn . . .

GWRAIG    Hen abaty ella? . . .

GŴR      Pictiwrs ydy o – 'Majestic' . . . Clwb lysh 'di mynd â'i ben iddo . . . Con. Clyb dre . . . Warws . . . Seler . . . Garej . . . Twll din y byd . . . *(YN DDIYMADFERTH)* Ffyc ôl . . .

GWRAIG     *(YN TYNNU JAR O'R RHEWGELL A'I CHYNNIG I'W GŴR)* Llwglyd? . . .
*(EGYR Y JAR GAN FLASU'R CYNNWYS Â'I BYS)* Ych a fi!

*MAE HI'N LLUCHIO'R JAR Â CHRYN NERTH I'R LLAWR NES EI MALU. MAE HI'N MALU MWY O JARIAU. CAIFF HYD I DECLYN AGOR TUNIAU. EGYR SAWL TUN GAN ARLLWYS EU CYNNWYS YN FFYRNIG I'R LLAWR A SGLEFRIO EI THROED YN Y TWMPATH BWYD.*
*MAE EI GŴR YN SBIO ARNI'N DDIHID. DAW O HYD I LWY AC MAE'N BWYTA O UN O'R TUNIAU BWYD FEL PETAI RHAIB ARNI.*
*YN YSTOD HYN GWELWN GORUN A THALCEN RHYWUN YN Y SWYDDFA UWCHBEN Y SGRIN.*
*DAW LLAIS LLAWN ECO DRWY'R MEICROFFÔN.*

LLAIS     Mr Caron Owen i'r Swyddfa os gwelwch yn dda . . . Mr Caron Owen i'r Swyddfa ar fyrder . . .

*CLYWN SŴN TOILEDAU'N CAEL EU GWAGIO. DAW'R TELEDU YMLAEN.*

GŴR     Shh! . . . 'Esu! . . . Shh! . . .
Ma'r lle 'ma'n fyw . . . 'N berwi efo pobol . . .
Helo! . . . Helo! . . . Fan 'ma ydan ni . . .
*(CYFYD EI FODIAU I GYFEIRIAD Y GERIACH)* Su'mae? . . .
Shh! . . . Gwranda.

GWRAIG     *(YN DAL TUN BWYD UWCH EI PHEN AC ARLLWYS EI GYNNWYS AR Y LLAWR A DROSTI'I HUN)* Ty'd i ni ga'l sbio o gwmpas . . .

*MAEN NHW AR FIN MYND I GANOL Y GERIACH PAN GLYWIR Y FFACS YN CANU. EDRYCHANT AR EI GILYDD. CERDDA'R WRAIG YN BWYLLOG TUAG AT Y PEIRIANT. GWELWN NEGES YN DOD ALLAN OHONO. CEISIA DDARLLEN Y NEGES WYNEB I WAERED. RHWYGA'R NEGES O GEG Y PEIRIANT. CYFYD Y CORN GALW A DARLLEN I GYFEIRIAD EI GŴR.*

GWRAIG     "Nghariad i! Bob dim 'di'i drefnu. Y bwrw Sul nesa. Nos Wener neu nos Sadw'n.
'Im yn siwr p'run eto.
'Dy hi ddim 'di deud pryd y bydd hi'n cyrra'dd adra. Fawr o dro rŵan na fyddwn ni hefo'n gilydd . . . Cariad Mawr, R.O. O.N. Sut ma' llembo?"

*MAE'R WRAIG YN SGRWNSIO Y PAPUR YN BÊL YN EI LLAW A'I DAFLU I GANOL Y GERIACH. GWNA SŴN FEL BOM YN FFRWYDRO. DILYNA'R GŴR LWYBR Y PAPUR.*

GWRAIG  Ty'd yn dy 'laen i ni ga'l gweld be sy 'ma . . .

*CERDDA'R DDAU RHWNG Y RHEWGELLOEDD AC I GANOL Y GERIACH.*
*CLYWIR SŴN UDO. GOLAU SBOT YN FFRWYDRO AR Y MANNEQUIN GWAEDLYD.*
*SŴN SEIREN.*
*GOLAU CHWILIO YN NYDDU HWNT AC YMA DRWY'R GERIACH.*

GWRAIG  *(NIS GWELIR HI)* W't ti ar goll?

*SAIB.*

GŴR  *(EI FRAICH YN UNIG A WELIR)* Mi ydan ni 'di colli'n gilydd . . .

*SAIB.*

GWRAIG  *(OND EI CHEFN A WELIR)* Deud wbath w'tha i . . .

*GWELIR Y GŴR YN DRINGO I BEN LOCER.*

GŴR  Bŵ! . . . Dwi'n dy weld di . . . Tu ôl i chdi . . . Fan hyn . . . Fyny . . . 'Ma fi . . . 'Yli . . . Sbia . . .

*LLEISIAU PLANT I'W CLYWED O BELL.*

GWRAIG  *(OND EI LLAIS)* By' 'istaw . . . Gwran'a . . .

GŴR  Ond 'ma fi . . .

GWRAIG  *(YN FEDDAL)* Cau dy geg . . . Gwranda . . .

*LLEISIAU PLANT YN CHWARAE.*

LLEISIAU
PLANT  Un . . . Dau . . . Tri . . . Pedwar . . . Pump . . . Ti'n barod? Chwech . . . Saith . . . Ti'n barod? Wyth . . . Naw . . . Deg . . . Da ni'n dŵad! . . . Lle w't ti?
Ydw i'n boeth? . . . Ydw i'n oer? . . . Ti'n oer! . . . Ti'n oer! . . . oer! . . . oer! . . . Lle w't ti? . . . Dwi'n dal yn oer? . . . Lle w't ti? . . . Lle w't ti? . . . Ti'n oer! . . . Ti'n oer! . . . Ti'n oer! . . . Ti'n oer! . . .

*CLYWIR UN PLENTYN YN CHWERTHIN YN AFREOLUS. UN ARALL YN BEICHIO CRIO.*
*SYLWN FOD Y WRAIG WEDI ESGYN I BEN BWRDD ISLAW Y LOCER YMHLE Y MAE EI GŴR YN SEFYLL. PRIN FOD Y PLANT WEDI DISTEWI CYN I FEIC HOGAN FACH DDISGYN AR WEIREN O'R TO GAN HONGIAN NID NEPELL ODDI WRTH Y DDAU. RHY'R WRAIG SGRECH.*

GWRAIG     Un glas ag oren . . .

GŴR        Hefo sêt binc . . .

GWRAIG     A bag gwyrdd . . .

GŴR        Fel beic Nest . . .

           *SAIB.*

GWRAIG     Sut w't ti'n gwbod mai un fel 'na o'dd ganddi hi?

           *SAIB.*

GŴR        Chdi ddudodd . . . A'r llunia . . . Mi welais i lunia . . . Dwi 'di
           byw hefo fo dydd a nos . . . Tydw i 'di gwrando arna chdi'n 'i
           ddisgrifio fo 'geinia o weithia? . . . 'Geinia o weithia . . . Beic
           glas ag oren hefo sêt binc a bag gwyrdd . . .

           *MAE BAG GWYN YN DISGYN YN UNION FEL Y BEIC.*

GŴR        Un efo leinin melfad yn'o fo . . .

GWRAIG     Welais di rioed lun o hwnnw! . . . Sut wyddat ti? . . . Deud!

GŴR        Wn i 'im! . . . Y lle 'ma ella . . . Ma' petha fel hyn yn digwydd
           weithia . . . Cyd-ddigwyddiad . . . Chdi ddudodd . . . Yn y
           papur . . . Mi o'dd 'na ddisgrifiad yn y papur newydd.

           *CWYMP WELLINGTONS GLAS.*

GŴR        Rhai fel . . . Chdi! . . . Chdi ddudodd . . . Chdi *(YN DAWEL)*
           ddudodd.

GWRAIG     . . . O'dd hi'n 'u gwisgo y noson honno . . .

           *MAE COT LAW YN DISGYN.*
           *MAE'R GŴR YN PWYNTIO AC AR FIN DWEUD RHYW-*
           *BETH.*

GWRAIG     *(YN DOD LAWR O BEN Y BWRDD)* Hogan mam! . . . Siwgwr
           gwyn! . . . Ma' mam yma . . .
           Lle w't ti cyw? . . . Siwgwr gwyn candi mam . . .

           *MAE GOLAU SBOT YN FFRWYDRO AR Y PEIRIANT FFACS.*
           *FE'I CLYWIR YN CANU. GWELIR NEGES YN YMWTHIO*
           *OHONO.*
           *AM CHWINCIAD AR Y SGRIN GWELWN HOGAN FACH*
           *MEWN CÔT LAW LAS YN CHWARAE SGIPIO.*
           *BYDD I YCHWANEG O BETHAU DDISGYN O'R NENFWD:*
           *TEGANAU, DILLAD PLANT, BABIDOLS AC ATI.*
           *ERYS Y GŴR AR BEN Y LOCERI FEL PETAI O'N GERFLUN.*
           *MAE'R WRAIG AR GOLL YMHLITH Y GERIACH. CLYWIR*
           *HI'N GALW.*

GWRAIG        Nest! . . . Nest! . . . Nest!

              *DAW'R WRAIG I'R FEI YN Y MAN RHWNG Y RHEW-*
              *GELLOEDD. Â AT Y FFACS. MAE'R GŴR A'R WRAIG YN*
              *DECHRAU NEWID O RAN PRYD A GWEDD A DIWYG.*

GWRAIG        *(YN RHWYGO'R NEGES O'R FFACS. Â'R CORN GALW I*
              *GYFEIRIAD EI GŴR MAE HI'N ADRODD Y NEGES)* "Dy'
              Sadwn ddath hi.
              Y ffasiwn bleser o'i chlwad hi'n sgrechian!
              Y rhyddhad o glwad yr ast yn peidio.
              Y distawrwydd! Teimlad rhyfedd ydy corn gwddw rhacs
              rhwng dy ddulo di!
              Cariad Mawr, R.O."

              *DIFLANNA'R GŴR I GANOL Y GERIACH. Â'R WRAIG AT Y*
              *RHEWGELL AGOSAF ATI. EGYR JAR O RYWBETH GAN EI*
              *FWYTA'N AWCHUS Â'I BYSEDD.*

GWRAIG:       *(WRTH ARLLWYS CYNNWYS Y JAR AR Y LLAWR)* 'Y
              ngarddyna i! . . . 'Y ngarddyna i! . . .

GŴR           *(SY'N DOD I'R AMLWG O BLITH GERIACH A HEN DUN O*
              *BAENT COCH A BRWS YN EI LAW)* Be am i ni beintio'r lle
              'ma? . . . 'I droi o'n gartra . . . Gosod trefn . . .

GWRAIG        *(YN LLAWN BRWDFRYDEDD – HYSTERIA BRON)* Cornel
              fach yn fan hyn . . . I ni'n hunan . . . Bloda . . . Bwr' a lliain bwr'
              . . . Picyls . . . A chacan gyraintj . . . Jam gwsberis . . . Pwdin reis
              a bîff . . . A dolis . . . A robin goch ar y rhiniog . . . Ogla golchi
              . . . Persil a Daz . . . Cath fach . . . *Coronation Street* a *Pobol y Cwm*
              . . . Panad o de a Marie bisgit . . . Tun samon . . . Tun cig . . . Wy
              'di' ferwi a brechdan . . . "Dolig llawen i ti cyw . . . " "I mi! . . .
              I mi! . . . Ond dodd 'im rhaid i ti! . . . " Dŵr golchi llestri . . .
              Mop a chadach llawr . . . Caniadath y Cysegr o Rhyl . . . Corn'd
              bîff . . . W . . . Y Blaid . . . Cambrian Niws a Cnarfon an Denbi
              . . . Chinese. Rogan Josh . . . Plant da a phlant drwg . . . Wy 'di'
              ffrio . . . Tatws yn popdy . . . Slecs ar yr aelwyd . . . Lludw . . .
              Lludw . . . Lludw . . .

              *MEIM: Y DDAU YN GOR-DDYNWARED ADEILADWYR.*
              *MAEN NHW'N ADEILADU TŶ O GWMPAS Y TELEDU.*
              *DYGANT I MEWN RECORDYDD TÂP, CYPYRDDAU,*
              *FFRÂM LLUN LLE MAE'R DDAU YN GWNEUD*
              *GWAHANOL WYNEBAU, YSTUMIAU, MIGMAS. DAW'R*
              *WRAIG Â LLOND EI HARFFED O DUNIAU BWYD I'R "TŶ"*
              *O'R RHEWGELL GAN EU HAU HWNT AC YMA AR Y*
              *LLAWR, AR BEN Y TELEDU, AR LIN Y MANNEQUIN, AR Y*
              *CWPWRDD. GWELWN Y WRAIG WEDYN YN COGIO BACH*
              *DDEFNYDDIO SBRÊ-OGLA-NEIS. Y MAE'R GŴR YN Y*

*"LLOFFT" – AR BEN LOCER NEU GWPWRDD – YN PEINTIO "WAL", SEF HYSBYSFWRDD MAWR.*
*DYLID CHWARAE MIWSIG YN GYFEILIANT I'R MEIM – Y MATH O FIWSIG CYFLYM A GEID YN Y FFILMIAU DISTAW. DAW'R MEIM A'R MIWSIG I BEN YN SYDYN.*

GWRAIG    *(YN EDRYCH AM I FYNY I GYFEIRIAD EI GŴR A'R LLUN Y MAE O WEDI EI BAENTIO AR Y "WAL": LLUN AMRWD SOBOR O'R GROG)* Be gythral ydy hwnnw?

GŴR    *(MAE O'N COFLEIDIO EI LUN)* Y Fo!... *(YN WYLO'N HIDL)* Y Fo!... Y Fo!

*SŴN Y FFACS YN CANU. LLAIS RHYWUN YN SGRECHIAN YN DOD O'R SWYDDFA.*

LLAIS    . . . Ffwcin 'el . . . Ffwcin 'el . . . Ein Tad . . . Ein Tad . . . Ffwcin 'el . . .

*TRY Y GŴR AT EI WRAIG, EI FREICHIAU AR LED, PAENT COCH FEL GWAED AR EI HYD. GOLAU SBOT AR Y GŴR A'R LLUN A'R WRAIG.*

GŴR    Fy Nuw! . . . Fy Nuw! . . . Fy Nuw! . . . Dwi 'di colli'r iaith . . . Ma'r geiria odd gin i'n arfer bod 'di pydru . . . Ma' nhw hyd lawr fy enaid i fel fala drwg . . . Fedra i 'im ond teimlo'r pelldar oddi wrthyn nhw . . . A'r oerni . . . A'r dim byd.

*SAIB.*

GWRAIG    D'wad wbath crefyddol wrtha i.

*SAIB.*

GŴR    *(Â'I GORFF YN ERBYN Y LLUN A'I FREICHIAU YN DAL AR LED)* Ffycin 'el . . . Ffycin 'el . . . Ffycin 'el . . .

*SAIB.*

GWRAIG    *(GAN GYNNIG POTEL IDDO)* Gymri di 'ipyn o finag efo dy ddagra?

*SAIB.*

GŴR    D'wad w'tha i fod 'na atgyfodiad!

GWRAIG    Ti rêl cachwr yn dw't? . . .
Do's 'na ddim byd ond y gwacter lle roedd yna rywun unwaith . . . Affwys a diffwys . . . Gwaelod pob dychryn . . . Ti'n gwbod? . . . Ti'n deall? . . .

GŴR    Mond y fo sy'n medru cyrradd fanno . . .

GWRAIG    Be ydy o 'lly: Heineken? . . . Do's 'na neb yn medru cyrradd fanno . . . Mond dy hirath di . . . A hwnnw'n dychwelyd yn ôl yn waglaw . . .

*SAIB HIR.*
*Y GŴR YN DAL YN ERBYN Y LLUN.*

GWRAIG    (*YN GWEIDDI*) Sgin ti 'im byd i' ddeud?

GŴR       Methu 'i ddeud o ydw i.

GWRAIG    Iesu Grist mi ydan ni 'di mynd fel na fedrwn ni neud 'im byd
          fel cenedl ond pendilio rhwng rhethreg a rhegfeydd . . .
          Rhethreg a rhegfeydd a'r twll uffernol rhwng y ddau . . .

          *MAE'R WRAIG YN MYND AT Y FFACS. DARLLENA'R*
          *NEGES Â'R CORN GALW I GYFEIRIAD EI GŴR SY'N DAL*
          *AR EI "GROES" A GOLAU SBOT ARNO.*

GWRAIG    "Croesi meddwl i . . . Isio dy ffwcio di . . . Bron â dŵad yn 'y
          nhrwsus . . . Wancs a chariad, R.O."

          *CROESA'R WRAIG YN ÔL I'R "YSTAFELL" GAN DDWYN*
          *TUN O'R RHEWGELL AR EI FFORDD. DAW'R GŴR I LAWR*
          *O LE'R LLUN. EGYR Y WRAIG Y TUN.*

GWRAIG    T'isio rhannu tun hefo fi?

          *MAE'R DDAU YN BWYTA Â'U BYSEDD O'R TUN.*
          *AR Y SGRIN GWELWN FÔR YN LLAWN BROC.*
          *TRWY'R TANNOY CLYWIR SŴN CRIO ISEL SY'N TROI'N*
          *WYLO HIDL CYN DYCHWELYD YN ÔL I'R CRIO TAWEL.*
          *CLYWIR MIWSIG ORGAN – J.S.BACH:*
          *O MENSCH, BEWEIN DEIN SUNDE . . .*
          *DAW Y DYN I MEWN WEDI EI WISGO MEWN GÊR LLEDR*
          *O'R TEIP A DDEFNYDDIR YM MYD SADOMASOCIST-*
          *IAETH.*
          *MAE O'N GWTHIO TROLI – Y MATH O DROLI SY'N CLUDO*
          *CLEIFION MEWN YSBYTY. AR Y TROLI'N GORWEDD Y*
          *MAE RHYWUN O DAN ORCHUDD GWYN Â STAEN COCH*
          *ARNO. MAE CYLLELL NEU RYWBETH O DAN Y*
          *GORCHUDD YN CODI O GROMBIL Y RHYWUN.*
          *GEDY Y DYN Y TROLI WRTH YMYL Y WRAIG A'R GŴR*
          *SYDD WEDI PARHAU I FWYTA DRWY'R DIGWYDDIAD.*
          *Â Y DYN ALLAN.*

GŴR       Dwi'n llawn dop . . .

GWRAIG    Ffwl o bîns 'lly?

GŴR       Ia . . . 'Na chdi . . . Ffwl o bîns . . . Llawn egni 'sti . . . Fel dyn
          newydd . . . (*TORRI GWYNT*) 'Di ca'l gwared o'r hen wactar
          'na . . . 'Di llenwi'r twll yn 'y mol i . . .

          *EDRYCH Y GŴR O GWMPAS YR "YSTAFELL" YN UNION*
          *FEL PETAI O NEWYDD EI DARGANFOD GAN DDIRNAD EI*
          *PHOSIBILIADAU. EDRYCH MEWN DRÔR YN UN O'R*
          *CYPYRDDAU A WNA'R WRAIG.*

GWRAIG     (*CLYWIR SŴN Y FFACS*) Mae 'na rywun 'di bod yma o'n blaena ni 'yli . . . A 'di gadal petha . . . Rhein! . . . Ar 'u hola nhw . . . Sbia . . . (*TYNN LLUNIAU MEWN FFRAMIAU O'R DRÔR. MAE HI'N SBIO AR BOB UN*) Bechod! . . . 'Yli! . . . Digon o ryfeddod . . . Dwi 'im yn licio golwg hwnna! . . . Amser rhyfal! . . . Trip Ysgol Sul! . . . Ben Wyddfa! . . . Iechydwriath . . . Mond nicars! . . . Brestia'n hongian fel clustia sbanial! . . . Damwain! . . . Mach i! . . . Beth bach! . . . O'r peth bach! . . . Yr hen biano 'na a Dic . . . Dic! . . . Y flwyddyn y llofruddiwyd o . . . 'Esu peth hyll! . . . Gadal rwbath ar ôl . . . Fel rhoi carreg ar garn ar ben mynydd. Dweud: "Mi ydan ni 'di bod yma!" . . .
Cofiwch ni! . . . Dyna be ma' nhw'n 'u ddeud wrth adal 'u petha ar ôl . . . Cofiwch ni! . . . Cofio ydy'r weithred brydfertha sy gynnon ni . . . W't ti'n meddwl neith 'ywun 'n cofio ni?
Deud pwy odda ni... Adrodd 'n storis ni . . . . Ynganu'n henwa ni . . . Sibrwd petha a'r nos yn cau . . . Mi wna i'n saff o hynny . . . Yn saff o hynny . . . Yn saff o hynny . . .
(*MAE HI'N TYNNU CYLLELL FAWR O'R DRÔR, EI DAL UWCH EI PHEN , GOSOD BYS BACH EI LLAW ARALL AR DOP Y CWPWRDD A'I DORRI I FFWRDD Â'R GYLLELL. MAE'N SGRECHIAN*)
Cofiwch ni!
(*DEIL EI BYS YN UCHEL CYN EI DAFLU I'R DRÔR*).

GWRAIG     Mi wna i'n saff o hynny . . . Cofio! . . . Yn saff o hynny . . . Er cof amdani . . .

*PAENTIO "COFIO" Â'I GWAED AR UN O'R "WALIAU" YN YR YSTAFELL.*
*AM EI LLAW LAPIA GADACH.*

GWRAIG     (*YN DAWEL*) Cofio.

*TRWY'R ADEG NID YW EI GŴR WEDI GWNEUD DIM OND SEFYLL YN EI UNFAN YN SYLLU I'W FYD EI HUN.*
*SAIB.*

GWRAIG     'Nes i ddim' 'sdi . . .

GŴR     (*O'I UNMAN SYLLGAR*) 'Nes di ddim be?

GWRAIG     Torri mys â'r gyllath 'na . . . Cogio bach o'n i . . . Paent coch o'dd o yli . . . Neud tric o'n i . . . Paent o' rywun 'di ada'l . . . Paent cofio . . . Chwara hwn i mi . . . (*LLUCHIA DÂP CASET I'W GYFEIRIAD*) Yn y drôr . . . Rhywun 'di gadal 'i lais ar ôl . . . Wedi troi'n eiria . . . Dydan ni'n 'im byd ond geiria . . . Geiria . . . Sŵn . . .

*GWELWN Y GŴR YN FFIDLAN Â'R RECORDYDD TÂP. CERDDA'R WRAIG AT Y FFACS, RHWYGO'R NEGES OHONO A'I DARLLEN DRWY'R CORN GALW.*

GWRAIG "Pam na ddois di? Sbio ar dy lun di . . . Yr un noeth 'na . . . Lle w't ti? . . . Swsus llawn hiraeth . . . Pam na ddoist di? . . . R.O."

*WRTH IDDI GERDDED YN ÔL CLYWN AR Y TÂP LAIS HOGAN FACH YN DYSGU'R WYDDOR.*

LLAIS
HOGAN        A . . . BY . . . CY . . . CH . . . DY . . . DDY . . . E . . . F . . . FF . . .

*SAIB.*
*YNA SGRECH DDIRDYNNOL RHYWUN HŶN - RHY'R WRAIG EI DWYLO AM EI CHLUSTIAU GAN REDEG I'R "YSTAFELL" I LOCHESU YN ERBYN CWPWRDD.*
*SAIB.*
*EGYR DDRWS Y CWPWRDD YN ARAF AC O'R SILFF UCHAF SYRTH PÊL GOCH REIT FAWR. DEIL Y GŴR HI.*

GWRAIG Pêl . . .

*SAIB.*

GŴR Goch.

*SAIB.*

GWRAIG Fel.

*SAIB.*

GŴR Pêl.

*SAIB.*

GWRAIG Goch.

*SAIB.*

GŴR Nest.

GWRAIG Nest . . . Sut . . . wy' . . .

GŴR Chdi ddudodd 'i bod hi 'di mynd â'i phêl hefo hi yn y bag . . . Yn y bag . . . .

*SAIB.*

*CIPIA'R WRAIG Y BÊL ODDI WRTH EI GŴR. RHY GADACH NEU RYWBETH TEBYG AM Y BÊL A DECHRAU'I NYRSIO.*

GWRAIG Sh! . . . Sh! . . . Hogan Mam . . . Sh! . . . Sh! . . . Si hei lwli babi . . . Dau gi bach yn mynd i'r coed . . . Esgid ysgafn ar bob troed . . . Dacw mam yn dŵad . . . Dros y gamfa wen . . .

*AR YR UN PRYD GWELWN Y GŴR YN YMBALFALU YN UN O'I DRONSYS.*
*CAIFF HYD I'R HYN Y MAE'N CHWILIO AMDANO:*

*FFLACHLAMP. RHED I GANOL Y GERIACH. DIFLANNA.*
*FE'I GWELIR YN DRINGO I BEN LOCER. DIFFYDD Y*
*GOLAU'N LLWYR AR Y SET. GWELWN Y GŴR YN*
*FFLACHIO S.O.S. I GYFEIRIAD EI WRAIG. AR Y SGRIN YN*
*ROWLIO FEL CREDITS AR DDIWEDD FFILM GWELWN Y*
*GEIRIAU:*
*"GWRANDA ARNA I . . .*
*GWRANDA ARNA I . . .*
*MA GIN I ISIO DEUD WBATH WRTHA TI . . .*
*MA GIN I BETH WMBRADD O BETHA I'W DEUD WRTHA*
*TI . . .*
*WRTHA TI . . .*
*WRTHA TI . . .*
*TI'N 'Y NGHLWAD I?*
*TI'N 'Y NGHLWAD I?*
*'YLI DWI'N SIARAD EFO CHDI . . ."*
*AR DDIWEDD HYN, Y WRAIG YN TANIO SIGARÉT. FFLACH*
*Y FATSEN YN GOLEUO EI HWYNEB. TAFL Y SIGARÉT I*
*FFWRDD. AR YR UN PRYD CLYWIR Y FFACS YN CANU.*

*GOLAU'N AILDDYCHWELYD I'R SET.*
*SAIB.*
*LLITHRA'R BÊL O AFAEL Y WRAIG. MAE HI'N BWYTA*
*BWYD O DUN. AR Y SGRIN RHYWUN YN BUSTACHU FEL*
*PETAI'N FEDDW DRWY SYBWÊ TYWYLL.*
*ERBYN HYN Y MAE'R GŴR WEDI CYRRAEDD YR ADWY*
*RHWNG Y DDWY REWGELL, EI GOESAU AR LED A*
*CHLEDRAU EI DDWYLO YN ERBYN Y RHEWGELLOEDD.*
*MAE'N HYDERUS. SYLWN FOD Y GŴR A'R WRAIG WEDI*
*NEWID CRYN DIPYN ERBYN HYN.*

GŴR        *(Â HOLL FFYRNIGRWYDD EI FODOLAETH)* FFWC!
           FFWWWWWWWC . . . FFWC . . . FFWC
           . . . FFWC . . . FFWC FFWC FFWC
           FFWWWWCIIIIN . . . EEEEL
           . . . FFWC . . .
           FFFFF WWWWWC
           . . . FFWC . . . FFWC . . . FFWC
           . . . FFWC . . . FFWC . . .
           FFWC FFWC FFWC FFWC FFWC
           FFWC FFWC FFWC FFWC FFWC
           FF FF FF WC

           *SAIB.*

GWRAIG     *(Â'I CHEFN YN ERBYN UN O'R RHEWGELLOEDD, YN*
           *DYNER)*
           O! . . . O! . . . Yr angerdd.

Samson iaith rhwng dy golofna
Telyneg oedd hynna . . . Dy awdl di . . .
Dy bryddest di . . . Awen . . . Mi o'dd hynna'n dlws . . . Yn
sobor o dlws . . .
Mi o'n i'n gweld y cwbl yn tasgu o dy . . .
Dy . . . O'r lle yr w't ti yn wirioneddol chdi dy hun . . .
Huodledd syml yr hunan dilyffethair . . . Pam na fyddi di mor
huawdl â hynna bob amsar . . . Dwi'n teimlo'n agos atat ti . . .
Yn glòs, glòs . . . Agosach nag erioed . . . Dwi'n dy ddiall di'n
well . . . Dwi 'di clwad . . . A 'di derbyn . . .

*SAIB.*
*Â'R WRAIG AT Y PEIRIANT FFACS. DARLLENA'R NEGES*
*DRWY'R CORN GALW I GYFEIRIAD EI GŴR.*

GWRAIG      "Lle w't ti'r ast? W't ti 'im yn dalld be ydw i 'di neud er dy
            fwyn di d'wad? Y bitsh! Y ffwcin bitsh! Lle w't ti'r ast?
            Cariad etsetra, R.O."

*AR YR UN PRYD SŴN METALIG Y GŴR YN PI-PI I UN O'R*
*LOCERI.*

GŴR         O'n i jyst â marw.

*SAIB.*
*Y WRAIG YN CERDDED I GANOL Y GERIACH.*

GŴR         *(YN GWEIDDI AR EI HÔL AG ACEN GYMRAEG GREF)* You
            are the object of my desire . . .

GWRAIG      *(YNGHANOL Y GERIACH OND NI GWELIR HI)* Be? . . . Be
            udas ti?

GŴR         Mond wbath dwi'n 'i gofio . . .

*AR Y SGRIN GWELWN GYLLELL Â'I LLAFN YN FFLACHIO.*
*TRWY'R TANNOY CLYWIR TAIR ERGYD GWN.*
*O DU ÔL I GWPWRDD YMYSG Y GERIACH GWELWN Y*
*PYPED PUNCH YN DOD I'R FEI.*

GŴR / PUNCH        Pwy sy'n hogyn drwg ta? . . . Pwy sy'n hogyn drwg
            ta? . . . Helo 'na! . . . Helo 'na! . . . A pwy dach chi 'lly?
            Mistar! . . . Syr! . . . Fan 'ma dw i . . .
            *(YN RHUTHRO I NÔL CADAIR, MAE O'N CLAPIO,*
            *CHWERTHIN . . . MYND I HWYL)*
            Dwi'n barod . . . O cê boi! . . . Su'mae?. . . Iawn? . . . Pwy sy'n
            hogyn drwg ta? . . . Pwy sy'n hogyn drwg ta? . . .

*DAW JUDY I'R FEI MEWN CAR PLASTIG.*

| | |
|---|---|
| GWRAIG/<br>JUDY | *(LLAIS GWNEUD Y WRAIG)*<br>Bî bîb . . . Bî bîb . . . Bî bîb . . . Cer o'n ffor' i y sglyfath hyll . . .<br><br>*MAE HI'N GWNEUD SŴN REFIO, BRECIO, SGIDIO.* |
| GŴR/<br>PUNCH | Woman driver uffar! |
| GŴR | Woman driver uffar! |
| GŴR/<br>PUNCH | Ty'd ffor' 'ma eto a mi 'na i falu dy gar di . . . |
| GŴR | Malu dy gar di! . . . |
| GŴR/<br>PUNCH | Mi leinia i di . . . |
| GŴR | Dy leinio di . . . |
| GWRAIG/<br>JUDY | *(YN GYRRU'N ÔL I GYFEIRIAD PUNCH)*<br>Sym' y penci . . . Bî bîb . . . O' ffor'! . . . Y peth budr . . . Y bygar<br>. . .<br><br>*MAE PUNCH YN TRIO GWALDIO'R CAR OND YN METHU.* |
| GŴR/<br>PUNCH | Ga i chdi tro nesa . . . Y bitsh . . . |
| GŴR | Tro nesa . . . Y bitsh . . . |
| GWRAIG/<br>JUDY | *(YN GYRRU'N ÔL I GYFEIRIAD PUNCH GAN EI DARO A<br>MYND DROS EI GORFF DRO AR ÔL TRO)* Brrm . . . Brrm . . .<br>Brrm . . . Êêê . . . Brrm . . . Êêê . . .<br>Bang! . . . Crash! |
| GŴR/<br>PUNCH | Ti 'di'n lladd i . . . |
| GŴR | Ti 'di'n lladd i . . . |
| GWRAIG/<br>JUDY | *(YN ÔL A BLAEN AR DRAWS PUNCH)*<br>Ma' marw'n grêt . . . Grêt . . . Grêt . . . Grêt . . .<br>Grêt . . . Grêt . . . |
| GŴR | *(WRTH GURO'I DDWYLO'N ECSTATIG I ARWYDDOCÁU EI<br>WERTHFAWROGIAD)*<br>Grêt! . . . Grêt . . . Grêt! Grêt . . . Da iawn . . . Grêt . . . |

*DRINGA'R WRAIG I BEN Y CWPWRDD, Y PYPEDAU YN EI LLAW, A BOWIO. DEIL EI GŴR I GLAPIO A GWEIDDI.*

GŴR          . . . Grêt . . . Grêt . . .

*AR Y SGRIN GWELWN DDAU DDYN YN COLBIO EI GILYDD YN DDIDRUGAREDD. FEL Y MAE HYN YN DIGWYDD LLITHRA DWY FFRÂM LLUN EURAIDD, MAWREDDOG – FFRAMIAU HEN FEISTRI – YN ARAF O'R NENFWD NES AMGYLCHYNU'R GŴR A'R WRAIG. Y MAE'R DDAU WEDI NEWID CRYN DIPYN ERBYN HYN.*
*WRTH I'R FFRAMIAU DDISGYN CLYWN SŴN PLANT YN LLAFARGANU "AETH TOMI FARR I RING BOCSIO 'R' A CHAFODD NOC OWT!"*
*GWELWN Y DYN YN MYND AR DRAWS Y LLWYFAN WEDI EI WISGO FEL BOCSAR Â'I DDYRNAU YN YR AWYR, CODI EI FREICHIAU I DDYNODI BUDDUGOLIAETH AC ATI. SŴN Y PLANT DRACHEFN, "AETH TOMI FARR I RING BOCSIO 'R' A CHAFODD NOC OWT!"*

GWRAIG      Llunia . . .

GŴR          Arddangosfa . . .

GWRAIG      Yn y llun hwn y mae'r artist wedi . . .

GŴR          Ydan ni ar werth?

GWRAIG      Dan ni 'di troi'n gelfyddyd 'yli . . .

GŴR          Ma' 'na rywun 'di'n fframio ni . . .

GWRAIG      W't ti'n ddrud?

GŴR          Milodd! . . . Be ydy dy werth di?

GWRAIG      Ma' nhw 'di methu penderfynu'r pris . . .

GŴR          Ni! . . . Yr anfarwolion!

GWRAIG      Dwi'n gwenu . . .

GŴR          . . . Fel y Mona Lisa . . .
             Dwi'n chwerthin . . .

GWRAIG      . . . Fel y Laughing Cavalier . . . Dwi'n cuchio 'yli . . . Gwynab
             fel clawr Beibil . . .

GŴR          Salem!

GWRAIG      *(YN RHOI AFAL YN EI CHEG)* Magritte!

GŴR          *(YN TYNNU SGWÂR COCH A SGWÂR GLAS O'I SIACED)*
             Mondrian!

GWRAIG      Ma' llun yn sâff mewn ffrâm . . . Fedar o ddim dengid . . . Mae
             o wedi 'i ddofi . . .

GŴR       *(YN LLURGUNIO'I GORFF A DYNWARED SGRECH)*
Hieronymous Bosch! . . . Twt.

GWRAIG    *(YN GWNEUD YSTUM CROESHOELIAD, EI DWYLO'N
GNOTIOG AC YSTUM DYCHRYNLLYD AR EI HWYNEB)*
Matthias Grünewald! . . . Taclus.

GŴR       Crogi ar wal . . .

GWRAIG    Pob dim yn ddiogel mewn ffrâm yn tydi . . . Ffrâm teulu . . .
Ffrâm cenedl . . . Ffrâm steddfod . . . Ffrâm crefydd . . . Ffrâm
iaith . . . Ffrâm gwleidyddiaeth . . .

GŴR       Hongian . . .

GWRAIG    Nid fi o'dd y cynta i chdi yn naci?

GŴR       Be? . . .

GWRAIG    Mi oddach chdi 'di ca'l rhywun arall o mlaen i yn dodda ti? . . .

GŴR       Be ti' feddwl?

GWRAIG    Ffwc! . . . Mynegi ffaith o'n i nid gofyn cwestiwn gyda llaw . . .

GŴR       'Sti . . .

GWRAIG    Mae o'n deimlad rhyfadd yn dydy? . . . Eu gweld nhw wedyn
. . . Y rhai w't ti wedi'u ca'l . . . Mhen blynyddo'dd . . . Hefo'i
pardneriad . . . A chditha 'di bod yno o'u blaena nhw . . . Wedi
gosod polyn dy fflag fel 'tai yn y wlad ddiarth . . . Neu sugno'i
neithdar hi . . . Mi w't ti'n dal i'w gweld nhw'n noethlymun yn
dw't . . . A nhwtha'n gwbod am dy noethni ditha . . . Gwbod
i'r byw be odda nhw'n 'u licio . . .

GŴR       Arglwydd ia! Rhwbio'i thits hi mewn ffor' sbesial . . . O
gwmpas y nipyls . . . 'Sti . . . "Memories are made of tits" . . .
Fel ma'r gân yn mynd . . .

GWRAIG    'Na fo 'yli . . . O'n i'n gwbod . . .

GŴR       Anghofia . . .

GWRAIG    Yr holl hwyl . . . Y caru go iawn . . . Caru nes fod dy du mewn
di'n chwildrins . . . A dy galon di amball dro'n rhacs jibiders
. . . "Os gadewi di fi mi fydd 'y mywyd i'n dipia" . . . Y bod yn
glòs . . . . Y mwytho . . . Yr addewidion . . . "Rydw i yn dy garu
di'n ofnadwy ac am byth" . . . A mi oeddach chdi'n meddwl
pob un gair . . . Pob un wan jac llythyran . . . A'r cwbl yn y
diwadd yn troi'n hen "Helô" llipa . . . Rhyw rech damp o
"Duwadd, su'mae e's dalwm?" . . . A chitha ar binna isio mynd
oddi wrth 'ch gilydd rhag ofn i'ch llygid chi gyfarfod . . . A
chofio . . . Ma' cariad yn beth ofnadwy . . . Ofnadwy . . .
Ofnadwy . . . *(SAIB)* Nid fi o'dd yr ola i ti chwaith yn naci? . . .

GŴR    Be?

GWRAIG    Wbath ar dy glyw di oes? . . . Pwy ar 'y nôl i gest di? . . .

GŴR    Neb.

GWRAIG    Mm! . . . Enw neis . . . "Neb" . . . "Di hi 'im yn 'y nalld i 'sdi, Neb" . . . "Neb, 'y nghyw gwyn i!" . . . Mi o'n i'n gwbod dy fod ti'n ca'l Neb 'sdi . . . A ti'n gwbod sut o'n i'n gwbod hynny? Un noson – a dwi'n cofio'r noson – mi 'nes di beidio â ngharu i hefo dy gorff . . . Peidio â sgwennu tynerwch dy gariad â dy fysedd ar hyd 'y nghnawd parod i . . . A mi 'nes di ddechra'n ffwcio fi . . . 'N ffwcio fi . . . Troi o fod yn ŵr i mi i fod yn ryw fath o injan ddyrnu . . . Finna'n gadal i nghnawd ddadlath rhwng ffwrnais dy freichia brwnt di . . . Sut beth o'dd gorfod cau dy llgada er mwyn gweld rhywun arall? . . . Dy ddulo di ar hyd 'y nghorff i a dy ddychymyg di'n anwylo croen y llall . . . Teimlo dy wefusa di ar 'y ngwefusa inna a chditha ar yr union eiliad yn cusanu Neb . . . Rhoi dy goc yno'i . . . Rhoi cyllath yno'i . . . Be uffar o'dd y gwahaniath? (GAN CHWERTHIN) 'Di ngada'l i mhell cyn i ti ddŵad . . . Twyllwr sâl oeddat ti . . . Carwr salach . . . Fawr o go yn'o chdi . . . Tila dy ddychymyg . . . Faint o farcia allan o ddeg ges di gin Neb? . . . Dau? . . . Dau a hannar?

    *SAIB.*

GŴR    Hyd yn oed tasa 'na rywun 'di bod . . . Do'dd hi'n golygu dim byd . . .

GWRAIG    Pam fod dynion yn deud hynna? . . . Rhwbath sy wnelo fo â dy feddwl di ydy "golygu" . . . Nid dy feddwl di sy'n mynd i mewn i affêr ond dy bidlan di . . .

    *SAIB.*

GŴR    Ges di affêr rioed?

    *MAE'R DDAU YN CAMU O'R FFRAMIAU.*
    *SAIB.*

GWRAIG    Do.

    *SAIB HIR.*

GŴR    Roth o'i ddulo hyd-ddach chdi?

    *SAIB.*

GWRAIG    Naddo.

    *SAIB.*

GŴR    Ddaru o dy fela di?

*SAIB.*

GWRAIG    Naddo.

*SAIB.*

GWR    Driodd o rwbath?

*SAIB.*

GWRAIG    Sgin ti ddim isio gwbod 'i henw hi?

*SAIB HIR.*
*Y DDAU'N SYLLU AR EI GILYDD. MAE'R GWR YN DISGYN AR EI LINIAU AC YN DECHRAU CYFOGI.*
*YN Y MAN . . .*

GWR    *(YN DAWEL A PHWYLLOG)* Be ma' dwy ddynas yn 'u 'neud efo'i gilydd 'lly?

*SAIB.*

GWRAIG    Byta . . . Darllan papur newydd . . . Pwdu . . . Gneud lol . . . cadw r'iat . . . Piso . . . Cachu . . . Siopio . . . siarad . . . Mynd am dro . . . Bod yn dyner hefo'i gilydd . . . Cofleidio cyffwrdd . . . Caru . . . 'Sti . . . Petha anarferol fel 'na . . . Ond hwrach nad yn y drefn yna 'ndê . . .

*RHUTHRA'R GWR FEL DYN O'I GO I GYFEIRIAD EI WRAIG.*
*MAE O'N EI GWALDIO'N DDIDRUGAREDD.*

GWR    *(WRTH EI GWALDIO)* Arglwydd! . . . Arglwydd! . . . Arglwydd! . . . Pam na fasach chdi 'di gadal i ddyn dy ffwcio di hefo coc dda nes dy fod di'n sgrechian am fwy . . . Y bitsh . . . Y bitsh . . . Y bitsh . . . Yr hwran . . . Y slwt . . . Caridym . . . Y beth goman . . . Y bitsh uffar . . . *(YN DAWEL)* Y bitsh . . . *(YN GWEIDDI)* Y gotsian . . .

*CLYWIR Y FFACS YN CANU.*
*YMRYDDHA'R WRAIG O AFAEL EI GWR GAN DDOD LAWR O'R LOCER. Y GWR YN EI GWMAN AR BEN Y LOCER.*

GWRAIG    *(YN HERFEIDDIOL)* Dyna i chdi gythral o beth . . . Medru ca'l ffwc heb ddyn . . . Ma' dy bidlan di fel chditha'n ddiwaith . . . "Hei! Coc ar y dôl su'mae? . . . Be sy 'na ar ôl rŵan . . . Y? Ti'n disposable fel cwpan blastig . . . A fforc blastig . . . A thrê aliminiym dinner-for-one o Cwics . . . A chondom . . . Ffwcin sbwrial . . . Ti'n dawedog iawn . . . Oeddach chdi'n deud wbath? . . . Sut? . . . Pardwn? . . . Ma'n ddrwg gin i? . . .

*AR Y SGRIN GWELWN DOMEN LECHI YN Y NIWL A'R GLAW. Â'R WRAIG AT Y FFACS. DARLLEN Y NEGES DRWY'R CORN GALW.*

"Sori! . . . Sori! . . . Sori! R.O."

*BELLACH MAE'R GŴR WRTH YMYL UN O'R RHEW-*
*GELLOEDD MOR LLONYDD Â DELW, EI BEN WEDI EI*
*WYRO.*
*CERDDA'R WRAIG TUAG ATO YN LLAWN PWRPAS. SAIF*
*YN EI ŴYDD. SAIB. ANELA DDRYLL TUAG ATO.*

Hei! . . . Chdi! . . . Ffycar! . . .

GŴR      Dim rhen wn 'na . . . Paid . . . *(MAE O'N CUDDIO'I WYNEB)*
         Ddudast di 'sa ti ddim . . .

         *MAE'R WRAIG YN TANIO'R GWN DEIRGWAITH.*

GŴR      *(YN CYDIO YN EI OCHR)* O! . . . O! . . . O! . . . Gwaed! . . . 'Yli!
         . . . Gwaed! . . . Dwi'n gwaedu i farwolath . . .

         *SAIB.*

GWRAIG   'Di hen geulo washi . . .
         Gwn caps 'yli . . .

         *MAE HI'N TANIO'R GWN DROSODD A THROSODD I BOB*
         *CYFEIRIAD.*
         *SAIB.*
         *DECHREUA'R WRAIG WNEUD SŴN MOCHYN – "OCH –*
         *OCH" – I GYFEIRIAD EI GŴR. MAE YNTAU'N YMATEB YN*
         *YR UN MODD. AR ÔL SBELAN O'R CHWARAE YMA FE'U*
         *GWELWN YN BWYTA FEL MOCH O GAFN Y BWYD SYDD*
         *WEDI EI ARLLWYS AR Y LLAWR O GWMPAS Y*
         *RHEWGELLOEDD. CANA'R FFACS. DAW NEGES HIR O'I*
         *GROMBIL. Â'R DDAU BRON AR EU PEDWAR YN DAL I*
         *WNEUD Y SYNAU MOCH ÂNT I GYFEIRIAD Y FFACS.*

GWRAIG   *(YN DARLLEN Y NEGES IDDI EI HUN. Â GORFOLEDD)* I ni
         mae o!

GŴR      Gin pwy 'lly?

GWRAIG   Ffyrm o dwrnïod yn Llundan . . . Mae o . . . Mae o . . . Mae o
         'di' ladd a 'di gadal 'i holl gyfoedd i mi! . . . Dic! . . . Dic!

GŴR      Y blydi lot? . . . Y job lot? . . . Bob dim! . . .

GWRAIG   Wir i chdi . . . Y tai . . . Y ceir . . . Y shares . . . Y pylla nofio . . .
         y cytia . . . Y busnas . . . Y pianos . . . Yr antîcs . . . Y llunia . . .
         *(MEWN ACEN SAESNEG HYNOD O GOETH)* And 6.3 million
         U.S. dollars . . . Richard! . . . Darling Richard! . . . My God! . . .
         My God! . . . My God!

GŴR      And 6.3 millon U.S. dollars . . . Fair play to him . . . Gollygosh
         . . . What can we say? . . . I love you . . . *(YN DYNER)* Hei! . . .
         Pam ti'n crio?

GWRAIG      Am'n bod ni mor gyfoethog . . . We're so rich . . . So fantastically, fabulously rich . . . I love you . . . Oh my darling I love you . . . So . . . So . . . Much.

*GAFAELA'R DDAU YN Y DDWY DROLI SIOPIO ARCHFARCHNAD, COGIO EU LLENWI, DAWNSIO I GYFEIRIAD EI GILYDD, EU LLENWI GO IAWN Â'R TUNIAU O'R RHEWGELLOEDD. TRWY GYDOL Y COREOGRAFFI YMA, PARHA'R DDEIALOG.*

GŴR      A'r condoms . . .

GWRAIG      Condoms?

GŴR      Ia ia . . . Ti'm yn cofio ni'n ca'l hyd i'r condoms aur rheiny . . . A'i enw fo arnyn nhw . . . Chditha'n deud mai "R" am "Rêl un" oedd o ac "O" am "O! O! O! Dwi'n dŵad". Ni bia rhein hefyd rŵan . . . Ma' gin i goc aur 'raur . . . Dic!

GWRAIG      Being rich it's like the best fuck you've ever had . . . Your pussy explodes into a million little bits . . . Like lots of tinkling shillings falling into a piggy bank . . . We can be there now with the Walkers and the Hunts and the Redwoods . . . We'll be a part of such lovely names . . . Can you think of anything lovelier on your tongue than "Portillo"? . . . Oh! . . . Baby! . . . Oh Honey! . . . We're so fucking rich . . . Rich . . . Rich . . . Rich . . . (*EI LLAIS YN COLLI EI NERTH*) Rich . . . Rich . . . Rich.

*WRTH DDWEUD Y GEIRIAU "RICH, RICH" OLAF, MAE'R WRAIG YN DOLENNU'N ARAF I MEWN I GAFN Y DROLI. GWTHIA'R GŴR EI DROLI ODDI WRTHO A THROI I SYLLU'N FUD I GANOL Y GERIACH. SAIB. CLYWN SŴN SEIREN, SŴN HOFRENNYDD, SŴN CŴN YN UDO A GOLAU CHWILIO'N CHWARAE HWNT AC YMA AR DRAWS Y GERIACH. TRWY'R TANNOY LLAIS LLAWN ECO.*

LLAIS      Mr Caron Owen i'r Swyddfa . . . Mr Caron Owen . . . Mr Caron Owen.

*CLYWN SŴN HOGAN FACH YN SGRECHIAN, PLANT YN CHWARAE AC UN OHONYN NHW'N GWEIDDI.*

PLENTYN      Ti'n oer! Ti'n oer! Ti'n oer!

*YN SYDYN, FFRWYDRA GOLAU SBOT AR Y MANNEQUIN GWAEDLYD.*
*MAE'R GŴR A'R WRAIG MEWN SILWÉT.*

**DIWEDD DWRNOD CYNTA**

## 'RAIL DDWRNOD

*YR UN OLYGFA Â DIWEDD Y 'DWRNOD CYNTA'. Y GŴR YN SBIO I GANOL Y GERIACH, Y WRAIG YN EI DWBWL YNG NGHAFN Y DROLI. SYLWN FOD Y DDWY REWGELL AR GAU AC WEDI EU SYMUD GRYN BELLTER ODDI WRTH EI GILYDD. YN Y GOFOD RHWNG Y RHEWGELLOEDD A THU ÔL I'R GŴR A'R WRAIG Y MAE YNA HEN GAR – RÊL BANGAR O BETH YN RWD AC YN DIPIAU, DWY HEN SEDD YN EI DU BLAEN AC OLWYN LYWIO. Y MAE'R CAR WEDI EI OLEUO'N LLACHAR O'R TU MEWN. GWEDDILL Y SET WEDI EI GOLEUO I DDISGRIFIO DIWEDYDD TACHWEDDOL. FEDRWCH CHI DDIM GWELD YN IAWN YMHELLACH NA'R CAR.*

*SAIB HIR.*

*RHYW FATH O OLAU PŴL, COCH YN CODI'N ARAF AR Y GŴR A'R WRAIG. DECHREUA'R GŴR EDRYCH O'I GWMPAS, SIFFRWD EI DRAED, CERDDED FYMRYN. Y WRAIG WEDYN YN STWRIAN YN HERCIOG BOB YN HYN A HYN YNG NGHAFN Y DROLI, EI BREICHIAU'N GWNEUD YSTUM HEDFAN HANNER PAN. YN Y MAN, DEUWN I SYLWEDDOLI FOD Y DDAU WEDI NEWID YN LLWYR: YN IAU, Y FO WEDI'I WISGO'N DRWSIADUS A HITHAU NAD YW MWYACH YN FEICHIOG, WEDI EI DILLADU I DDANGOS EI HYSBRYD RHYDD, DILYFFETHAIR.*

GŴR          *(PESYCHU AC YN CRAFFU I GYFEIRIAD Y WRAIG)*
Newydd gyrradd 'ma dach chi?

              *SAIB.*

              Newydd gy-

GWRAIG    *(YN DAL YN EI DWBL YNG NGHAFN Y DROLI)* O . . . Llais dyn . . .

GŴR          Corff dyn hefyd . . .
              *(RHY EI LAW RHWNG EI GOESAU)*
              . . . Bob tamad . . .

              *SAIB.*

              Dach chi 'di bod yma e's oesodd? . . .

              *SAIB.*

              Chwilio am wbath dach chi, ia?

              *SAIB.*

              'Di colli wbath do?

              *SAIB.*

GWRAIG    Cymro w't ti?

GŴR          Ma' rhaid dy fod ti'n teimlo'n unigrwydd i felly.

GWRAIG   Be?

GŴR      Peth unig ydy bod yn Gymro . . .

GWRAIG   Hel votes w't ti? . . . Adag lecsiwn ydy hi? . . .

GŴR      Punch an' Judy . . . Laurel an' Hardy . . . England an' Wales . . .
         Double acts yli . . . Dwi'n inglish heritej . . . Dydy fy iaith i 'im
         mor effeithiol â Semtex . . . A ma' 'na well clec o beth cythral
         mewn AK47 na sy 'na yn 'n cynganeddion ni . . . Ma'
         gwledydd erill – 'di gneud petha . . . 'Wsti be ydan ni'n 'i
         'neud? Odli'n cyni . . . Iro'n poen efo grant gin Cyngor
         Celfyddyda . . . Do's 'na ddim owns o ddêr na gyts yno' ni . . .
         Sgynno ni ddim ffydd yn heddiw na dychymyg am fory. Be
         'nes i rioed? . . . 'Nes di rwbath? . . . Ffyc ôl mwn . . . Llechi a
         glo sy gynno ni yn 'n tir . . . A tourists – give a round of
         applause for the tourists – i grwydro ar 'i wynab o . . . "Such
         biwtiffyl sînyri . . . You're so lucky . . . " (WRTH Y WRAIG)
         "Helo, Lucky!" . . . A ma' glo'n beryg i'r amgylchfyd erbyn
         hyn . . . A be fedri di 'i neud efo llechi eniwê ond 'u troi yn
         gerrig bedda: cau petha i mewn . . . A mi ydan ni'n giamstars
         am gau petha i mewn . . . Tisio fi ddysgu gair Cymraeg
         newydd i chdi? Mitsubishi . . .

GWRAIG   (YN CODI O'R DROLI) O! O! O! Dwi jyst â dŵad yn gwrando
         arnach chdi . . . Mi o'dd hynna'n uffernol o moving. Sna'm
         byd gwell gin i na gwatsiad pobol Cymraeg yn chwthu
         balŵns 'u hunan dosturi . . . Mi fyddwch chi farw o'r felan toc
         yn hiraethu am Llywelyn . . . A be sy 'na yn dy heddiw di, del?
         . . . Sgin ti ddychymyg sy'n bensaer petha a ninna ar fin y
         newydd? . . .

GŴR      Sori!

GWRAIG   'Esu ia . . . Cymro w't ti reit inyff . . .

GŴR      Teimlo'r boen w't ti? . . .

GWRAIG   Nac 'dw i . . . Deud "sori" 'aru chdi . . . A betia i chdi dy fod
         ti'n fardd hefyd . . . Ma' pob Cymro'n fardd . . . Cerddi hyd y
         lle'n bob man fel cachu defaid hyd Stiniog . . . "I wallt merch"
         . . . "Difwlch yw dy degwch di" . . . "Dau lygad disglair fel
         dwy em" . . . "Dwy law yn erfyn sydd yn y darlun" . . . "Llâs
         Medrawd" . . . Creu petha neis . . . Ti'n sgwennu am secs,
         llenor? . . . "Dacw Mam yn dŵad" . . . Hei voyeur! . . . Testun
         yr awdl eleni yw "Ffwcio" . . . Dwi'n meddwl fod gin pob
         derwydd gythral o fin da o dan 'u gwisgodd . . . Yn enwedig
         y petha gwyn 'na . . . "Gweinier y cledd" . . . Anytime, mêt . . .
         Anytime . . . Tisio trio ngwain i? . . . O's 'na le i mi yn dy
         Gymru di? Ma 'na lot ohonon ni . . .

GŴR         Ti 'im 'di gwrando arna i! Poen sy'n naddu ngeiria i nid llenyddiaeth . . . Y boen o fod yn Gymro . . . A ti'n gwaedu 'efyd . . . Ma'n cachu ni yn 'y nghystrawenna i . . . A'n chŵd ni yn y brawddegu . . . Dalld? . . . Llenyddiath o ddiawl . . . Sgin i na neb arall mo'r hawl na'r amsar i'r ffasiwn hobi dosbarth canol . . .

GWRAIG      Ww! . . . Mi o'dd hynna'n lyfli . . . Fel tafod wlyb yn llepian ar hyd 'y nghefn i . . . Secsi . . . Poeth . . . Rêl come on . . . O's 'na 'im byd gwell na llenor horni . . . Bardd efo balls . . . Lond llaw ohonyn nhw . . .

GŴR         Cymraes w't ti?

GWRAIG      Wel ia cofia . . . Tisio ffwcio Cymraes? . . . Dwi ar ga'l . . . Fel bob dim arall . . . Free enterprise 'yli . . . Ma'n rhyfadd na fasa'r W.D.A. 'di sticio sein ar 'y nhin i: "Lle da i neud busnas" . . . Ty'd yn d'laen . . . Pwniad bach sydyn . . .

GŴR         Ond dydw i ddim yn dy nabod di . . .

GWRAIG      Su'mae?

GŴR         Iawn diolch!

GWRAIG      'Na fo . . . Ti'n 'y nabod i rŵan dw't? . . . Ty'd i'r car . . .

            *MAE HI'N GAFAEL YN EI LAW A'I DYNNU'N BRYFOCLYD I'R CAR.*

GWRAIG      Wel! . . . Dwi'n barod . . . Mewn â hi, llenor . . .

GŴR         Fedra i ddim. Fedra i ddim . . . Ddim . . .

GWRAIG      Fedra inna ddim chwaith . . . Dwi 'di colli nabod arnach chdi . . . Anodd ydy cynna tân ar hen aelwyd . . . Etsetra . . . Etsetra . . . Etsetra . . .

            *SAIB.*

            *DAW'R GŴR ALLAN O'R CAR, POTEL WIN WAG YN EI LAW. MAE'N PWYSO YN ERBYN OCHR Y CAR GAN CHWARAE Â'R BOTEL.*

GŴR         Tydw i ddim yn ddyn . . .

GWRAIG      'Sti be, o'n i'n deud w'tha fi'n hun: Ma' hwn yn debyg uffernol i eliffant . . .

GŴR         Gwn caps sy gin i rhwng 'y nghoesa . . . Dalld? . . . "Fedar o ddim ca'l plant 'chi: y tŵls 'im yn gweithio" . . . "'Sgin ti blant? . . . Ty'd o 'na boi . . . " *(MAE'N GWNEUD YSTUM RHYW Â'I DDWRN A'I FRAICH)* . . . "Ti'n tanio blancs dŵa" . . . "O! Ma' hi'n disgwl ydy hi? 'Di bod yn hir heb blant hefyd yn'do . . . ma' 'na storis 'chi . . . Hi ac R.O. . . . . Rêl hwrgi meddan nhw ar ôl i'w wraig o ddiflannu . . . "

*SAIB.*

Dyn: pidlan hefo gwynab . . . Bellach fedra i ddim hyd yn oed
fyw i fyny i'r ystrydeb . . . *(MAE O'N MALU'R BOTEL YN
ERBYN Y CAR. CHWIFIA'R BOTEL FRIW YN FYGYTHIOL.)*
Be ydy bod yn ddyn? Ai rhwbath yr ydach chi'n 'i ffeindio
wyneb yn wyneb â dynas ydy o? . . . Neu yng nghoflaid tyner,
cadarn dyn arall? . . . Y? . . . Wyddos' di? . . . Deud wrtha i . . .
Dwi'n oer? Dwi'n boeth? . . . Dwi'n agos at y gwir? . . . Be ydy'r
gwir? . . . Ma' dynion yn prysur fynd ar goll . . . Peth unig ydy
bod yn ddyn erbyn hyn . . . Ma' hi'n wahanol hefo merchaid
. . . Chi bia petha rŵan . . . A dwi'n mynd i ladd y ffwcin R.O.
'na . . .

*LLAMA I BEN Y CAR. CLYMA HEN GADACH GWAEDLYD
AM EI LYGAID. RHWYGA EI GRYS. RHY'R BOTEL RHWNG
FFORCH EI GOESAU. TYNN WN O'I WREGYS A'I DDODI
YN ERBYN EI ARLAIS.*

GŴR      *(MAE'N SGRECHIAN)* WELE DDYN.

*TRWY'R TANNOY CLYWN NIFER O RAI ERAILL YN
GWEIDDI'N ORFFWYLL.
"WELE DDYN! WELE DDYN!
WELE DDYN! WELE DDYN!"
SAIB.*

GWRAIG    *(YN HAMDDENOL)* Dwi'n gwbod be ydy dyn a tydw i ddim
yn 'i licio fo . . . Lesbian dw i . . . . Lesbian dw i heno beth
bynnag . . . Ty'd i mi sbio arnach chdi . . . Iesu ia, lesbian dw i
heno . . . Eliffant . . .

*LLUSGA'R WRAIG EI HUN DRWY'R WINDSGRÎN A
GORWEDD AR Y BONET, EI BREICHIAU A'I CHOESAU AR
LED.*

GŴR      *(YN FYFYRIOL, BELL, O DOP Y CAR. Y MWGWD YN DAL
AM EI LYGAID. Y BOTEL FRIW RHWNG EI GOESAU OND Y
GWN YN LLAC YN EI LAW WRTH EI OCHR)* Hefo dynas o'n
i 'yli . . . Mond un arall . . . 'Sti . . . Oddi ar y rhestr . . . Y tit list
. . . (MAE O'N CHWERTHIN O FATH) Er mwyn i'r hogia ga'l
deud "uffar o foi 'dy hwn"; "be sgin ti rhwng dy goesa dwa'?
Howitzer?"; "staliwn" . . . 'Sti fel ma' hi . . .

GWRAIG    Su' ma' hi? Dal i hongian, codi'n braf, ia . . .

GŴR      . . . Y petha ti'n 'i neud i ddangos fod chdi'n ddyn . . . 'Sti . . .
Yn gyrru car ar y lôn tu allan i Lanfair-ym-Muallt 'yli lle
roeddan ni'n byw ar y pryd . . . Rhwng dau ola . . . Gormod o
lysh . . . Gormod o glun yn dangos . . . 'Sti fel ma' petha . . .
Hitha'n chwara â nobyn y gerstic . . . O uffar! 'I hen geg hi'n
bobman . . .

GWRAIG    *(YN DECHRAU ANADLU'N DRWM, GWINGO A CHORDDI
          A GWEIDDI)*
          Ffastach! . . . Ffastach . . . Ty'd! . . . Ffastach! . . . Ffastach! . . .
          Ty'd y basdad . . . Ffastach! Ffastach!

          *MAE HI'N YMDAWELU.*

GŴR       "Mwy o sbîd, marchog," medda hi, "Ffastach . . . Ffastach . . .
          Ffastach . . . Ty'd y basdad . . . Ffastach . . . Ty'd i mi ga'l golwg
          ar dy gledda di . . . "

          *SAIB.*

          Y cwbwl welis i o'dd pêl goch yn bownsio ar y bonat . . . A sŵn
          fel clep drws ffrynt o belldar llofft . . . Mi o'dd y bitsh wirion
          yn giglian a rhochian cysgu am yn ail . . . Methu ca'l min,
          methu ca'l min hen ffwcin lol wirion . . . Mynd ar nyrfs rywun
          . . . 'Sti . . . Ugian munud ŵ'rach . . . Hannar awr ella 'sti . . . Ar
          hyd y lôn . . . A dyma fi'n troi y car rownd yn sydyn . . . A
          gyrru am yn ôl 'de . . . A *(RHYW LUN AR CHWERTHIN)* dyna
          lle roedd un o'r golygfeydd prydfertha welis i rioed . . .
          Goleuada glas yn wincio'n bobman . . . Gwynder llachar dwy
          ambiwlans newydd sbon danlli . . . Hedlamps ceir yn beli oren
          fel heulia mewn broshyrs holides . . . Breichia plisman yn
          chwifio'n dyner fel petai o'n arwain rhyw adagio hyfryd . . .
          Sglein y lôn ddu, wlyb . . . A phêl goch lonydd ar fin y ffor' fel
          petai hi'n dal y cwbwl wrth ei gilydd rwsud . . . Pan es i adra
          . . . Rwbryd . . . Yna roedd yr heddlu . . . Yn cysuro . . . Cysuro
          ngwraig i 'chan . . . 'I merch hi ti'n gweld . . . Nest . . . O'dd 'di
          ca'l 'i lladd . . . Rhyw feiniac o ddreifar . . . Sbîd . . . Hit an' ryn
          . . . Diod ella . . . Dwrnod 'i phen-blwydd hi o'dd o . . . 11eg o
          Ragfyr. Mi o'n i 'di bod i ffwr' drwy'r dydd . . . A'r noson cynt
          ti'n gweld . . . Gwaith 'sti . . . Rhaid i ti ennill dy damad yn
          rhaid . . . Conffryns . . . 'Y ngwraig i 'di prynu beic newydd
          iddi hi . . . "Dewis di o," medda fi. "'Sgin ti 'im isio dŵad hefo
          fi i benderfynu ydy o'n addas . . . Yn sâff?" "Nagoes" . . . Yr
          hen rigmarôl wedyn . . . Tôn gron . . . "'Sgin ti 'im cariad at
          Nest . . . Llystad ydy llystad . . . Methu ca'l plant dy hun ag ati,
          ag ati" . . . Hen record . . . Hyd ffwcin syrffad . . . Be uffar o'dd
          ar 'i phen hi'n gadal iddi hi fynd allan radag yna o'r dydd . . .
          Y? . . . Yr ast wirion . . . I be ma' mam yn da? . . . Iesu Grist
          gwyn bach . . . "Dengid ddaru hi", medda hi . . . Mynd i'r parc
          . . . Tŷ 'i ffrind ne' rwbath . . . Ar 'i beic . . . Efo pêl i chwara . . .
          Chafon nhw rioed hyd i neb . . . Dw i'n gweld nhw rŵan . . .
          Hi . . . Y plisman . . . A'r plisman . . . Yn sbio arna i fel tasa
          nhw'n disgwl i mi ddeud 'wbath . . . Deud be? Deud ti . . . E's
          hynny tydw i rwsud 'im 'di medru deud lawar o 'im byd . . .
          *(YN CHWERTHIN)* W't ti'n gwbod sut beth ydy colli iaith?

... , (*YN CHWERTHIN YN AFREOLUS*) W't ti'n gwbod be sy'n digwydd i chdi wedyn? . . .
(*YN PARHAU I CHWERTHIN. STOPIO'N SYDYN*).

*SAIB.*

GWRAIG     Ges i affair unwaith efo gwraig o'dd 'di colli 'i merch mewn damwain car . . . Hw'rach 'n bod ni'n nes at 'n gilydd na dan ni'n feddwl . . . Ty'd . . . I ni ga'l anghofio . . . Ma' hi'n bwysig anghofio . . . Ty'd . . .

GŴR     Claddu petha . . . Llechi . . .

GWRAIG     Bygro'r gorffennol . . .

GŴR     Sbio mlaen . . . Gweld i'r dyfodol . . .

GWRAIG     Ty'd i "Lle Redwood" . . .

*WRTH I'R WRAIG YNGANU "LLE REDWOOD" GWELWN ARWYDD NEON YN FFLACHIO "LLE REDWOOD" I'R DDE O'R CAR. CLYWN DUKE ELLINGTON – THE FAR EAST SUITE. BYDD I'R WRAIG HELPU'R GŴR I DDOD I LAWR O BEN Y CAR. TRWY WEDDILL "RAIL DDWRNOD" MAE'R GŴR YN GWISGO'R CADACH AM EI LYGAID, Y GWN YN EI WREGYS A'R WRAIG YN EI HEBRWNG I BOBMAN.*
*GOLEUIR DARN O'R LLWYFAN I DDISGRIFIO AWYRGYLCH CLWB NOS RHAD. PAN GYFYD Y GOLAU GWELWN Y DYN YNG NGHANOL Y "CLWB": EI HET SILC AM EI BEN, EI GOT GYNFFON FAIN A'I DROWSUS DRAINPIPES AC ATI AMDANO. Y MAE'N SIARAD Â RHYWUN AR FFÔN LLAW. DAW NIFER O FERCHED HANNER NOETH I MEWN, POB UN YN CARIO BWRDD AR SIÂP LLYTHYREN O'R WYDDOR – A, B, C, CH AG ATI.*
*MAEN NHW'N GOSOD Y BYRDDAU O GWMPAS Y "CLWB" AC YNA SEFYLL WRTH YMYL Y BYRDDAU GAN SIGLO'U CYRFF YN HURT A GWISGO GWÊN LLAWN DANNEDD. DAW DYN BLÊR YR OLWG I MEWN – YN AMLWG YN FEDDW – AC EISTEDD WRTH UN O'R BYRDDAU. DAW'R WRAIG AT Y TROTHWY YN HEBRWNG Y GŴR. Â Y DYN I'W CYFARFOD.*

Y DYN     (*YN GYFLYM ROBOTAIDD BRON*).
Welcome! Willkommen! Bienvenue! Croeso!
Rhein i chi . . . Condoms . . . Bwrdd Croeso . . . Cofiwch fod AIDS yn beryg . . . Mwynhewch eich noson . . . Pa un o'r byrddau iaith fasa chi'n 'i licio . . . Un A . . . Bi . . . Ec . . . Neu Ech . . . A am Afallon . . . Bi am Broseliawnd . . . Ec am Cynan . . . Ech am Chwaral . . .

GWRAIG     Sgin ti fwrdd Ff? . . . Eff am "Ffwcin" . . . Gair Cymraeg cyfoes, pwysig 'sti . . . 'Im ots . . . Neith A am "Argol Fawr" . . .

*MAE'R DYN YN CLECIAN EI FYSEDD AR FORWYN BWRDD A. HITHAU YN EU CYRCHU A'U HEBRWNG I'W LLE. Y DYN YN PARHAU Â'I DRUTH.*

Y DYN     Diod? . . . Chwerw Tryweryn?
Êl neu Gwrw Cadw?
Te ta? Te mewn cwpan . . . Llestri te nain . . . Wbath o'r ddresal Gymreig . . . Bara brith . . . Sh! Cloc mawr taid ar fin canu . . .

*CLYWIR CLOC MAWR YN TARO HANNER NOS.*

. . . Y menyn ffres . . . Welsh cêc . . . Losbgows o grochan Bronwen . . . Welsh lamb cig oen . . . Coc oen . . . Danteithion y Deep Pit . . . Diod ysgafn: Coke neu Cwango . . .

GWRAIG     'Im byd!

*CLYWIR O BELL SŴN SAETHU, SŴN BOM YN FFRWYDRO, SŴN MACHINE GUN. YN Y CLWB CLYWIR AM CHWINCIAD TOM JONES YN CANU 'THE GREEN GREEN GRASS OF HOME'.*
*SAIB HIR.*
*Y WRAIG YN SYLLU I BERFEDDION RHYW BELLTER MAWR. Y GŴR YN TEIMLO'R AWYR Â CHLEDRAU EI DDWYLO O BRYD I'W GILYDD.*

GŴR     (*SŴN PELL YN EI LAIS*) Ma' 'na rei mawr allan 'na . . . Yn fancw . . . Yn rwla . . .

*DAW Y DYN AT EU BWRDD GAN DDAL HAUL PAPUR UWCH EU PENNAU.*
*MIWSIG TELYN.*

LLAIS     (*TRWY'R TANNOY YN SIBRWD*) HELP!... HELP!... HELP!

*SAIB.*

DYN
MEDDW     (*O UN O'R BYRDDAU Â'I GEFN AT Y GŴR A'R WRAIG. MAE O'N HANNER TROI I GYFARCH Y GŴR*) Psst! . . . Psst! . . . Psst! . . . Tisio dobio Cymraes? . . . Peth bach ifanc? . . . (*SAIB*) Rwbath anarferol ta? . . . Dŵr Cymru? . . . Dalld be sy gin i? . . . (*SAIB*) Blow-up doll Welsh ladi . . . Moveanfwy . . . gymri di un? Isio prynu mynydd fel tit mawr: 38DD cup? . . .

*CLYWIR RHYWUN YN GWEIDDI'N GROCH.*

LLAIS     FFYCIN 'EL . . .

*CLYWIR SŴN RHYWUN YN CAEL EI CHWIPIO. SŴN RHYW.*

GŴR        Ti'n meddwl mai fi laddodd yr hogan fach 'na?

GWRAIG     Wel siwr dduw ma' chdi lladdodd hi . . . Dyna be rydan ni'n 'i
           fedru 'i neud ora 'yli . . . Lladd 'n gilydd . . .

           *CLYWIR ROY ORBISON YN CANU IN DREAMS. CYFYD Y
           WRAIG GAN DDAWNSIO'N LLIPA, DDIYNNI. YN YSTOD Y
           GÂN TYN Y DYN MEDDW DDRYLL O'I BOCED. MAE O'N
           SAETHU EI HUN YN EI BEN. CLYWIR Y GLEC A GWELIR Y
           LLANAST. CYN DIWEDD Y GÂN Â'R WRAIG AM ALLAN AC
           I GANOL Y GERIACH.*
           *CYFYD Y GŴR YN Y MAN GAN FUSTACHU YN EI
           DDALLINEB AM ALLAN.*
           *MAE'R ARWYDD NEON YN FFLACHIO "LLE REDWOOD".
           DYMA'R UNIG OLAU AR Y LLWYFAN.*
           *CLYWN SŴN STIDO BWRW GLAW.*

## DIWEDD 'RAIL DDWRNOD


## Y TRYDYDD DYDD

*DYLID CADW'R EGWYL RHWNG 'RAIL DDWRNOD' A 'Y TRYDYDD
DYDD' MOR FYR AG SYDD BOSIBL.*

*TYWYLLWCH LLWYR. CLYWN SŴN BAGLU A STRAFFAGLIO, PETHAU'N
DISGYN, DADWRDD.*

GWRAIG
A GŴR      *(AR DRAWS EI GILYDD)*
           Aw!
           Uffar!
           O!
           O's 'na rywun yna?
           Lle ydw i?
           O! ngarddyna i!
           Dwi ar goll.
           Lle w't ti?
           Ffycin 'el.

           *CLYWN SŴN MORTHWYLIO. GOLAU AM YCHYDIG
           EILIADAU AR Y DYN Â BARCLOD AMDANO – DIM BYD
           ARALL – MEWN CORNEL DYWYLL YN CURO HOELION I
           EIRCH.*
           *CYFYD GOLAU GLAS FFLORESANT O DU MEWN I'R
           RHEWGELLOEDD AGORED SY'N WAG OND AM UN TUN
           BWYD AR Y CHWITH. GOLAU EGWAN OREN AR Y
           GERIACH SY'N LLANAST GO IAWN ERBYN RŴAN. MAE'R
           CAR WEDI MYND.*

*YN Y MAN O GANOL Y GERIACH DAW'R GŴR A'R WRAIG*
*YR UN FFUNUD AG YR OEDDEN NHW Y 'DWRNOD*
*CYNTA': HI'N FEICHIOG, YR UN DILLAD AC ATI. DAW'R*
*WRAIG I'R FEI WRTH Y RHEWGELL AR Y CHWITH A'R GŴR*
*WRTH YR UN AR Y DDE. ARHOSANT YN EU HUNAN.*
*EDRYCHANT AR EI GILYDD. EISTEDDANT YN Y*
*RHEWGELLOEDD. SAIB GWEDDOL HIR.*

GŴR       Lle fuos di? . . . Dw i 'di dy golli di . . .

GWRAIG    Do . . .

GŴR       E's oria . . .

GWRAIG    E's blynyddodd . . .

            *SAIB.*

GŴR       Ydy hi'n rhy hwyr? . . .

GWRAIG    Heddiw 'dy'r trydydd dydd . . .

            *SAIB.*

GŴR       W't ti'n . . .

            *SAIB*

GWRAIG    Be? . . .

GŴR       Wn i 'im . . .

GWRAIG    Ond mi roeddat ti'n mynd i ddeud rwbath . . .

            *SAIB*

GŴR       Es i o dan dy groen di rioed?

GWRAIG    Naddo . . . Arwynebol fuos di drwy'r adag . . .

            *SAIB.*
            *Y GŴR YN EI WASGU EI HUN GAN SIGLO NÔL A BLAEN.*

GŴR       Ty'd i mi gydiad yn'o chdi . . . O! Braf . . . Braf . . . Braf . . . O!
            . . . O! . . .

            *SAIB.*

GŴR       Mwytho dy gnawd di eto . . .

GWRAIG    Wela i! . . . Dyna be oeddat ti'n 'i neud pan oedda ti'n fy hitio
            i: mwytho. Tydw i'n hen jolpan hurt dwa' 'im 'di dallt be
            oddach di'n 'i neud? . . .

GŴR       *(YN DAL I'W WASGU EI HUN)* Ma' gin i ofn . . . Mi ydan ni
            mewn oed drwg 'sti . . . Oed gwisgo nhrwsus yn dynnach am
            nhin rhag i neb edrach ym myw fy llgada i . . . Oed cansar a
            hartatacs . . . Oed "yn frawychus o sydyn" . . . Oed "mi gafodd

o gystudd hir" . . . Oed "'nath o 'im drwg i neb" . . . Ofn darfod mewn undonedd sy gin i . . . Boddi mewn dŵr bas. Iesu dwi 'di blino . . . Dwi 'di dychmygu geinia o weithia rywun yn deud wrth rywun arall mod i 'di marw . . . Y rhywun arall yn holi: "Pwy o'dd o 'lly?" y cynta'n ynganu fy enw i a'r llall yn deud: "O" . . . "O" crwn, gwag, llawn atsain fel hen dwll chwaral ar ochor mynydd a'r niwl yn hel . . . 'Sdi . . . "O" . . . (SAIB) Cydia yn'o i fel roeddat ti'n arfar gneud . . .

GWRAIG    Nid cydio ynoch di o'n i ond dy ddal di i fyny . . .

SAIB.

GŴR    Mi fydd pob dim yn wahanol rŵan 'sti . . . Yn bydd? . . . O hyn ymlaen 'lly . . .

GWRAIG    Bydd siwr . . . Esgusion gwahanol . . . Celwydda gwahanol . . . (MAE'R WRAIG YN CYCHWYN CERDDED I GYFEIRIAD EI GŴR) Addewidion gwahanol . . . Merchaid gwahanol . . . Mi fydd pob dim yn wahanol . . . Ti'n iawn . . . Llygad dy le . . .

SAIB.
Y GŴR YN CODI I FOD GYDA'I WRAIG. Y DDAU YN WYNEBU BLAEN Y LLWYFAN.
SAIB.

GŴR    Dwi 'n agos atat ti . . .

GWRAIG    Nac w't . . . Sefyll wrth 'n ochor i w't ti . . .

SAIB.

GŴR    Fuon ni rioed mor agos.

SAIB.
GESYD Y WRAIG DDAU FYS I DDYNODI GWN YN ERBYN OCHR EI GŴR. SIBRYDA RYWBETH YN EI GLUST. Y DDAU'N SYLLU I FYW LLYGAID EI GILYDD.
SAIB. Y WRAIG YN HANNER GWENU.

GŴR    Naddo ddim! . . . Naddo ddim! . . . Naddo ddim! . . .

GWRAIG    (YN LLAWN BRWDFRYDEDD) Do! Do! Do!

GŴR    Naddo! . . . Naddo! . . . Naddo! . . .

GWRAIG    (YN TROI'N SYDYN AT EI GŴR) Be? . . . Be? . . . Be? . . . Dwi ddim yn dy glwad di . . . W't ti'n deud wbath dwa'? . . . Y? Be? . . . Wela i mohonoch chdi! . . .
(EI DWYLO'N YMBALFALU YN YR AWYR FEL PETAI HI'N CHWILIO AM RYWBETH NEU RYWUN) W't ti yna?... Lle w't ti? . . . Deud wbath! . . . Ti 'di colli dy dafod? . . . (YN SIONC) Ti 'di mynd! . . . Do's 'na ddim byd yna 'ylwch . . . (MAE HI'N DOBIO EI BREICHIAU YN ERBYN EI GORFF) Dim byd yna

. . . *(RHY GLEDRAU EI DWYLO AR HYD EI GORFF GAN GYFFWRDD GWAHANOL FANNAU OHONO)* Dim byd yna . . . Twll . . . Affwys . . . *(MAE'N CHWIFIO EI LLAW MEWN CYLCH EANG ROWND A ROWND)* Bedd . . . Gwag . . .

*YMDDENGYS Y DYN AR BEN CWPWRDD. MAE'N PESYCHU. GWÊL Y GŴR O.*

GŴR       *(WRTH Y DYN)* Rŵan . . . 'Lly . . . Fory? . . . Rŵan! . . . *(WRTH EI WRAIG)* Wela i di . . . Ta . . . *(WRTH Y DYN)* Rŵan . . . *(WRTH Y WRAIG)* 'Rosa di'n fanna . . . Paid â symud . . . Cofia di . . . Nôl . . . Munud . . . Reit . . . Toc . . .
Dwi 'im isio dy golli di eto . . . Paid â symud . . . *(RHED EI DDWYLO AR HYD EI GORFF)* Ydy bob dim gin i? . . . Cês? . . . *(EDRYCHA AR Y DYN. HWNNW'N YSGWYD EI BEN I DDYNODI NA.)*

GWRAIG    *(YN UNION FEL PETAI EI MERCH YNO YN EI GŴYDD)* Helo Nest fach . . . Helo cyw . . . Sh! . . . Sh! . . . Nest fach . . . Ma' Mam yn gwbod 'sti . . . Ma' Mam 'di gwbod rioed . . . Cofio ydy'r weithred brydfertha sy'n 'n meddiant ni . . . Ma' Mam 'di gofalu . . .

GŴR       *(YN EDRYCH AR Y CÊS AC AR Y DYN)*
Na? . . . Na! . . . *(CODI EI FAWD AR Y DYN)* Iawn? . . . *(WRTH EI WRAIG)* Y cwbwl o'n i 'i isio rioed o'dd medru dy garu di . . . Mor syml â hynny . . . Nei di gofio amdana i? . . . *(YN CICIO'R CÊS)*
Rêl cês pwy bynnag baciodd hwn . . . Duw a'm gwaredo i fedra i 'im dengid rhag hon . . . *(WRTH Y DYN)* Rŵan . . .
*(MAE O'N MYND I GYFEIRIAD Y DYN. WRTH EI WRAIG)* Grêt dy nabod di . . . Grêt . . . Munud . . . Diolch . . . *(WRTH Y DYN)*
O . . . *(CERDDA YN EI FLAEN. MAE'N TROI YN SYDYN AT EI WRAIG, CODI EI DDAU FAWD I'W CHYFEIRIAD, YN IAITH BANGOR)* Fuckin' rich, aye . . .
*(ALLAN AG O A'R WRAIG I EISTEDD WRTH OCHR Y MANNEQUIN. GOLAU SBOT ARNYN NHW YN UNIG. SAIB. Y GOLAU'N DIFFODD YN LLWYR. O'R TYWYLLWCH CLYWN LAIS Y GŴR.)*
Ffycin 'el . . . Ff . . . y . . . c . . . in . . . 'el.

*PAN YNGENIR Y GEIRIAU YMA GWELWN GRYNDOD AR Y SGRIN I ARWYDDOCÁU FOD FFILM AR FIN CAEL EI DANGOS. AR YR UN PRYD CLYWN GERDDORIAETH 'PORTSMOUTH' MIKE OLDFIELD. AR Y SGRIN GWELWN FFILM O'R GŴR YN RHEDEG YN NOETHLYMUN, EI DDWYLO'N CUDDIO EI BIDLAN, RHWNG SILFFOEDD GWEIGION ARCHFARCHNAD I GYFEIRIAD Y DYN SY'N*

*DIŠGWYL AMDANO WRTH Y TIL. DAW'R FFILM I BEN YN SYDYN. GOLAU SBOT AR Y WRAIG SYDD ERBYN HYN AR EI SEFYLL. SAIB. MAE HI'N RHYDDHAU SGRECH DDIRDYNNOL A BWRW CYLLELL I'W BRU.*
*O'I GWAED A'I HYMASGAROEDD CWYMPA PÊL GOCH.*

*TYWYLLWCH DRWY'R THEATR GYFAN.*

# Fel Stafell

Darlledwyd FEL STAFELL am y tro cyntaf ar S4C Digidol
ar 28 Mai 1999.
Bracan oedd y cwmni cynhyrchu.

**Cast**
TOM: *OWEN GARMON*
GWEN: *OLWEN REES*
NYRS: *CATRIN POWELL*

**Cynhyrchydd**
*BRANWEN CENNARD*

**Cyfarwyddydd**
*BETHAN JONES*

**Cymeriadau**
TOM – Gŵr yn ei bedwar degau
GWEN – Ei wraig – hithau yn ei phedwar degau
NYRS – Yn ei hugeiniau

**Y set**

Ystafell fudur, wag. Mewn un wal ffenest lychlyd. Wrth ymyl y ffenest gwely ysbyty. Offer drip, locer ag ati wrth ymyl y gwely. Cyflwr yw'r set mewn gwirionedd, nid lleoliad pendant. Dyma "enaid" Tom. Mae'r ddrama'n digwydd y tu mewn i Tom.

*CLYWIR LLAIS – LLAIS GWEN – YN SIBRWD GANU.*

GWEN     Humpty Dumpty sat on the wall.

*CANFOD TOM YN EI GWMAN MEWN CORNEL. EI WYNEB YNG NGHUDD YN EI DDWYLO. DYN BUSNES YW TOM MAE'N AMLWG – COT DDRUDFAWR AMDANO, CRYS, TEI, SIWT. CARNATION COCH WEDI MARW YN EI LAPEL. WEDI DWEUD HYNNY MAE O'N SIABI. GOGONIANT A FU YW TOM.*

TOM      Nuthon nhw 'im byd ond 'i hagor a'i chau hi . . . 'I hagor . . . (*MAE O'N AGOR EI LAW YN HERFEIDDIOL*) A'i chau hi . . . (*MAE O'N CAU EI LAW YN DDWRN YR UN MOR HERFEIDDIOL. MAE'N GWEIDDI YN YMOSODOL*) Agor a chau tun ffwcin samon w't ti neu dun cornd bîff ne ryw ffwcin balog . . . Dw't ti'm yn agor a chau dynas. (*YN GELLWEIRUS, YN SIBRWD*) Be sy'n llwyd, yn fawr ac yn dŵad mewn peintia . . . Y? . . . Eliffant! . . . Dalld? . . . (*YN HERFEIDDIOL*) Dalld? . . . (*YN DAWEL NATURIOL*) Mae'r hen wactar 'na yno' i heddiw . . . Ti'n gwbod . . . (*MAE O'N TORRI GWYNT, TYNNU POTEL WISGI AR EI HANNER O'I BOCED*) Y gwactar 'na ma' dybl sgotj yn medru'i gyrradd . . . Am chydig . . . A wedyn un arall . . . Ac un arall . . . Ac un arall . . . W't ti'n byw o dybl sgotj i dybl sgotj . . . (*MAE'N GWEIDDI*) Nes yn diwadd do's 'na 'im digon o ffwcin sgotj i chdi ga'l . . . (*SYNFYFYRIO*) Dybl sgotj . . . Profiad crefyddol 'chan . . . Y bite . . . 'Sdi . . . Y joch cyntaf yn hitio cefn dy wddw di . . . Y llosgi bendigedig 'na . . . Dy anadl di'n dân . . . Y llyncu . . . Yr "Aa!" w'th iddo fo fynd lawr dy gorn cratj di . . . Gneud sŵn sws efo dy wefusa . . . A'r gwres yn llithro o dy gylla di drw' dy gorff di i gyd . . . Wedyn yr aros . . . Y cwbwl ar stwmog wag cofia di . . . Yr aros . . . Be sy'n dŵad gynta d'wa? . . . Y? . . . Dy ben di'n ysgafn i gyd? . . . Ta'r piga mân grêt 'na ym mlaena dy fysidd di? . . . A dy wefusau di'n ddiffrwyth fel 'tai ti 'di bod yn cusanu gormod . . . Wedi bod . . . Yn cusanu gormod . . . Be 'dy'r otj be sy'n dŵad gynta? . . . Be dy'r otj am 'im byd? . . . Mi w't ti'n heddwch i gyd . . . Heb boen . . . Heb deimlad . . . Ti'n llonydd drosdoch chdi . . . Yn syllu i rwla pell fel tasa chdi'n sbio ar betha drw' dybl gleising . . . Ti'n braf drosdochd . . . Yn llonydd ac yn braf ac yn gynnas . . . 'Sdi be 'dy'r tric? . . . 'I gadw fo'n fanno . . . 'Mond digon o top-yp i dy gadw di yn y lle braf, diffrwyth yna . . . Religious fucking experience, boi . . . Y duw Bell's . . . Gras Grant's . . . (*MAE'N SBIO AR EI WATJ YN SYDYN.*

*YN WYLLT. YN NEIDIO AR EI DRAED)* Sori! Ma'n ddrwg gin i . . .
Yn ddifrifol ddrwg gin i . . . Sori mod i 'di bod yn hwyr yn dŵad
'nôl . . . Sori dy gadw di ar dy draed . . . Sori! . . . Sori! . . . Sori am
bob dim! Sori! Sori! Sori! . . . *(YN DŴAD ATO'I HUN. LLAIS
TAWEL, NORMAL, HYDERUS)* Ond fel'a ma' hi . . . Hogan! . . . Mi
o'n i'n dilyn yr hogan 'ma . . . Wel dilyn 'i thin hi fel matar o ffaith
. . . Sgert ddu, dynn, fach . . . A lasdig 'i nicyrs hi i weld drw'r
defnydd . . . Rhythm y bocha . . . A ti'n gwbod heb 'u gweld nhw
fod 'i thits hi'n symud fel pâr o faracas . . . Mi fydd 'y nychymyg
i'n mynd yn rhemp efo petha fel'a . . . *(YN GWEIDDI)* 'N rhemp
. . . *(LLAIS TAWEL, NORMAL, HYDERUS)* Bocha'n jyglo . . . Bocha
tin yn jyglo . . . *(YN GWEIDDI)* Shake it! . . . *(YN DAWEL)* Dyna'r
drwg . . . Ma' 'na ormod o ferchaid o gwmpas . . . Yn 'ch rafu chi
lawr ar y stryd . . . Dwi 'di mynd ar goll lawar gwaith yn dilyn
tin . . .

*O'R CYSGOD MEWN COBAN DAW GWEN A GOLWG
DDIFRIFOL O WAEL ARNI HI.*

GWEN     Mi w't ti'n hwyr yn dŵad o dy waith heno . . . Eto.

TOM     *(WRTHO'I HUN)* W! 'Im yn licio'r "eto" 'na . . . *(WRTH GWEN)*
Arglwydd yndw dwa'? 'Esu yndw 'efyd! Sbia ar yr amser . . .

GWEN     Ar yr amsar fuos di'n sbio, ia?

TOM     Gwithio'n galad 'sdi!

GWEN     Ti'n siŵr ma'r gwaith o'dd yn galad? . . .

TOM     *(WRTHO FO'I HUN)* Bitj! . . . Ma' hi'n gwbod! Na'dy! . . . Yndy? . . .
Jadan . . . Ama ma' hi siŵr dduw. 'Ipyn bach o folicodlo . . . Malu
cach a fydd hi'n iawn . . . *(WRTH GWEN)* Hei! . . . Ty' 'ma . . . Mi
'na i o i fyny i chdi weekend 'ma . . .

GWEN     I fyny pwy 'lly?

TOM     Dinner no' Sadwn . . . Y ddau ohonon ni . . .

GWEN     Chdi a phwy arall?

TOM     'Sa ti'n licio? . . . O! A sbia dwi isio rhannu'r bonus 'ma efo chdi . . .
Y bonus . . . O'r holl witho calad 'ma . . . *(MAE'N CHWIFIO
LLOND LLAW O BAPURAU DEG PUNT O'I BLAEN)* Pryna
rwbath . . . Bach . . . I chdi dy hun . . . *(WRTHO FO'I HUN)* A ma'
hi'n ildio . . . Ma' gin pob dynas 'i phris . . . *(WRTH GWEN)* Cer i'r
Sales . . . *(WRTHO FO'I HUN)* Ma' pob bitj for sale . . . I be uffar
o'dd gini hi isio ca'l cansar . . .

*TOM A GWEN YN SYLLU AR EI GILYDD.*

TOM     "F'w' chi'n falch o glwad," me'r hen asd dynas 'na o drws nesa
chydig cyn iddi fynd i'r hospitol . . . "I bot hi 'di byta hannar

rysc . . ." "Wel! Ffyc mi," me' fi, "'yna chi dda . . ." "Ynte hefyd,"
me' hi . . . "Hilarious", me' fi. Hannar rysc . . . Hannar un . . .
Hannar ffwcin rysc . . . Bwyd ffwcin babi 'dy rysc . . . Y gotjan
wirion . . . Samon ma' hi'n 'i licio . . . Samon a bîff a lam a porc . . .
Dynas ydy hi . . . A ngwraig i . . . Paid ti â meiddio rhoid blydi
ffwcin rysc iddi eto . . .

*GWEN YN MYND I'R GWELY. NYRS YN FÂN AC YN FUAN AR
EI HÔL HI. Y NYRS YN TWTIO'R GWELY. GOSOD Y DRIP AC
ATI.*

TOM     *(TU ÔL I'R NYRS BOB MUNUD)* Ond damia ga i roid bwyd babi
        iddi hi? . . .

NYRS     Sori! "Nil by Mouth" ma'r doctor 'di ddeud . . .

*NYRS YN MYND ALLAN.*

TOM     Ty'd! . . . Ty'd! Do's 'na neb yn gweld . . . Ty'd tria di yr Heinz
        Apricot piwri 'ma . . . Bygro nhw . . . Ty'd . . . Sipian o . . . *(YN
        GWEIDDI)* Sipian o . . . Sipian o . . . *(MAE'N ANADLU'N DRWM.
        SAIB)* "Nil by Mouth" . . . Mi o'n i mewn cariad efo'i cheg hi . . .
        Gwefusa gwlyddar, coch naturiol . . . D'odd 'im rhaid iddi hi iwsio
        blydi lipstig . . . Gwefusa o'dd 'n dy sugno di i'w pherfadd hi
        rwsud . . . Yn sglefrio ar draws dy wefusa di . . . A mi o'dda chdi'n
        biga mân drosdach chdi gyd . . . "Dwi yn dy garu di 'sdi . . . Wir
        yr!" medda hi wrtha i rwbryd . . . Pan o'dda ni'n dechra mynd
        efo'n gilydd . . . A finna'n embarasd i gyd . . . "W't ti?" me' fi fel
        ta'r peth mor amhosib ag anadlu dan dŵr a'n llygada fi'n sbio ar
        sein Castrol GTX ar wal wrth ymyl . . . "W't ti?" me' fi. "Yndw!"
        me' hi . . . Mi o'dda chdi bron yn gweld yr "Yndw!" 'na . . . Mi o'dd
        o mor gry â hynny . . . "Yndw!" yn rowlio yn 'i cheg hi fel tai o'n
        garrag gron, lefn . . . "Yndw! Sbia arna i" me' hi . . . "'Ta 'dy well
        gin ti Castrol GTX . . . Sbia arna i." A dyma fi'n troi rownd . . . A
        dyna lle roedd 'i cheg hi'n hannar ar agor yn sgleinio'n wlyb . . . Y
        cochni . . . A'r düwch tu mewn yn 'y nenu fi . . . A dyma fi'n 'i
        chusanu hi fel 'tai 'na ddim fory . . . Dim fory . . . Nil by Mouth . . .
        Jyngls gwynion ydy pob hosbitol . . . Peips mewn cyrff fel rhaffa
        Tarsan a nyrsus a doctoriaid fel mwncis yn symud o erchwyn
        gwely i erchwyn gwely . . . Wm ffwcin gawa . . . *(MAE'N
        GWNEUD SŴN TARSAN)* "Central Heating" o'n i'n 'i galw hi . . .
        Fel 'na o'dda ni'n dau medru côpio, efo'r holl blydi peipia o'dd
        yn'i hi . . . *(WRTH GWEN)* Ydy'r central heating yn gweithio'n o
        lew hiddiw? . . .

GWEN    'Swn i 'im yn tw'mo twll-dan-grisia . . . Be ma' nhw 'di ddeud
        wrthach chdi? . . .

TOM     Y byddi di'n ca'l mynd o 'ma . . .

GWEN    Ti rioed yn deud . . .

TOM     Be ffwc ŵyr yr Indian docdor 'na . . . Ecspyrt ar fwdw a cyri ydy
        hwnna 'im ar gorff neb . . . Ti'm yn dalld y nigars 'ma'n siarad heb
        sôn am fod yn ecspyrts ar 'im byd . . .

GWEN    Ti'n cofio chdi'n dŵad adra a deud fod Ken 'di ca'l vindaloo yn y
        showers ar ôl gêm o sgwash?

TOM     *(YN CHWERTHIN)* Yndw!

GWEN    "Veruka" ti'n 'i feddwl medda fi wrthach chdi . . . Cyri 'dy
        vindaloo . . . *(SAIB FER)* W't ti'n ecspyrt . . . Yn arbenigwr ar
        rwbath . . . Fel y mae'r Athro Viadanna yn arbenigwr ar gansar? . . .
        Mae o drwydda i . . .

TOM     D'wad wrtho fo y rho i 'i ben o mewn ffwcin vindaloo os ddudith
        o hynny eto . . . *(SAIB)* . . . Hei! . . . 'Dy cansar 'im arnach chdi siŵr
        dduw . . . Bygythiad ydy canser yng Nghymru . . . Yn yr hen wlad
        fach, fach, fach 'ma . . . Wbath ydy o w't ti'n 'i roid i dy fam os nad
        w't ti'n gneud be ma' hi 'i isio . . . "Os priodi di o mi roi di gansar
        i dy fam . . . " "Os na roi di'r gora i fihafio fel hyn mi fydd dy fam
        'di magu cansar arni hi 'i hun. . ." A hyd yn oed tasa cansar arnach
        chdi 'sa ni ddim yn sôn am y peth naf'san?... 'S'a neb yn sôn am
        ffyc ôl . . . Bwcio ffwcin holides at flwyddyn nesa ma' pawb sy efo
        cansar . . . A da ni 'im 'di bwcio holides yn nunlla na' 'dan? . . .
        Felly 'dy cansar 'im arnach chdi siŵr dduw . . .

GWEN    Ibiza! . . . Ia? . . . *(SAIB FER)* Ydy'r bathrwm sgêls yna o hyd? . . .

TOM     Yndyn! Tydyn nhw byth yn mynd allan rŵan 'sdi fel byddan nhw
        ers dalwm . . . 'Di mynd yn fusgrall iawn . . .

GWEN    Taw!

TOM     *(WRTHO FO'I HUN)* A finna'n cofio'i dal hi unwaith chydig cyn
        iddi hi fynd i'r hosbitol yn rhoi ei throed yn ara dawal ar y glorian
        . . . Braidd gyffwrdd . . . Ac yna'n tynnu'n ôl . . . A syllu . . . Am 'n
        hir ar y sgêls orenj . . . Pob un rhif yn ddedfryd . . .

GWEN    Nei di ddysgu deud y gwir fel bathrwm sgêls . . . *(SAIB)* 'Sdi be . . .
        Dwi'n siŵr fod marw run fath â sbio ar betha drwy dybl gleising
        . . . Coed yn chwipio'n y gwynt ond dwyt ti ddim yn clwad dim
        byd . . . Adar yn fflio heibio'n ddistaw-ddistaw . . . Glaw yn curo'n
        fudan yn erbyn y gwydr-nad-ydy-o'n-deud-dim . . . Distawrwydd
        hollol i gychwyn ac wedyn y düwch mwya welis di rioed . . .
        Düwch mor galad â chraig ddu-ddu . . . Ti'n meddwl? . . . Fel dybl
        gleising . . . Dwi'n dadfeilio'n dydw? . . .

TOM     Ffycin hel! Tŷ sy'n dadfeilio . . . Bildings . . . Dim pobl . . . 'Im yn
        dda . . . 'Na'r cwbwl . . . Ti'n dalld? . . . Dyna be sy'n bod arna
        chdi . . .

GWEN    Os wyt ti'n deud . . .

TOM       (WRTHO'I HUN) Ma'n rhaid i chdi fedru casáu rhywun pwysig
          am y ffasiwn llanast . . . (MAE'N EDRYCH I'R 'NEFOEDD')
          Gobeithio fod chdi yna . . . Y basdad! . . . Er mwyn i mi ga'l dal 'y
          mys i fyny dy din urddasol, biws di am dragwyddoldeb a gneud
          i chdi wingo wrth i mi holi Pam? Pam? Pam? Chdi a fi ffês to ffycin
          ffês . . . Ac er ma' colli 'na i yn dy erbyn di . . . Mi 'na i golli mewn
          steil.

          GWEN YN DARLLEN.

TOM       Be ti'n ddarllan?

GWEN      Llyfr.

TOM       Am be mae o?

GWEN      'Sa ti 'im yn dalld.

TOM       Am arddio mae o?

GWEN      Ffilosoffi . . .

TOM       'Dy o'n dda? . . .

GWEN      Yndy . . .

TOM       Lle ges di o?

GWEN      Mewn siop . . .

TOM       Clywad amdano fo 'nes di?

GWEN      Llyfr gosod . . .

TOM       Fel dannadd, ia? (WRTHO FO'I HUN) Mi a'th hi'n uffernol o
          grefyddol yn diwadd . . . 'Im crefyddol Dechra Canu, Dechra
          Camol, ffwcin capeli a ryw falu cachu fel'a ond wbath arall . . .
          Wbath o'dd nelo fo â'r blydi clasys ffilosoffi rheiny y bydda hi'n
          mynd iddyn nhw bob wsnos.

GWEN      Ynom ni mae'r dwyfol . . . Dyna fwrdwn dysgeidiaeth Eckart a
          Tillich . . . Ma' popeth yn y dwyfol . . .

TOM       Be ydy o, 'lly? . . . Treiffyl . . . Birds-Instant-Ffycin-Treiffyl . . . Ffor
          ffyc's sêc . . . Ffor ffyc's sêc . . .

GWEN      Be 'sa'n digwydd i chdi tasa ti'n stopio gweiddi a rhegi? . . . (SAIB
          FER) Dwi'n gwbod 'sdi . . .

TOM       Be ti'n gabaloitjan? . . .

GWEN      Gwbod! . . . Gwbod mod i'n ddyfnach na be wela i'n malu'n dipia
          yn y drych o mlaen i . . . Gwbod nad ydw i'n mynd i gamu dros y
          trothwy i ddim byd . . . Gwbod fel o'n i'n gwbod mod i'n dy garu
          di ers dalwm . . . (SAIB) Mi fuos di'n ffyddlon i mi . . .

TOM     (*WRTHO FO'I HUN*) Mi o'n i'n gwbod o'i llygid hi ma' statement
        of fact o'dd hwnna ac nid cwestiwn . . . Mi fuos di yn ffyddlon i mi
        . . . Ti'n gweld be sgin i? . . . A mi fuo fi yn ffyddlon iddi hi . . .
        (*SAIB*) I'r lleill y buo' fi'n anffyddlon . . . Hefo hi yr arhosais i . . .
        Nid efo'r lleill . . . 'U gadal nhw oeddwn i bob tro . . . Er mwyn
        brysio'n ôl ati hi . . . Pam o'dd raid iddi hi ofyn i mi os fuo fi'n
        ffyddlon iddi hi . . . (*WRTH GWEN*) Do! . . . Do! . . . Do! . . . Ffor
        ffyc's sêc . . . Ti'n gwbod yn iawn.

GWEN    Yndw . . . Dwi'n gwbod yn iawn . . .

TOM     Jisys! . . . Mi o'dd hi'n ca'l bob dim gin i . . . Wbath o'dd hi'n 'i ofyn
        amdano fo mi o'dd hi'n 'i ga'l o . . . Hannar gair a mi o'dd o yna
        . . . "Mi fasa car arall yn handi," me' hi . . . "Dewis-dewis-dau-
        ddwrn . . . Alfa Romeo yn un . . . BMW yn hwn," me' fi . . . "Dwi
        isio rwbath efo digon o leg rŵm," me' hi . . . "Fyddi di'n teimlo'r
        tŷ ma'n fach weitha," me' hi . . . A mi gafodd ecstenshyn . . . "Be
        ti'n feddwl?" me' fi, ar ôl i'r ecstenshyn ga'l 'i orffan . . . "Mm!"
        medda hi . . . "Mm!" me' fi. "Mm neis? Ta mm be?" "Patio!" me'
        hi . . . "'Dy'r estyniad 'ma ddim yn gyflawn heb batio," me' hi . . .
        A mi ga'th hi batio . . . Yn y diwedd mi o'dd y ffwcin tŷ efo'r holl
        betha ma'n sownd yn'o fo'n edrach fel gwynab llawn plorod rhyw
        lafnyn ysgol a'i lais o'n torri . . . Mi o'n i 'di mynd i feddwl ma'
        "Cei" odd 'n enw fi . . . Cei'n tad! . . . Duw, Cei! . . . Cei siwr! . . .
        Iesu bach, cei . . . Cei! Cei! Cei! Cei! Ffwcin Cei! Dw't ti ddim yn
        gwbod y gwahaniath rhwng "ca'l" a "rhoi", me' hi . . . "Dwi'n ca'l
        bob dim gin ti ond fedri di ddim rhoi dim byd . . ." A mi o'dd be
        o'n i 'di roi iddi hi o'i chwmpas hi fel tudalennau catalog Kays . . .
        (*SAIB*) Ond i'r lleill y buo' fi'n anffyddlon . . .

GWEN    (*YN MWMIAL CANU*)
        Humpty Dumpty sat on the wall
        Humpty Dumpty had a great fall
        All the king's horses and all the king's men
        Couldn't put Humpty together again
        . . . Ty'd am dro efo fi . . .

TOM     Arglwydd! I lle 'lly?

GWEN    Mi wnawn ni ddilyn y map 'ma . . . Sbia! Mae'n llaw i fel Ordnance
        Survey . . . Drycha! . . . Papur y croen melyn . . . Gwythienna glas
        fel contour lines . . . Plasdar yn arwydd o rwbath . . . Hen bont ella!
        . . . Ôl injection . . . Ancient monument 'yli! . . . Craith! . . . Hen wal,
        dybad? . . . Fel map . . . Yn arwain i nunlla . . . O nunlla i nunlla . . .
        O a gyda llaw ma' gin i niws i chdi . . . Newyddion da o lawenydd
        mawr! . . . Ma' 'na ddoctor gwyn 'di bod yma . . . Gwyn fel cynfas
        wedi'i mwydo am wsnos mewn Daz . . . A mi ddudodd o fod
        cansar arna i . . . Lle w't ti am roi pen hwnnw? . . .

TOM     (YN DAWEL) Rho'r gora i'r holl falu cachu 'ma.

GWEN    Fedra i 'im hyd yn oed neud hynny 'di mynd heb betha i fyny'n
        nhin . . . Dwi'n racs drosta . . .

        SAIB.

TOM     Hei! . . . Dwi'n dal i feddwl fod yr haul yn codi o dy din di 'sdi! . . .

GWEN    Faint o weithia ti 'di deud wtha i y medra ti fy lladd i? . . . Wel
        dyma dy gyfla di! . . . Mond agor y tap bach 'na ar y botal a
        gollwng gormod i mewn ar unwaith ac wedi i chdi 'neud hynny
        tafla'r holl geriach ar lawr . . . A mi fydd y lot yn racs jibiders fel fi
        . . . Acsident! . . . Panicio 'nes di w'th weld wbath rhyfadd yn
        digwydd i mi . . . "'I gweld hi'n mynd, nyrs! Ac wrth drio'i
        hysgwyd hi mi es i'n batj i'r stand a'r botal a mi ddath y peipia
        ohoni hi . . . " Go on! . . . Go on! . . . Bydd yn ddyn! (SAIB) Mond
        cellwair ydw i . . .

TOM     Wn i . . . Mond jôc . . . Gwranda ar hon ta . . . Dei Garej udodd hi
        . . . Os o's gin ti un moth bôl yn 'law yma ac un arall yn 'law arall
        . . . Be sy gin ti? . . . Ti'n gwbod? . . .

GWEN    Deud ti!

TOM     Uffar o moth mawr! . . . Dalld! . . .

        MAEN NHW'N CHWERTHIN. MAEN NHW'N CYDIO YN EI
        GILYDD. MAE TOM YN RHYW FYND AR Y GWELY EFO GWEN.
        TYNERWCH O'R MWYAF RHYNGDDYNT. SAIB GWEDDOL HIR.

GWEN    'Sa chdi'n medru ngharu fi tasa chdi isio heno . . . Deud glwydda
        wtha i . . .

TOM     Byswn! . . . Byswn!

GWEN    Cross your heart and hope to die, ia? . . .

        SAIB HIR.

TOM     Pan dwi'n deud "Chdi" ma' 'na gyfandir o betha yn agor o mlaen
        i . . .

GWEN    Topas! . . . Gair dwi'n 'i licio'i ddeud drosodd a throsodd a
        throsodd . . . Topas!

TOM     (YN TYNNU CARREG TOPAS O DAN Y GOBENNYDD AC YN EI
        DAL I'R GOLAU) Ma' i'r garrag topas briodoleddau iachusol . . .
        O'dda ti'n gwbod hynny? . . . Ma' 'na lefydd ynoch di na fedar
        cansar fyth mo'i gyrradd yn does? . . . (SAIB FER) Ma' brech haul
        dy groen di fel mil o sêr ar flaena 'mysedd i. (SAIB) W't ti'n
        meddwl fod marw run fath â bod mewn stafell a hitha'n dechra
        nosi? . . . Y petha o dy gwmpas di'n dechra duo . . . Colli'u siâp . . .
        Y gola'n pylu nes diffodd yn llwyr . . . A ti na gweld dim na

theimlo dim na chlywad dim . . . Mond y distawrwydd a'r düwch
. . . W't ti'n meddwl ma' peth fel'a 'dy marw? . . .

TOM      Paid â siarad mor wirion . . . Paid â malu ffwcin cachu nei di . . .
         W't ti'n dal yn y blydi stafell dw't . . . Er nad w't ti'n gweld ffyc ôl
         . . . Ti'n dal yn y blydi stafall rwsud neu'i gilydd . . . Dim byd ydy
         marw . . . Ti'n dalld? . . . Dim gola . . . Dim gweld . . . Dim clwad
         . . . Dim meddylia . . . Dim teimlad . . . Dim lliwia . . . Dim geiria
         . . . Dim byd . . . A dim chdi . . . (BRON NA ELLIR EI GLYWAD) Dim
         chdi . . . Dyna be ydy marw . . .

TOM      (YN EGWAN) Fel stafell . . . (MACHLUD HAUL YN Y FFENEST)
         Machlud haul fel hogan fach yn tynnu amdani gan daflu'i dillad
         . . . Lluch-eu-tafl-yn-benramwnagl-i-bob-man . . . Ffrog goch . . .
         Rhubana melyn . . . Blows piws . . . Nicyrs oren . . . Teits lliw
         saffrwm . . . Y machlud haul fel hogan fach yn tynnu amdani . . .
         W't ti'n 'y nghlwad i? . . .

         SAIB HIR. NYRS YN DŴAD AT Y GWELY. GWEN YN CYSGU.

GWEN     (O'I THRWMGWSG) Chdi sy 'na Ifan?

NYRS     Ma' petha fel hyn yn digwydd efo morffîn . . .

TOM      Yndy . . . Ond feddylis i rioed 'sa hi'n 'y nghamgymeryd i am Ifan
         Becar . . . Dyna be fydda hi'n 'i ddeud bob bora Sadwrn am naw
         pan glywa hi'r gnoc ar y drws cefn . . . "Chdi sy 'na Ifan?" (SAIB.
         WRTH GWEN) "Un dorth wen a Hofis, ia?" (SAIB. WRTHO FO'I
         HUN) 'I llaw chwith hi'n crwydro'r wrthban fel pry copyn . . . A'i
         braich dde hi'n gorwadd ar y gynfas fel melltan fach . . . A dyma
         fi'n cydiad yn 'i llaw hi . . . 'I llaw hi mor uffernol o fach ar gledar'n
         llaw i fel . . . Fel . . . Be uffar wn i fel be . . . A dyma fi'n dechra
         gwasgu'i llaw hi . . . I edrach dybad fasa hi'n cofio . . . Cofio iaith
         twllwch pictiwrs . . . Un wasgfa'n golygu Na! . . . Tria eto . . . Dwy
         wasgfa . . .? 'Rach ma' gin ti jans . . . Tair gwasgfa . . .?! Ia! Ond
         witja am 'bach . . . Pedair gwasgfa . . . Ia-ia! Ty'd o 'ma munud 'ma
         i ni ga'l 'i neud o . . . Un wasgfa hir, hir, hir . . . Mm! . . . Mm! . . .
         Neis . . . Ty'd! . . . Gwasga! . . . Gwasga! . . . W't ti 'im yn cofio iaith
         twllwch pictiwrs . . . Secs sîn . . . Yr actyrs yn chwthu mwg sigaréts
         i gyfeiriad 'i gilydd . . . 'I law o arni hi . . . Mi w't ti'n gwbod i lle
         ma'i 'i law o'n mynd i fynd nesa . . . Cofio . . . Ty'd . . . Siarad iaith
         twllwch pictiwrs efo fi . . . Gwasga!! . . . Na! Ond tria eto . . . Ŵ'rach
         . . . Ma gin ti jans . . . Sbia' dwi'n gwasgu . . . Plîs! . . . Plîs! . . .
         Gwasga! . . . Un hir, hir, hir . . . Mm! . . . Neis! . . . Ia! . . . Ia! . . . Neis
         . . . Bitj! . . . Bitj! . . . Dwi 'di diflannu o'i theimlada hi . . . A dyma
         pryd ma' darfod go iawn . . . Pan w't ti'n diflannu o deimlada
         rhywun . . . Y genod yn fychan . . . Ar y traeth . . . Ha' môr . . . Yr
         ha'n danbaid . . . Chditha, cariad, yn rhedag, rhedag nerth dy
         garna yn bellach na neb . . . Rhedag am a fedrat ti . . . Genod yn
         sbio arna ti'n diflannu'n ddot du yn y pellter . . . Ma' nhw'n crio

isio chdi ddŵad yn ôl . . . Sbia arnyn nhw'n crio . . . Hei! . . . Hei!
. . . Ty'd yn ôl . . . Ty'd yn ôl . . . Ty'd yn ôl . . . Ti 'di mynd yn rhy
bell . . . Rhy bell . . . Nyrs! . . . Nyrs! . . .

NYRS    Ma' gin i ofn 'i bot hi 'di mynd . . .

TOM     Mynd! I lle 'lly? Amhosib 'i bod hi 'di mynd! Fedra hi ddim symud
        o'r lle ro'dd hi . . . (*MAE O'N DECHRAU BWRW'R WAL*) 'Dy'r
        marw 'im yn mynd i nunlla . . . Dyna'r ffwcin point . . . Fedar y
        marw 'im mynd i nunlla . . .

        *MAE O'N PARHAU I FWRW'R WAL A CHRIO O'I FOL.*
        *TOM YN LLONYDD. BAG MELYN YSBYTY YN EI LAW. GWEN, Y*
        *GWELY AC ATI WEDI MYND. OND MOELNI'R YSTAFELL.*
        *CYFNOS.*

TOM     Ar y bỳs es i adra . . . To'n i 'im 'di bod ar fỳs Crosfil e's canto'dd
        . . . "Congrats," me' fi wrth ryw foi yn drws 'r hosbitol . . . "Ti 'di
        ennill BMW efo digon o leg rŵm yn'o fo . . . " A mi rois i'r goriada
        iddo fo . . . "Iesu! Do?" medda fo . . . "Ma' Iesu'n ffeind," me' fi . . .
        Ond be o'dd yn y mygro fi'n fwy na dim o'dd fod pob peth yn
        mynd ymlaen jyst run fath . . . Sŵn hwfyr yn rwla . . . Sŵn wbath
        yn piso . . . Fod ffêr bỳs o sbyty Gwynedd i Gnarfon yn dal run pris
        . . . Fod pobol yn postio llythyra . . . Fod pobol yn meiddio prynu
        da-da . . . Ac ar y bỳs ar y ffor' yn ôl . . . Nôl i ffwcin lle? . . . Mi
        o'dd yr haul yn Abermenai yn stillio gwaedu . . . Yn rhigo'i hun yn
        grïa gwaedlyd ar 'i hôl hi . . . 'N grïa coch gwaedlyd du . . . COCH
        DU COCH DU COCH DU COCH DU COCH DU . . . "See that
        sun," medda fi w'th y boi 'ma o'dd w'th 'y nochor i yn y bỳs . . .
        "It's grieving for my wife . . . You understand?" . . . "Ti'n gedru
        siarad Cymraeg?" medda fo . . . "Yndw'r cont," me' fi . . . "Yndw!"
        . . . Wedi cyrraedd Dre mi eish i i giosg a ffonio tŷ ni . . . A medda
        hi ar yr ansaffôn . . . "Nid yw Gwen na Tom yma ar hyn o bryd ond
        os hoffech adael neges gwnewch hynny ar ôl y wich . . . " (*MAE'N
        GWEIDDI*) Wii . . . Wii . . . Wii . . . Medda'r ffwcin peth . . . (*YN
        DAWEL*) Yna'r distawrwydd 'na . . . (*CODI EI LAIS*) Yn clecian ac
        yn crensian . . . Clecian fel ryw goelcerth . . . Fel ryw ffwcin
        coelcerth . . . Coelcerth yn clecian . . . Yn clecian yn y gwacter du
        . . . "Caru chdi del," me' fi . . . (*SAIB*) Tair rith o'na ddwrnod y
        cnebrwng . . . F'un i . . . Un y genod . . . Ag un Martin . . . Martin
        "X" . . . (*MAE'N YNGANU'R LLYTHYREN 'X': GNEUD EI SIÂP
        Â'I FYS, GWNEUD SŴN SWS*) "Pwy ydy Martin," medda fi wrth
        y genod . . . (*SAIB HIR*) "Hei dwi'n fan hyn!" "Companion Mam,"
        medda Leusa. A be uffar ydy "companion" 'lly? . . . Ydy coc ar y
        slei erbyn ŵan yn troi'n "companion" yndy o? . . . "Dad!" medda
        Margiad . . . Arglwydd! Be wyddos di? Ŵ'rach ma' fi ydy'r
        companion a ma' Martin ydy "Dad"! "Mi roeddan nhw'n dda i'w
        gilydd," medda'r ddwy fel ryw gôr adrodd . . . Dwi'n siŵr 'u blydi
        bod nhw . . . "Ond dach chi'm yn dalld, Dad, cwarfod yn y

dosbarth athroniaeth ddaru nhw . . . Extra mural . . . " Reit inyff
extra mural . . . Un o'i dulo hi yn 'y mhocad i, rownd 'n walad i a'i
llaw arall 'i ym malog Martin rownd 'i . . . I hynny o'dd hi isio car
efo digon o leg rŵm . . . A'r cashier yn fan hyn yn talu amdano
fo . . . "Nid fel'a o'dd petha, Dad . . . Mwynhau sgwrsio oeddan
nhw, Dad! . . . Cyfnewid syniada, Dad!" Rho'r gora' i ngalw fi'n
"Dad", nei di? . . . Do's 'na ffyc ôl yn sicr yn y byd 'ma bellach . . .
Pam na fasa hi 'di deud wrtha i am y "companion" 'ma? Be ti'n 'i
feddwl? "Am y rheswm syml y byddach chi'n bihafio fel yr ydach
chi rŵan . . . Neidio i gasgliadau . . . Un ac un yn gneud pump . . .
" Un ac un yn gneud affêr . . . Dyna be o'dd gini hi isio 'i guddiad
. . . "Dad! Dad! Chi o'dd Mam yn 'i garu . . . " Fi! . . . Fi! . . .
Arglwydd, ia? "Ond fedrach chi ddim cynnig pob dim iddi hi . . .
Fedar neb gynnig pob dim i rywun arall . . . A mi o'dd Martin yn
gallu ysgogi'i meddwl hi . . . Mi o'dd Mam yn ddynas glyfar." A
finna'n dwp . . . Dyna w't ti'n 'i ddeud . . . ia? (YN FYGYTHIOL)
Ia? . . . (SAIB – MAE O'N TYWALLT CYNNWYS Y BAG MELYN
HYD LAWR YN DDIYMADFERTH) A phan ddath 'i phetha hi'n ôl
o'r hosbitol dyna lle roeddan nhw: A History of Western Philosophy,
"I Gwen, oddi wrth Martin X"; The Existentialist Imagination, "I
Gwen, oddi wrth Martin X"; Philosphical Investigations, "I Gwen,
oddi wrth Martin X"; Conversations with Remarkable Men, "I Gwen,
Mae brech haul dy groen di fel mil o sêr ar flaenau fy mysedd i,
Martin X". Y peth mwya uffernol ydy nad ydy gŵr yn ddigon i'w
wraig . . . A bot hi isio ryw syplument o'r enw Martin . . . 'Ta
Martin o'dd y cwbwl a nad o'ddwn i'n ddim byd ond ryw fath o
bendics? . . . Rwbath sy jyst yna . . . 'N da i ddim . . . Y medrwch
chi fyw hebddo fo'n iawn . . . Ond wbath i chi 'i gadw fo ddim . . .
'Dy o ddim yn byta nac yn yfad . . . A mi fydd hi'n hen straffîg i
ga'l gwarad ag o . . . Pwy fuo farw yn yr hosbitol 'na 'lly? . . .
Chances ges i ar ôl chydig o wisgis mewn unigrwydd hotels efo
merchaid unig . . . Ond yn y bora mi o'dd yr hogan fel y nos . . .
Wedi mynd . . . Full blown ffycin affair gafodd hi am nad o'dd 'i
gŵr hi'i hun yn ddigon iddi hi . . . Ddim digon clyfar . . . Ddim
digon dim byd . . . Mor blydi twp nes cymryd cerdyn ar rîth yn
gnebrwng 'i wraig 'i hun i 'neud i'r cont gwirion dwigio be o'dd
yn mynd ymlaen . . . Y ddau ohonyn nhw'n wancio brêns 'i gilydd
. . . Ma' 'na lot o ffyrdd o ga'l secs . . . Cathod a chŵn a phobol dwp
fel fi sy'n meddwl mai mond un ffor' sy 'na . . . (TOM YN CODI'R
GARREG TOPAS) Topas . . . Ma' i'r garreg topaz briodoledda
iachusol . . . O'dda ti'n gwbod hynny? . . . Arglwydd! Ti'm yn
deud! A mi withiodd hefyd yn do? . . . Y? . . . Y garreg topas 'ma
. . . Well i mi ddeud wrth rywun fod 'na wyrth 'di digwydd . . . Be
da chi'n feddwl, genod? So sorry, 'da ni wedi claddu bocs gwag . . .
Ffycars gwirion 'y ni . . . 'Sdi . . . Rhag ofn fod pobol 'di methu
gweld hi 'ndê . . . Given the circumstances 'lly . . . Ffonia'r ffwcin
yndytecyr 'na i mi ga'l y mhres yn ôl . . . A ty'd titha adra Gwen

. . . At once . . . Bendith duw i chdi . . . Ma' dy fwyd di'n mynd yn oer . . . Yn oer fel llyffant . . . Yn oer fel corff . . .

"Fedrwch chi 'im derbyn, Dad . . . Dad! . . . Dad! . . . Dad! . . . Y medar dynas ga'l dyn yn ffrind . . . Mond fel ffrind? . . ." Wel os felly i be o'dd hi isio'i guddiad o? . . . 'Sa hi 'di ca'l dŵad â fo yma am swpar . . . A 'sa fo 'di ca'l dŵad am ddrinc efo fi . . . Dybl sgotj, 'sdi . . . (MAE'R BOTEL WISGI YN YMDDANGOS) Dybl sgotj arall . . . Ac un arall . . . Ac un arall . . . Ac un arall . . . Ac un arall . . . A 'sa ni'n dau 'di ca'l meddwi'n chwil gachu hefo'n gilydd . . . Y gŵr a'r companion . . . Y bancar a'r wancar . . . A dŵad yn ôl hefo'n gilydd adra . . . Am damad bach . . . After you, Martin . . . O! please . . . I insist . . . What's a wife between friends? . . . After you . . . please! . . . Os oes gin ti r'wbath i'w guddiad ma' gin ti r'wbath i fod c'wilydd o'i herwydd o . . . Os w't ti'n rhoi dy hun mi w't ti'n rhoi dy hun yn gyfan gwbl . . . Loc, stoc an' baryl . . . Ôl or nothing . . . Reit . . . Sud da chi'ch dwy yn gwybod am y Martin 'ma? . . . "Mam ddudodd wrthan ni . . . " Arglwydd! . . . A deud dim wrtha i . . . A sud foi o'dd o? Ydy o? . . . Lle uffar mae o? . . . "Welson ni rioed mono fo . . . Mi fydda hi'n 'i gwarfod o yn y dosbarthiada a withia ar lan môr . . . " La' môr! . . . Ffor ffyc's sêc! Dyna'r nymbyr won lle i gynnal affêr . . . Well known ffycin ffacd . . . Pa ddyn dach chi'n wbod amdano fo 'sa'n gadal i'w wraig fynd efo dyn arall i la' môr i sôn am ffilosoffi a gwatsiad y tonna . . . Y leg rŵm o'dd y peth y diawliad gwirion i chi . . . Y ffwcin leg rŵm . . . Do'dd 'ch mam hyd yn oed 'im yn meddwl mod i mor dwp â hynny . . . Mi gauodd hi'i cheg am y peth . . . 'Da ni'n gwbod 'i fod o'n ddwl Martin bach ond ma' 'na ben draw i'w ddylni fynta . . . Darling . . . (SAIB. TOM YN CERDDED YN ÔL I'W GORNEL YMHLE YR OEDD O AR Y CYCHWYN. WRTH FYND) Ffeindio dy fod ti'n unig drw'r petha rw't ti'n 'u gneud w't ti . . . Troi tap ymlaen yn y bathrwm am ddim rheswm ar ôl i chdi ga'l pisiad . . . Sbio i'r miryr am 'n hir . . . Hir . . . Gwrando ar yr Archers . . . Ffycin hel, yr Archers . . . Curo dy fforc ar ochr dy blât a syllu ar y gwacter dwfn yr ochr arall i'r bwr . . . Nid ymyl bwr weli di ond dibyn . . . Symud (YN GWEIDDI) darn o ham oer at ddarn o domato . . . Chwara efo pys ar y plât . . . Cnoi brechdan a byth rwsud yn'i llyncu hi . . . (YN DAWEL) Dyma fo ylwch . . . Y dyn sydd wedi colli'i wraig . . . Dy golledion di sy'n dy ddiffinio di . . .

TOM YN EI GWMAN YN Y GORNEL. LLAIS GWEN YN CANU.

GWEN   Humpty Dumpty sat on the wall
       Humpty Dumpty had a great fall
       All the king's horses and all the king's men
       Couldn't put Humpty together again.

       *TYWYLLWCH GRADDOL.*

       *TYWYLLWCH LLWYR.*

GWEN   Fel stafell . . .

# Wal

Perfformiwyd WAL am y tro cyntaf gan Gwmni Theatr Gwynedd
ar 4 Awst 1999 yn Neuadd Goronwy Owen, Tynygongl,
Ynys Môn.

**Cast**
ALJI: *MALDWYN JOHN*
EDDI: *MYRFYN PIERCE JONES*

**Cyfarwyddydd**
*VALMAI JONES*

Comisiynwyd WAL yn wreiddiol gan Eisteddfod Genedlaethol Cymru.

Rheolir yr hawliau perfformio amatur ar gyfer WAL gan Gymdeithas
Ddrama Cymru.

**Cymeriadau**

MUDANDOD – Y peth yna ar ôl i rywun farw

WAL – Andros o hen wal fawr, gyntefig, yn haenau o bapur wedi eu
rhwygo ac yn hongian.

CORPORAL ALJI – Pedwar degau cynnar.
Amdano mae cot fyddin fawr â streips corporal ar y llewys.
Esgidiau a throwsus soldiwr. Y got wedi ei botymu. Mae'n amlwg
nad oes ganddo grys na fest o dan y got, dim ond ei noethni.

PLAIN EDDY – Tri degau hwyr.
Amdano mae trowsus pinc llachar. Crys piws. Cot ddu bitsh
ddrudfawr. Hen bâr o esgidiau am ei draed. Y got wedi ei botymu
i'r top.

*GOLAU EGWAN.*
*Y WAL FEL RHYW ANGHENFIL MAWR. TARPWLIN AR Y LLAWR.*
*MUDANDOD.*
*DAW EDDY I'R FEI YN BETRUSGAR O'R OCHR DDE.*

> *MUDANDOD.*

EDDY     *(YN CHWERTHIN YN NERFUS. MAE EDDY WASTAD YN CHWERTHIN YN NERFUS)*
Fan hyn ma'r job?

ALJI     *(O DAN Y TARPWLIN)* Ffyc off.

> *MUDANDOD.*

EDDY     Crafu wal . . . Y job!

ALJI     Fi bia'r job . . .

EDDY     Job i ddau medda'r adfyrt . . .

ALJI     Dwi'n medru g'neud gwaith dau ddyn . . . Ffyc off . . .

EDDY     Ffiffti cwid . . . Cash in hand . . . Hannar rŵan . . . Hannar wedyn . . .

> *MUDANDOD.*

ALJI     *(YN TROI AT EDDY)* Lle welis di'r adfyrt?
*(YN SWAGRO TUAG ATO)* Yn J. Higgins, Newsagent? O dan yr adfyrt am "French Lessons for naughty boys" ynta yn J. Hughes, Newsagent uwch ben yr adfyrt "For Sale: Mouth organ: One careful owner"?

EDDY     Yn E. E. Ephraim, Butcher. Yno ar 'i ben 'i hun a llgada bach glas blw tac yn 'i ddal o'n 'i le ar y ffenasd o dan y sein "Welsh Lamb": a mi o'dd yr adfyrt yn staens gwaed i gyd . . .

ALJI     Be? . . . Gwaed y Welsh Lamb? . . .

EDDY     A mi ddudodd Mr Ephraim . . . Twenti-ffeif cwid rŵan a twenti-ffeif cwid letyr . . . Dyna ma'r dyn 'di ddeud. Twenti-ffeif cwid rŵan a twenti-ffeif cwid letyr . . . A mi roddodd o twenti-ffeif cwid i mi . . . Cash in hand . . . Rhag i chdi orfod talu VAT medda fo . . .

ALJI     VAT! . . . Chdi! . . .

EDDY     *(CHWERTHIN YN NERFUS)* Feri atractif trowsyrs . . .

ALJI     Nancy boy! . . . Cadi-ffan! . . . Sbïwch ar drwsus pinc y cadi-ffan . . . Ti'n edrach fel ffwcin fflamingo . . .

EDDY     *(YN GAFAEL YN Y TROWSUS)* Oxfam!

ALJI     O'dd gynny nhw 'im lliw gwell na hwnna i chdi?

EDDY     'Im ar y lliw o'n i'n sbio ond ar y pris . . . Twenti pî . . .
*(YN CODI COLER EI GRYS)* Red Cross!

ALJI     *(YN PWYNTIO AT GOT EDDY)* Paid â deud w'tha i . . . Animal Rescue?

EDDY     Ewach! Benthyg hi oddi ar beg . . . Mewn clôcrwm hotel posh 'nesh i . . .

ALJI     Dwyn 'lly . . .

EDDY     Benthyg!

ALJI     Dwyn!

EDDY     Benthyg! . . . Dwyn ydy pan nad w't ti'n bwriadu mynd â'r peth w't ti wedi'i fenthyg yn ôl . . . Mi a' i â hon yn ôl ryw ddwrnod . . .

ALJI     A be am y llanasd y tu mewn i'r got a'r crys a'r trwsus a'r trôns a'r fest? . . . Y? . . . O lle ddath hwnnw? . . . Cancer Research.

EDDY     *(YN GWEIDDI)* Who do you think that I am? *(CHWERTHIN YN NERFUS)*

ALJI     Iesu! Ma' gin ti grap da ar Susnag . . . Lle ges di'r Susnag 'na? . . . Lle ges di'r crap 'na? . . .
*(MAE ALJI YN RHOI DYRNOD SYDYN A HEGAR YN STUMOG EDDY. EDDY YN CAEL EI LORIO. YN YSGWYD EI DDWRN.)* Aw!
. . . Dwi 'di brifo'n hun choelia i byth . . . *(EDDY AR FYND. ALJI YN RHOI EI DROED ARNO)* Aros! . . . Bydd yn ddyn . . . Nghariad i! . . .
*(ALJI YN ESTYN EI LAW I EDDY)* Alji! . . . Corporal Alji! . . .

EDDY     Eddy! . . . Plain Eddy! . . . Be ti'n mynd i neud i mi? . . .

ALJI     Wn i 'im eto . . .

         *MUDANDOD.*
*ALJI YN RHOI EI DDWYLO O'I FLAEN YN URDDASOL. MAE'N PLYGU EI BEN.*

EDDY     Be ti'n 'i neud rŵan? . . .

ALJI     Cadw munud o ddistawrwydd er cof amdanat ti . . .

EDDY     Dwi ddim 'di marw . . .

ALJI     Iesu naddo?

EDDY     Nac dw . . .

ALJI     'Im eto . . . Ia? . . .

         *EDDY'N LLAWN FFWDAN YN MYND I'W BOCED. TYNNU POTEL FACH ALLAN. EI HAGOR, A CHYMRYD WHIFF O GEG Y BOTEL.*

EDDY     Petrol!

ALJI     Gobeithio ma' unleaded ydy o . . .

EDDY   *(YN CHWERTHIN YN NERFUS)* Helpu'n nyrfs i . . .

ALJI   Sgin ti nymbyr plêt 'efyd? . . . Ma'n amlwg dy fod ti wedi methu dy MOT. Mi w't ti'n edrych fel damwain. Mi fydd hi'n help gwbod dy fod ti'n meddwl amdanach di dy hun fel car . . .

EDDY   Yn help?

ALJI   Pan ddo i i neud beth bynnag benderfyna i 'i neud i ti . . . Ma' hi'n hawsach arteithio rhywun os y medri di anghofio'u bod nhw'n fodau dynol. Neith neb falio rhyw lawar o weld rhyw hen jalopi fel chdi'n ca'l 'i falu'n racs . . . Pryd welis di headline papur newydd ddwytha'n deud: "Car found dead. Police say that the . . . "
*(MAE ALJI YN SBIO HWNT AC YMA AR EDDY I GEISIO PENDERFYNU EI OED)* "Middle aged Ford Fiesta had been . . . "
*(MEDDWL AM Y GAIR CYWIR I'W DDEFNYDDIO)* "Mutilated before being murdered . . . "

EDDY   Paid ti â siarad Susnag hefo fi! . . .

ALJI   Car Cymraeg! . . . Wel! . . . Wel! . . . Wel! . . . Iaith y petha pur ydy Cymraeg . . . Barddoniaeth a ballu . . . Every fucking word a fucking gem . . . Susnag ydy iaith y petha sy'n mynd yn rong yno' ni . . . Pan ddo i neud beth bynnag 'na i i ti . . . Yn Susnag y gna i o . . . OK! Automobile!

*MUDANDOD.*

ALJI   Hei! . . . Paid â bod ofn . . . Ty' 'ma . . . Lolian ydw i...
Hen jolpan ydw i . . . Hen bitj . . .

*MUDANDOD.*

EDDY   Nei di 'mo nhrin i'n bornograffic yn na nei di?

ALJI   Weli di ffwcin dynas yn y ffwcin lle 'ma? . . . Man to man, boi . . . Man to man . . .

*Y DDAU YN CRAFU'R WAL. PAPUR-PAPURO HEFO TRÊNS ARNO FO YN DWÂD I'R FEI.*

EDDY   Tjŵ-Tjŵ! . . . Tjŵ-Tjŵ! . . . Tjŵ! . . . Trêns . . . Sbia . . .
Trêns . . . Mi o'dd hon yn lloffd i hogyn bach unwath . . . Drycha . . .
W'th sbio ar y papur-papuro mi fedri di 'i ddychmygu fo'n troi a throsi yn 'i wely cyn deffro ar fora Sadwrn . . . A'r haul yn twalld am 'i ben o drwy holld yn y cyrtans . . . A dwrnod cyfa o neud be licia fo o'i flaen o . . . Tjŵ-Tjŵ! . . . Tjŵ! . . .

*MUDANDOD.*

ALJI   Fel Shampŵ?

EDDY   Fel Shampŵ?

ALJI Fel Shampŵ . . . Yr haul yn twalld am 'i ben o fel shampŵ.

   *MUDANDOD.*

EDDY *(YN GWNEUD YSTUMIAU CWFFIO)* Lle fuos di 'lly? . . . Corporal . . . Bang-bang 'lly? . . .

ALJI Y Ffyclans . . .

EDDY Welis di lot o gwffio 'lly?

ALJI Lot . . .

EDDY Gwaed?

ALJI Gwaed.

EDDY Dynion yn . . . *(CHWERTHIN YN NERFUS).*

*ALJI YN SYDYN YN BRATHU'I LAW EI HUN YN OFNADWY O HEGAR.*

EDDY Fannodd arnach chdi? . . . *(CHWERTHIN YN NERFUS).*

ALJI Ia . . . Fannodd.

   *MUDANDOD.*

ALJI Slit.
   Fel ceg.
   Yn 'i drwsus o.
   Ar 'i glun o.
   'I gnawd o'n golwg.
   Fymryn lleia.
   Dyna'r peth mwya cynhyrfus welis rioed.

EDDY Rioed?

ALJI Ia.

EDDY Arglwydd ia?

ALJI *(YN FYGYTHIOL)* Ia!

EDDY *(YN CHWERTHIN YN NERFUS)* Pwy 'aru chdi gusanu gynta rioed?

ALJI Siôn.

EDDY 'Na enw rhyfadd ar hogan . . .

ALJI Ti'n iawn . . .

EDDY Siôn . . .

ALJI Ia . . . Siôn . . .

EDDY Catrin gusanas i gynta . . . Gofyn i fi'n lle.

ALJI Yn lle? . . .

EDDY    Rhwng 'i choesa . . .

        *MUDANDOD.*

ALJI    Shd! . . . Gwranda! . . .

EDDY    Be glywi di? . . .

ALJI    Fel sŵn shafio . . .

EDDY    Rywun yn shafio rochor arall i'r wal, ia? . . .
        Ma' gin ti glyw fel octypys ma' raid . . .

ALJI    *(MAE O'N RHWBIO'R WAL YN YSGAFN Â'R SGREPYR)* Hyn! . . .
        Ti'n clwad? . . .

EDDY    Yndw!

ALJI    Mi o'dd 'i wynab o fel pelan eira . . .

EDDY    Pwy 'lly? . . .

ALJI    Nhad! . . . Yn laddyr sebon drosto fo. Yn gneud i mi feddwl am
        belan eira. Finna'n sbecian drw ddrws cil agored y bathrwm . . .
        Fynta'n ara bach fel petai hi'n rhwbath sanctaidd yn trochi'r rasal .
        . . Yn 'i bedyddio hi'n y dŵr . . . Wedyn 'i thynnu hi allan . . . Yn 'lyb
        ac yn sgleinio ac yn diferyd . . . A'i gosod hi yn dendar ar 'i arlais . . .
        A thynnu'r llafn am i lawr . . . A'r sŵn 'na . . . Sŵn y crafu yn erbyn
        y croen . . . A'i groen o'n dŵad i'r fei yn llyfn ac yn lân fel rwbath
        wedi atgyfodi . . . A phelan eira 'i wynab o'n diwadd fel petai hi'n
        dadlath ac yn dadmar . . . A withia mi fydda fo'n mynd, "W! . . . "
        A mi fyddat ti'n gweld y gwaed coch yn sipian drwy'r sebon gwyn
        . . . A bob bore mi fydda fo'n deud "Pwy sy'n sbecian ar y dyn eira
        bore 'ma? . . . " A mi fydda fo'n troi rownd yn sydyn a mi fyddwn
        inna'n diflannu . . . Bob bore mi fydda fo'n deud hynny . . . "Pwy
        sy'n sbecian ar y dyn eira bore 'ma?"

EDDY    'Sti be, 'swn i 'im yn meindio shêf . . .

ALJI    *(YN TYNNU RASAL CUT-THROAT O'I BOCED A'I HAGOR. EDDY
        AC ALJI YN SBIO AR EI GILYDD)* Cei'n tad . . .
        *(EDDY YN CHWERTHIN YN NERFUS, ALJI YN GWENU).*

EDDY    Ddois di 'im â shefing crîm hefyd mwn?

ALJI    Naddo . . .

        *MAE'N CAU'R RASAL AC YN EI RHOI'N ÔL YN EI BOCED.*

EDDY    Be sgin ti yn dy bocad arall?

ALJI    *(YN SBIO'N HIR I'W BOCED)* Twllwch.

        *MUDANDOD.*

ALJI    A mi fydda fo'n gadael y dŵr yn y sinc . . . Dŵr llwyd, cynnas a'r
        sebon fel tonna bychan hyd 'ddo fo . . . A mi fyddwn i'n rhoid 'n
        llaw i mewn yn y dŵr . . . A chwifio'n llaw 'nôl a mlaen . . . Rownd
        a rownd yn y dŵr . . . Nes bydda tameidia bychan du 'i wisgars o'n
        glynyd yn 'n llaw i . . . Leins bychan du hyd 'n llaw i i gyd fel leins
        bwrw glaw y ma' hogyn bach yn 'u gneud ar ddarn o bapur hefo
        pensal led . . .

        *MUDANDOD.*

ALJI    Octypys!

EDDY    Octypys?

ALJI    Chdi ddudodd fod gin i glyw fel octypys . . .

EDDY    Dyna ddudas i – ia?

ALJI    Ia . . .

EDDY    Fel pengwin o'n i'n feddwl mwn . . .

ALJI    O . . .

        *ALJI YN CYDIAD YN SYDYN YN LLAW EDDY A'I RHOI HI WRTH
        EI FOCH. EI RHWBIO HYD EI FOCH. EDDY YN TRIO TYNNU EI
        LAW YN ÔL.*

ALJI    Gad i mi neud . . . *(EDDY YN CHWERTHIN YN NERFUS)* Ti'n
        enjoio fo?

EDDY    Wn i 'im . . .

ALJI    "Wn i 'im"?

EDDY    Rwsud . . .

ALJI    Prydferthwch . . . 'Na'r oll . . . *(MAE O'N CUSANU LLAW EDDY)*
        Cusanu dy farw di ydw i . . . Y tlysni. Y darfod . . . Dan ni mor hyll
        o dlws . . .
        *(ALJI YN SYDYN YN TROI LLAW EDDY NES EI FOD O'N
        GWINGO MEWN POEN. Y DDAU YN SBIO AR EI GILYDD)* Sud
        w't ti'n gwbod bod chdi'n fyw?

EDDY    Geshio ydw i . . .

        *GYLL ALJI LAW EDDY. MAEN NHW'N CRAFU'R WAL. PAPUR-
        PAPURO A PHLASDAR YN DISGYN. MEWN OGOF YN Y WAL
        MAE RHYWBETH MEWN BAG PLASTIG DU A THÂP GLAS O'I
        AMGYLCH. YN HONGIAN AR RAFF MAE'R BAG AC YN SIGLO
        'NÔL A BLAEN.
        ALJI YN SBIO AR EDDY.
        EDDY YN SBIO AR ALJI.
        EDDY YN CHWERTHIN YN NERFUS.
        ALJI YN RHOI RHYW CHWERTHINIAD BYR YN ÔL.*

*ALJI YN RHOI PAPUR YN ÔL AR GEG YR OGOF.*
*ALJI YN SYDYN YN TYNNU PIB O'I BOCED. EI CHWYTHU.*

ALJI    Amser panad . . .

EDDY    Drop tŵls . . .

*Y DDAU YN EISTEDD Â'U CEFNAU AT Y WAL.*
*MUDANDOD.*

EDDY    Chdi 'ta fi?

*MUDANDOD.*

EDDY    Chdi 'ta fi?

*MUDANDOD.*

EDDY    Chdi 'ta fi?

*MUDANDOD.*

ALJI    Meddylia am ffor arall o ddeud hynny nei di? Plîs . . .

EDDY    Fi 'ta chdi?

ALJI    'Na welliant! . . . Smwythach ar y glust rwsud . . .

EDDY    Fi 'ta chdi . . . Gneud y te! . . . Fi 'ta chdi . . . Y te . . . Y ffwcin te . . .

ALJI    Chdi . . .

EDDY    Sgin i 'im byd . . . Nes i 'im meddwl . . .

ALJI    Nes di ddim meddwl! . . .

EDDY    *(YN PWYNTIO'N SYTH O'I FLAEN)* Ma' 'na socet letrig yn fanna . . .

ALJI    Bron iawn yna felly, dydan . . .

EDDY    Sgin ti 'im tecall mwn nag o's?

ALJI    'Im arna i . . . Nag o's? *(YN TYNNU BAG TE O'I BOCED)* Tî bag! . . . Ma' 'na un banad ar ôl yn'o fo ddudwn i.

EDDY    A faint o baneidia te ti 'di ga'l allan ohono fo'n barod ta? . . .

ALJI    Chwech . . .

EDDY    Ma' raid bo chdi di medru berwi teciall felly . . .

ALJI    Do's 'na neb yn berwi teciall . . . Berwi dŵr mewn teciall ma nhw . . .

EDDY    Ond sgynnon ni run . . .

ALJI    'Im be?

EDDY    Ffwcin teciall.

ALJI    Nag oes . . .

EDDY    Socet . . . Tî bag . . .

ALJI    Problem . . .

*MUDANDOD.*
*ALJI YN CHWYTHU'R BIB.*

EDDY    Tî-brêc drosodd . . .

*Y DDAU YN CRAFU'R WAL.*

ALJI    Sbia! . . . Ma' 'na rwbath yn sdyc tu ôl i'r papur 'ma . . . Ty' 'ma!

*ALJI YN RHWYGO'R PAPUR. TYNNU AMBARÉL ALLAN. YR*
*AMBARÉL YN LWCH PLASDAR I GYD.*

EDDY    Ambarél achan . . .

*ALJI YN AGOR YR AMBARÉL.*
*ARNO MAE RHYWUN WEDI YSGRIFENNU'R ENW "ARMITAGE*
*PRANKS".*
*Y DDAU'N SBIO'N HIR AR YR AMBARÉL.*
*PASIO'R AMBAREL I'W GILYDD.*

ALJI    'S'a rwbath yn croesi dy feddwl di rŵan?

EDDY    Croesi meddwl i! . . . Am yr ambarél 'lly? . . .

ALJI    Ia . . . Am yr ambarel 'lly . . .

*EDDY YN PENDRONI.*
*TROI A THROI YR AMBAREL.*

EDDY    Glaw?

ALJI    Ti 'im yn meddwl 'i fod o'n beth od . . . Fod rhywun 'di cuddiad
        ambarél o dan blasdar a phapuro dros hwnnw? . . . Be ii'n feddwl
        o'dd 'i gymhelliad o? . . .

EDDY    'I gym . . .

ALJI    Motive.

EDDY    Mot . . .

ALJI    Pam roddodd o ambarél yn y wal?

EDDY    Rhag tamprwydd?

ALJI    Rhag tamprwydd?

EDDY    Ambarél yn cadw'r wal yn sych . . .

ALJI    Mi dduda i wtha ti . . . Er mwyn i rywun ryw ddwrnod ddŵad o
        hyd i'r ambarél yn y wal a wedyn holi'r cwestiwn – Pam roddodd
        'na rywun ambarél yn y wal?

EDDY   Dwi 'im yn gwbod! . . . Pam roddodd 'na rywun ambarél yn y wal?

ALJI   Ti'n iawn . . . Pam roddodd 'na rywun ambarél yn y wal?

EDDY   Wn inna ddim chwaith.

ALJI   Iesu Grist! . . . Mi roddodd 'na rywun yr ambarél yna yn y wal gan wbod y bydda 'na ryw wancars fel ni yn dŵad i fama ca'l hyd iddo fo . . . A dechra holi . . . Pam roddodd 'na rywun ambarél yn y wal . . . Dyna chdi pam . . .

EDDY   Wel dyna chdi uffarn o beth dan din i' neud . . .

ALJI   Mond hynny fedri di ddeud . . .

EDDY   O's 'na fwy i' ddeud? . . . Watja hyn ta! . . .

       *EDDY YN MALU PLASDAR Y WAL NES CREU TWLL. CHWILIO O'I GWMPAS. CAEL HYD I HOELEN CHWE MODFEDD RYDLYD. EI GOSOD YN Y WAL.*

EDDY   'Na chdi!

ALJI   Ia?

EDDY   Ia!

ALJI   Ia be?

EDDY   'Sti pam 'nes i hynna? Gesha.

ALJI   Fedrwn i ddim dechra meddwl.

EDDY   Wel 'uda i wtha chdi! . . . Er mwyn i ryw wancars ymhen blynyddoedd holi ar ôl iddyn nhw ga'l hyd i'r hoelan: Pam dybad 'aru 'na ryw gŵd gwirion roi hoelan yn y wal yn fama? . . .

ALJI   A be sy o'i le ar hynny? . . . Ma' hoelan a wal yn mynd efo'i gilydd fel North Wales a'r Daily Posd neu fel panad a digestive. Fedri di ddim deud hynny am wal ac ambarél . . .

       *EDDY YN GWYLLTIO. TAFLU'R HOELEN O'R WAL. CHWILIO YN EI BOCEDI. CAEL HYD I FEIRO. EI GOSOD YN Y WAL.*

EDDY   Beiro a wal ta.

ALJI   'Im yn yr un clas ag ambarél a wal . . . Jiniys roddodd ambarél yn y wal . . . Rhywun hefo dychymyg cachu iâr roddodd feiro yn y wal . . .

EDDY   Paid â ngalw fi'n gachu iâr y ffwcin . . . Y ffwcin . . . Y ffwcin . . .

ALJI   Y ffwcin be?

EDDY   Y ffwcin . . .

       *MUDANDOD.*

ALJI   Ti'n gweld? . . . Dychymyg cachu iâr . . . Fedri di ddim hyd yn oed

gael hyd i air pwrpasol i roid ar ôl "ffwcin" . . .
*MUDANDOD.*

ALJI     Ma'r wal ma'n crefu am lun . . . Fedra i 'im gneud yr un strocan os na cha i'n symbylu gan lun. *(MAE O'N TYNNU LLUN YN EI BLYGION O'I BOCED A'I OSOD AR Y WAL)* 'Les Demoiselles d'Avignon'.

EDDY     Na finna chwaith . . . *(MAE EDDY YN TYNNU LLUN O'I BOCED. EI AGOR. EI OSOD AR Y WAL)* 'Kim'.

ALJI     *(YN PWYNTIO AT 'LES DEMOISELLES D'AVIGNON')* Gweld hwnna ydw i. *(YN PWYNTIO AT 'KIM')* Sbio ar hwnnw w't ti.

EDDY     Tit ydy tit . . . *(YN PWYNTIO AT 'LES DEMOISELLES D'AVIGNON')* Tit! *(YN PWYNTIO AT 'KIM')* Tit! *(YN PWYNTIO AT 'LES DEMOISELLES D'AVIGNON')* Paent . . . *(YN PWYNTIO AT EDDY)* Tit.

*ALJI YN TYNNU 'LES DEMOISELLES' ODDI AR Y WAL. EI BLYGU'N OFALUS A'I ROI'N ÔL YN EI BOCED. TYNNU LLUN ARALL O'I BOCED. EI DDAD-BLYGU. EI OSOD AR Y WAL. SYMUD EI LAW YN DYNER DROSTO.*

ALJI     'Gavin'.

*ALJI YN SBIO AR EDDY.*
*EDDY YN SBIO AR ALJI.*
*ALJI YN CADW'R LLUN O 'GAVIN'.*
*EDDY YN CADW'R LLUN O 'KIM'.*

EDDY     Sud dduthon ni i fama? . . .

ALJI     Cerddad.

*EDDY YN GWENU AR ALJI.*
*ALJI YN GWENU'N ÔL AR EDDY.*

EDDY     Mêt!

ALJI     Mêt!

EDDY     Dal 'y mhidlan i tra fydda i'n piso nei di . . . Mêt? . . . Jôc! . . .

ALJI     Mêt!

EDDY     *(YN TYNNU DARN O SIOCLED AR EI HANNER O'I BOCED)* I gofio'r achlysur.

*MAE'N TORRI'R SIOCLED A'I RANNU'N OFALUS. MAE O'N GOSOD PAPUR ARIAN Y SIOCLED AR Y WAL. Y DDAU YN SYLLU AR Y PAPUR ARIAN.*

ALJI     Lloergan!

EDDY  Ffenasd!

ALJI  Ty'd i sbecian drwyddi hi . . .

EDDY  Sbia! Y môr yn fwclis arian i gyd . . .

ALJI  Hiraeth . . .

EDDY  Am be?

*MUDANDOD.*

ALJI  Ballroom! . . . 'Sti'r peli 'ny . . . Sy'n troi rownd a rownd ac yn wincio a wincio? . . . 'Na hi . . .

EDDY  Un o'r wincs ia?

ALJI  Ia.

EDDY  Ia.

*ALJI YN CYDIO YN EDDY AC YN DECHRAU DAWNSIO AG O. ALJI YN SYDYN YN LLUCHIO EDDY AR LAWR, AC YN PWYNTIO AT Y PAPUR ARIAN.*

ALJI  Wrapper ffwcin tjocled . . .

EDDY  *(AR Y LLAWR YN GWEIDDI)* 'I nipl hi fel tamad o injaroc pinc . . . A'n llygid i'n gwirioni w'th ddilyn tro esmwyth 'i bron hi . . . A phwyso'i bron drom hi ar gledar 'n llygad i . . . 'I blew hi'n ddu . . . du sicret . . . Du fel tu fewn i fyshrwm . . .

ALJI  Paid â meiddio sôn am ffwcin merchaid yn fan hyn . . .

EDDY  A be w't ti'n gofio?

ALJI  Y petha dwi isio'u hanghofio . . .

*MUDANDOD.*

ALJI  Ma'r rhan fwya o bobol yn sensro'u bywydau'u huna'n . . .

*MUDANDOD.*
*Y DDAU YN CRAFU'R WAL.*

EDDY  Ma' mywyd i fatha fideo . . .
Ti'n sbio ar y fideo ma' de . . .
A ti'n cofio'n sydyn bo chdi 'di gweld y ffwcin thing o blaen . . .
Ond bo chdi 'im 'di cofio hynny yn y siop.
Neu tasa chdi 'di cofio 'sa chdi 'im 'di rentio'r thing os w't ti'n dalld be dwi'n feddwl 'lly . . .
Ma' mywyd i fel y fideo yna.
Fideo o'dda chdi 'im yn cofio bod chdi 'di gweld hi o blaen. Ne' sach chdi 'im 'di dŵad â hi allan o'r siop.
Ti'n gwbod?
Ydy dy fywyd di fel'a?

Fel y fideo ti 'im 'di gweld hi o blaen.
Ond mi w't ti . . .
Ond bo chdi 'im yn cofio . . .
Withia dwi ar ffasd ffowyd . . .
Withia dwi ar rewind . . .
Withia dwi ar pause . . .
Fel y fideo . . .

*MAE EDDY YN AGOR Y BOTEL PETROL.*
*CYMRYD WHIFF.*
*ALJI YN SBIO AR EDDY.*

EDDY  Newid lle hefo fi . . .

ALJI  Pam?

EDDY  Dwi isio chênj . . .

*Y DDAU YN NEWID LLE.*

Ma' gin ti well fiw yn fama.
A ma' 'i'n gnesach.
Y Gulf Stream ma' raid.

*MUDANDOD.*
*Y DDAU YN CRAFU'R WAL.*

ALJI  *(ACEN AMERICANAIDD)* "Have you got a haberdashers?"

EDDY  Be?

ALJI  Merican . . . Ddoth i'n pentra ni unwath . . . A dangos 'i falog i Mam . . . A mi o'dd na dri bwtwm ar goll . . . A ma' fo'n gofyn i Mam: "Have you got a haberdashers?" 'Sti be ddudodd Mam?

EDDY  Iesu wn i 'im . . .

ALJI  "No".

EDDY  No?

ALJI  No. Dyna chdi feistrolaeth ar Susnag o'dd gynno hi . . . Yr unig air Susnag gwerth 'i wbod a mi o'dd Mam yn 'i wbod o . . . "No"!

EDDY  No!

ALJI  No!
*WRTH GRAFU MAE ALJI YN CANFOD YN Y WAL BOT JAM MAWR – POT SAMPL GWYDR, EFALLAI, A LLYGAD YNDDO FO YN BOBIAN MEWN FFORMALIN. MAE O'N TYNNU'R POT O'R WAL.*

EDDY  Llygad!

ALJI  Be w't ti?
Label ar betha?

Ryning comentri?
Is-deitl?
Capsiyn?
Sowndtrac?

*MAE ALJI YN AGOR Y BOTEL.*
*TYNNU'R LLYGAD ALLAN.*
*EI BWYTA.*
*MYND I'W BOCED.*
*TYNNU LLYGAD ARALL ALLAN O'I BOCED.*
*EI RHOI YN Y BOTEL.*
*CAU'R BOTEL.*
*RHOI'R BOTEL YN ÔL YN Y WAL.*
*EDDY YN CHWERTHIN YN NERFUS.*
*ALJI YN CHWERTHIN YN ÔL.*
*MUDANDOD.*

EDDY  Lle awn ni o fama?

ALJI  Ni?

EDDY  Lle ei di o fama?

ALJI  Rwla arall.

EDDY  A finna 'efyd. Nei di ngholli fi?

ALJI  Ma' siwr. Dwi 'di colli bob dim arall.
Bacha byns fuo gin i rioed.

EDDY  I lle fyddwn ni'n mynd?

ALJI  Be ffwc wn i!

EDDY  Y meddwl am fynd sy'n 'y ngadw fi i fynd . . .
Sgin ti ryw eidïa?

ALJI  Nagoes!

EDDY  Ryw inclin bach dybad?

ALJI  Be ti'n feddwl ydw i? . . . Map?
Directions? . . . Plan? . . .

EDDY  Dwi'n siwr fod chdi'n gwbod! . . . Isio rhoid syrpréis i mi w't ti'n
'de? . . . Deutha i . . . Rho un cliw bach i mi? . . .
*ALJI YN GWENU.*

ALJI  Neidia ar 'y nghefn i ta.

*EDDY YN NEIDIO AR EI GEFN.*
*Y DDAU YN CERDDED ROWND A ROWND MEWN CYLCH.*

EDDY  Paid â stopio! . . . Fedra i ddim diodda cyrradd nunlla . . .

ALJI  Ti 'di cyrradd nunlla flynyddodd yn ôl . . .

EDDY   Gad ni fynd yn ôl i'r dechra . . .

*TROI ROWND.*
*CERDDED ROWND A ROWND MEWN CYLCH. STOPIO.*

EDDY   Yn dy flaen . . . 'Ipyn bach!

ALJI   Pam?

EDDY   Dim yn fama ddaru ni gychwyn. Yn fancw . . .

*ALJI YN MYND YN EI FLAEN YCHYDIG.*

EDDY   Stop!
       Nôl!
       Stop!
       Nôl!
       Dacw'r man!
       Stop!

*ALJI YN GOLLWNG EDDY.*

EDDY   'Sti be? 'Sa gneud hynna ar dy ben dy hun yn beth unig uffernol yn bysa? . . . Ma' hi'n bwysig rhannu'r unigrwydd yn tydy? A duw uwch 'n penna ni'n gwenu!

ALJI   Unwaith eto!

EDDY   Ia!

*Y TRO YMA MAE EDDY YN RHOI EI FREICHIAU AM WDDW ALJI. YMLAEN Â NHW, ROWND A ROWND MEWN CYLCH.*

ALJI   Pa ffor'?

EDDY   Am 'n ôl!

ALJI   I ni gael hiraethu.

EDDY   Ymlaen!

ALJI   I ni gael breuddwydio.

EDDY   Stop! Dan ni'n ôl lle ddaru ni gychwyn.

ALJI   Nac ydan! Y diwadd ydy fan hyn!

EDDY   A duw uwch 'n penna ni'n gwenu . . . Ma' duw yn bobman tydy o?

ALJI   W'th gwrs 'i fod o! . . . Peth hawdd ydy bod yn bobman . . . Anoddach ydy bod mewn lle penodol . . . Mewn lle brwnt, ffiaidd, anghynnes, hyll . . . Fel am dri mis solat yn gwatjad dy dad dy hun yn dadfeilio a'i frên o'n soeglyd fel cadach llawr wrth i dementia 'i hollti o'n ddarna mân . . . Mond fi a Mam o'dd yn fanno . . . Tra roedd duw yn 'i jolihoitian hi ym mhobman.

*MUDANDOD.*

EDDY   Tro nesa mi awn ni â sandwijis hefo ni . . .

ALJI   Tro nesa dwi'n mynd ar ben 'n hun . . .

EDDY   Ti 'di heneiddio choelia i byth!

ALJI   Dwi'n meddwl fod cansar arna i . . .

EDDY   Cwmpeini bach i chdi . . .

*MUDANDOD.*

ALJI   Dwi'm isio chdi, paid â ngadal i byth . . .

*MUDANDOD.*
*Y DDAU YN CRAFU'R WAL.*
*ALJI YN CANFOD DARN O DDRYCH YN Y WAL.*
*ALJI YN SBIO'N HIR I'R DRYCH.*
*EDDY YN SYMUD AT ALJI.*
*Y DDAU YN TROI I SBIO AR EI GILYDD.*
*ALJI YN TYNNU'R DRYCH O'R WAL.*
*EI DDAL O FLAEN EI WYNEB.*
*EDDY YN EDRYCH I'R DRYCH –*
*GWYNEB EDDY OND CORFF ALJI.*
*ALJI YN SYMUD YCHYDIG I'R CHWITH.*
*EDDY YN EI DDILYN.*
*ALJI YN SYMUD YCHYDIG I'R DDE.*
*EDDY YN EI DDILYN.*
*ALJI YN SYMUD Y DRYCH YN ARAF I LAWR EI GORFF.*
*MAE'N AROS AR EI BIDLAN.*
*EDDY YN MYND AR EI LINIAU.*
*SBIO'N HIR I'R DRYCH.*
*ALJI YN DDIFYNEGIANT TRWY'R ADEG.*
*EDDY YN CYMRYD Y DRYCH ODDI WRTH ALJI A'I OSOD AR EI FRON.*
*ALJI YN GOSOD EI LAW YN AGOS IAWN I'R DRYCH.*
*EDDY YN SYMUD Y DRYCH HWNT AC YMA AR HYD EI GORFF EI HUN.*
*ALJI YN DILYN TAITH Y DRYCH Â'I LAW.*
*EDDY YN STOPIO'R DRYCH AR EI GALON.*
*ALJI YN CAU AC AGOR EI DDWRN YN ARAF, YSGAFN A THYNER.*

ALJI   *(YN DAWEL)* Bwm-bwm . . . Bwm-bwm . . . Bwm-bwm . . .

*EDDY YN RHOI'R DRYCH YN ÔL YN Y WAL.*
*MUDANDOD.*
*ALJI YN RHOI EI LYGAD YN ERBYN Y WAL.*

ALJI    Iesu! Sbia!

EDDY   Be?

ALJI    Trw'r twll clo 'ma . . . Sbia.

*EDDY'N RHOI EI LYGAD YN ERBYN Y WAL. ALJI YN GWTHIO PEN EDDY YN HEGAR YN ERBYN Y WAL.*

ALJI    Ffŵl Ebrill!

EDDY   Ond mis Awsd 'dy 'i . . .

ALJI    Ffŵl Awsd ta.

*MUDANDOD.*

ALJI    Lapis Laswli . . . Maen iasbis a sardin . . . Yn debyg yr olwg arno i smaragdus . . .

EDDY   *(Â'I LAW AR EI LYGAD)* Be ma' hynny'n 'i feddwl?

ALJI    Petha tlws
Jysd geiria
Bygro ystyr
Jysd enjoia'r geiria fel tasa nhw'n dda-da yn dy geg di . . .

EDDY   Lapis Laswli . . . Maen iasbis a sardin . . .

ALJI    Yn debyg yr olwg arno i smaragdus . . .

*MUDANDOD.
Y DDAU YN CRAFU'R WAL.*

ALJI    Ty' 'ma! . . . Sbia! . . .

EDDY   Fel siâp deilan . . .

ALJI    Llaw fechan
Llaw plentyn
Yn y plasdar.

EDDY   Pan o'dd rywun yn byw yn fan hyn ac yn trwsio'r lle 'ma . . . Flynyddoedd hir yn ôl . . . A ma'r hogyn bach 'ma'n dŵad ac yn rhoid 'i law yn slei, dyner ar y plasdar glyb . . . A phwyso'n ara ysgafn . . . A'r plasdar yn sipian rhwng 'i fysidd o . . . A ti'n gwbod 'i fod o'n mwynhau'r gwlybaniath a'r cyffwrdd . . . Y teimlad g'lyb meddal . . . A dŵr y plasdar yn llifo'n oer dros 'i fysidd o . . . Yn wyn ac yn oer . . . Yn llifo'n wyn oer dros 'i fysidd o . . . A mae o'n tynnu 'i law o 'na . . . A mae o'n rhedag i ffwr . . . Rhedag i ffwr i lanasd 'i flynyddoedd . . . .

ALJI    *(WRTH ÔL Y LLAW, WRTH EDDY, WRTH Y BYDYSAWD)* Plîs! . . . Plîs! . . . Plîs! . . .

*MAE O'N RHWYGO EI GOT FAWR ODDI AMDANO. AM EI*
*NOETHNI Y MAE DWY TSIAEN WEDI EU CRIS-CROESI.*
*MAE'N GWEIDDI I'R MUDANDOD.*

ALJI     CROENGRYCHAIST FI!

         *MUDANDOD.*

EDDY     Be sy rhwng geni a marw?

ALJI     A!

EDDY     A?

ALJI     A.

EDDY     A.

ALJI     A.

EDDY     O!

ALJI     Naci . . . A . . .

EDDY     A!

ALJI     *(YN GWEIDDI A THAFLU EI HUN AR Y WAL)*
         A!

         *MUDANDOD.*

ALJI     Amball dro mae o'n digwydd.
         Unwaith yn y pedwar amsar.
         Ti 'di blino yn uffernol.
         Ac yna'n sydyn mae 'na ryw ddeffro mawr
         Yn digwydd ynoch chdi.
         Ma' dy du mewn di'n eirias ola
         A ti'n cwarfod â dy fodolath di dy hun
         W't ti'n medru gafal yn y gair
         "Fi"
         'I dwtsiad o
         'I fela fo
         Am chwinciad o eiliad
         A wedyn mae o'n diflannu
         W't ti 'di ca'l y profiad uffernol yna?
         Chdi yn sbio ar chdi yn stafall wag dy galon . . .

EDDY     Ti'n gwbod bod y rhan fwya o ddynion yn gorod wancio i fedru
         teimlo 'u bod nhw yna?
         I chdi ga'l gwbod pa mor unig w't ti, gofyn i chdi dy hun pa mor
         amal w't ti'n wancio . . . Wancio: Richter Scale unigrwydd . . . Fuo
         fi'n twenti-y-dei-man unwaith.

         *MUDANDOD.*
         *ALJI YN RHOI EI GOT YN ÔL AMDANO A'I BOTYMU I'R TOP.*

ALJI    Cosa fi o dan 'y ngheseilia.

*EDDY YN CHWERTHIN YN NERFUS.*
*EDDY YN ESTYN EI LAW A'I GOSOD YN BETRUSGAR O DAN*
*GESAIL ALJI.*
*EI GOSI YN FECANYDDOL BRON.*
*SBIO AR EI GILYDD.*
*ALJI YN DOD YN NES AT EDDY.*
*MAEN NHW WEFUS WRTH WEFUS.*

ALJI    (*YCHYDIG UWCH NA SIBRWD*)
        Ogla dyn
        Ogla'i chwys o
        Ogla'i wynt o
        Ogla'i din o
        Ogla'i goc o
        Sent dyn

*EDDY YN CAMU'N ÔL YN SYDYN.*

EDDY    Pwff!

*ALJI YN RHOI DYRNOD YN STUMOG EDDY.*

ALJI    O wynt! . . . Gorffan di dy frawddega nei di washi . . . Pwff o
        wynt! . . .

*EDDY AR EI LINIAU YN NYRSIO'I STUMOG.*
*ALJI YN GWYRO I LAWR AC YN RHWBIO GWALLT EDDY.*

ALJI    "Ma' golwg ar dy walld di.
        Sbia arna chdi."
        Fel 'na fydda Mam yn deud
        "Sbia arna chdi!
        Sbia'r golwg ar dy walld di
        Tisio'i dorri o
        Cer i' dorri o"
        A gwyro ata i
        A rhoid sws i mi.

*ALJI YN RHOI SWS AR DALCEN EDDY.*

ALJI    Fel 'na ar 'y nhalcen i . . .
        "Nos dawch" medda hi.

*MAE HI'N NOS. CYSGOD ANFERTHOL AR Y WAL.*

ALJI    A lleithdar ei gwefusa hi yn aros yn oer ar 'y nhalcen i . . .
        Yn batj bychan, tamp, oer . . .
        Nos dawch . . .

*MUDANDOD.*

ALJI    Lle ei di rŵan?

EDDY    Hw'rach 'r a' i i chwilio am gnebrwng . . .

ALJI    Radag yma o'r dydd! Chei di 'im hyd i gnebrwng yr adeg yma o'r dydd, siwr dduw.

EDDY    'Dy o ddim byd i mi fynd i gnebrwng 'sti . . .
Lle cynnas am ryw awran . . . Ogla bloda . . .
Te wedyn . . . Cwbwl am ddim . . .

ALJI    Ond w't ti'n nabod y bobol 'ma?

EDDY    Do's 'na 'im dichon i ti nabod neb sy 'di marw'r lob.

ALJI    Ond oddach chdi'n 'u nabod nhw cynt? . . .

EDDY    O nag o'n . . . Ond ma' cnebrwng yn rwla i fynd iddo fo am chydig yn dydy? . . .

     *EDDY YN DYNWARED GWEINIDOG.*

EDDY    Yr ymadawedig . . . Gellir ei ddisgrifio fo dan dri phen:
Cristion Cywir
Cymro Cywir
Cymydog Cywir
Tasach chdi'n marw 'sa nhw'n deud yr un peth amdanach di.

ALJI    Cnawd wedi gwsnio.
Cnawd fel 'tai o'n toddi'n hyll yn ffwrnais y pridd.
Cnawd yn llifo fel triog du.
Cnawd fel tamaid o bren wedi 'i gnoi a'i gnoi gin hen gi.
Yn 'lyb, yn glafoeriog.
Yn dylla mân, mân i gyd.
Cnawd soeglyd
Cnawd fel clai
Cnawd fel gwêr yn llifo
Cnawd yn dadlath, yn dadmar, yn drewi, yn datod, yn darfod
Fel 'na ma' hi ti'n meddwl?
Yn y pridd oer, cleiog, tywyll
Fel 'na ma' nhw?

EDDY    Pwy?

ALJI    Ni!

     *MAE'R NOS YN DYFNHAU.*

EDDY    Be ydy'n horia ni yn fan hyn dwa'?

ALJI    Fflecsi.

     *MUDANDOD.*
     *Y DDAU AR WAHÂN. YN EU HUNFAN. YN SBIO'N SYTH O'U BLAENAU.*

ALJI    Dwi am fynd adra . . .

EDDY    Finna 'efyd . . .

ALJI    Ti'n byw yn bell?

EDDY    Yn fancw.

ALJI    Ma' heddiw 'di bod yn ddwrnod digon da . . .

EDDY    Digon da. O's 'na fywyd ar ôl marwolaeth ti'n meddwl?

ALJI    Paid â holi cwestiyna ddoe 'nei di?

        *EDDY YN MYND I AFAEL YN ALJI.*

ALJI    Na chyffwrdd â mi.

        *ALJI AC EDDY YN BERFFAITH LONYDD AM HANNER MUNUD.*
        *ALJI YN CANU FEL PETAI O'N COFIO.*

ALJI    Rwy'n edrych dros y bryniau pell.
        Amdanat bob.

        *MUDANDOD.*

EDDY    Wela i chdi, congrinero!

        *EDDY YN AGOR EI GOT YN ARAF, AR EI FRON MAE BWNSHIAD*
        *O FLODAU AR GORTYN ROWND EI WDDW. MAE'R BLODAU*
        *WEDI GWYWO YN LLWYR. NESA PETH I DDIM O LIW AR Y*
        *BLODAU.*
        *EDDY YN TYNNU'R CORTYN ODDI AM EI WDDW. CHWIFIO'R*
        *CORTYN A'R BLODAU 'NÔL A BLAEN AM GYFNOD BYR.*
        *WEDYN MAE'N EU GOLLWNG I GYFEIRIAD ALJI.*

EDDY    "We who are about to die salute you . . . " Quotation . . .

        *MUDANDOD.*
        *EDDY YN GADAEL.*

ALJI    *(YN GWEIDDI AR ÔL EDDY)* Hei! . . .

        *DAW EDDY YN ÔL.*

ALJI    Twenti-ffeif cwid rŵan . . . Twenti-ffeif cwid letyr. Dyna ma'r dyn
        'di ddeud . . .
        Twenti-ffeif cwid letyr.

        *MAE ALJI YN RHOI £25 IDDO. EDDY YN GADAEL.*
        *MUDANDOD.*

ALJI    Nid distawrwydd ond mudandod.

        *MUDANDOD.*

*ALJI YN DECHRAU CERDDED ROWND A ROWND MEWN*
*CYLCH FEL O'R BLAEN. STOPIO.*
*MYND I'W BOCED.*
*ESTYN PECYN O FRECHDANAU O'I BOCED.*
*DECHRAU BWYTA UN.*
*TROI ROWND I WYNEBU'R FFORDD ARALL.*
*DECHRAU CERDDED ROWND A ROWND YN EI GYLCH.*
*CNOI EI FRECHDAN.*
*Y GOLAU'N DIFFODD YN LLWYR.*
*CLYWIR SŴN EI GERDDED.*

*MUDANDOD.*

# Tiwlips

Perfformiwyd TIWLIPS am y tro cyntaf
gan Gwmni Theatr Gwynedd ar 13 Chwefror 2000
yn Theatr Gwynedd, Bangor

**Cast**
PATRIC: *MYRFYN PIERCE JONES*
MAM: *FALMAI JONES*
YNCL JO: *MALDWYN JOHN*

**Cyfarwyddydd**
*SIÂN SUMMERS*

**Cymeriadau**
PATRIC – Hogyn bach yn ei bedwar degau
MAM – Mam Patric. Pedwar degau
YNCL JO – Hanner cant
GWEITHWRAIG GYMDEITHASOL
ATHRAWES YSGOL
ATHRAWES YSGOL SUL
ESGOB – Llais yn unig

**Y set**
Tywyllwch piws yn huddo'r set. Silwetau: cwt garddio; teganau plant; ceffylau siglo; wigwam; beics ac ati. Yn hongian o'r to: Action Men; awyrennau Airfix.

Ym mlaen y llwyfan Mam yn ei dillad isaf. Mae yna rêl o ddillad ych-a-fi wrth ei hymyl. Â'i gefn atom (a hynny trwy gydol y ddrama) mae Yncl Jo. Mae'n eistedd ar hen gadair neu stôl, gydag ond trôns mawr (nid long johns chwaith) amdano. Wrth ei ochr mae y bwrdd-dal-projector – bwrdd yr hen Cine-8. Ym mhen pellaf y llwyfan – lle mae'r cwt ac alotment Yncl Jo – mae Patric yn sefyll. Dyn wedi ei ddal yn ei blentyndod yw Patric ac felly mae'n gwisgo dillad hogyn bach – trowsus bach, crys, tei, jympyr gwddw V.

Ym mlaen y llwyfan yn rhesi y mae tiwlips coch yn siglo yn y gwynt.

Cofier fod pob dim wedi ei huddo yn y tywyllwch piws. Cysgodion, silwetau, sibrydion sydd yn y lle yma.

| | |
|---|---|
| MAM | (*YN MWMIAL CANU AC YN SIGLO O OCHR I OCHR*) "Listen to the rhythm of the falling rain . . . " |
| | *SAIB HIR.* |
| YNCL JO | (*YN DAL CAMERA POLAROID YN UCHEL*) Hold it! . . . Hold it! Deud "Helo!" Fel'a! . . . Fel'a! . . . (*YN GWEIDDI*) Fel'a. |
| | *FFLACH Y POLAROID YN GOLEUO PATRIC. SAIB HIR.* |
| PATRIC | (*UNDONOG*) Fe ellwch chi ddeud fod lladd . . . Lladd yn ei ystyr o lofruddio . . . Hynny ydy . . . Rhoi diwadd ar fywyd rhywun arall yn annisgwyl . . . Dŵad â fo i ben cyn ei amser fel 'tai . . . Fe elli di ddeud fod y math yma o ladd . . . A chofiwch fod yna fathau eraill o ladd . . . Lladd llwynog . . . talihô! . . . Lladd pry sy'n hymian am hydion a hydion drwy ystafell . . . (*YN UCHEL*) Bss . . . Bss . . . Bss . . . Bss . . . Bss . . . Bss . . . Bss . . . (*UNDONOG*) Lladd llygoden hefyd . . . Lladd 'ch hun . . . Fe ellwch chi ddeud fod y math yma o ladd . . . Llofruddio felly . . . Fel g'neud cacan . . . A pham mod i'n deud hynny? . . . Fod llofruddio fel gneud cacan? . . . Am y rheswm fod yn rhaid i chi gael defnyddiau sylfaenol-hanfodol yn y ddau weithgaredd . . . Mewn cacan rhaid ydy cael pedair owns o flawd . . . Dau wy . . . Dwy owns o siwgwr . . . Dwy owns o lard . . . Defnyddiau sylfaenol . . . Felly hefyd hefo llofruddiaeth . . . Rhaid wrth ddefnyddiau hanfodol . . . rhywun i'w ladd . . . Lle i ladd . . . Y dull o ladd . . . A'r pleser wrth ladd . . . Fel wrth wneud cacan mae'n rhaid wrth y defnyddiau gwaelodol . . . Patric ydy'n enw fi gyda llaw . . . Mi fydda Mam yn deud o hyd mai y dulo sy'n bwysig wrth neud cacan . . . |

| MAM | Dulo ysgafn . . . Dulo plant . . . Rheiny ydy'r dulo gora . . . Y dulo ysgafn yn siffrwd y blawd . . . Dy ddulo di fel gogor rwsud . . . Yn ysgafn . . . Yn gogori . . . Yn gadal digon o aer i mewn i'r gymysgedd . . . |
|---|---|
| PATRIC | Nes creu sbynj cêc . . . Yntê Patric, fydda hi'n 'i ddeud . . . Sbynj cêc ysgafn fel gwynab . . . Y mae dulo llofrudd yr un fath . . . A dyma'r ffordd ora gen i o ladd . . . The preferred option fel y maen nhw'n deud . . . (MAE'N TROI EI BEN O OCHR I OCHR YN GYFLYM) "The preferred option of the Government," meddai'r *Observer*, "is a dual carriageway between Bigglesworth Moor . . . It cuts through Brick Moor, a place of outstanding beauty and of scientific interest . . . " Cuts through . . . Yr unig dro i mi ddefnyddio cyllath erioed oedd . . . Dwi ddim yn cofio . . . |

*SYNAU ELECTRONIG ISEL TEBYG I IGIAN CRIO. CYCHWYN SGRECH O BELL, BELL. Y SYNAU YMA I'W CLYWED BOB HYN A HYN DRWY GYDOL Y DDRAMA.*

| MAM | Patric . . . <br> Dos i olchi dy ddulo . . . <br> 'Na hogyn da i Mam . . . <br> Golcha dy ddulo <br> cyn byta <br> ar ôl byta <br> cyn mynd i'r gwely <br> cyn cysgu <br> cyn codi <br> ar ôl codi <br> cyn cachu <br> ar ôl cachu <br> cyn piso <br> ar ôl piso |
|---|---|
| PATRIC | . . . Ydach chi isio golchi'n joni-wili fi, Mam? . . . |
| MAM | 'Na ti hogyn da! |
| PATRIC | Ia, Mam! . . . Ma' hi'n braf ca'l bod yn lân . . . Tydy Mam? . . . Dyna'r stori ora yn y Beibil gin i . . . Stori'r golchi dulo . . . Patric! Fydda'r athrawes ysgol Sul yn ei ddeud . . . |
| ATHRAWES YSGOL SUL | (YN DOD I'R FEI O'R TYWYLLWCH) Patric! Dudwch rŵan wrth yr Esgob pa un ydy'r stori ora gynnoch chi yn y Beibil . . . Ma' hi mor anarferol i rywun 'i dewis hi . . . Dudwch wth yr Esgob . . . (YR ATHRAWES YN DIFLANNU) |
| PATRIC | Arglwydd Esgob! Fy hoff stori ydy'r un am Pontius Pilatus yn golchi ei ddwylo cyn dedfrydu'r Iesu i farwolaeth . . . Mi |

rydach chi bob amsar yn golchi'ch dulo cyn lladd rhywun . . .
Dwi'n clwad y dŵr yn ticial yn oer dros ei fysedd o ac yn llifo
fel lafa clir hyd farmor gwyn y bowlen . . . Y dŵr oer yn swsio
ei fysedd hirion, cymen o . . . His well-manicured hands . . .
A meddai'r Esgob . . .

ESGOB     (LLAIS AWDURDODOL AR DÂP) Dyna ddiddorol . . .
Diddorol iawn . . . Patric . . .

PATRIC     Esgob!

ESGOB     Ngwas i!

PATRIC     Dach chi'n meddwl iddo fo iwsio ffwcin sebon Camay ar 'i
facha powld yn y dŵr? . . . (YN CERDDED YN FYGYTHIOL
YMLAEN I FLAEN Y LLWYFAN. MAE O'N CARIO – YN WIR,
YN ANWYLO – BAG CHWARAEON WRTH GERDDED) Fel y
dywedir yn Contemporary Issues in Criminology, golygyddion
/ editors Lesley Noakes . . . Michael Levi . . . A Michael
Maguire . . . University of Wales Press . . . Gwasg Prifysgol
Cymru . . . Yn y bennod "The Policy of Culture in Trinidad
and Tobago" . . . Neu hwyrach nad yn fanno mae o . . .
Ymddiheurwch i mi os ydw i wedi gwneud camgymeriad
. . . Hyd mai yn . . . The killer as . . . Shut up! . . . Shut up! . . .
Will you shut the fuck up? . . . Cau hi . . . Jisys H . . . Shut the
fuck up . . . (MAE O'N GOLLWNG Y BAG AR LAWR A'I
ADAEL YNO. MAE'N DYCHWELYD AT BEN DRAW'R
LLWYFAN. AR EI FFORDD MAE'N DECHRAU SIARAD) Y
mae'r cala . . . Cala i'r deallusion . . . Coc i'r werin . . . Fel dagr
yn nüwch y cynfasau . . . Yn y nos rhwng y coesau . . . Y
stabio! . . . Y stabio! . . . Y stabio! . . . Y stabio! . . . O'n i'n
clywad Mam yn sgrechian yn y nos . . .

MAM     (YN SGRECHIAN) O! Ti'n 'n lladd i! . . . Ti'n 'n lladd i! . . .

PATRIC     Ac Yncl Jo . . . Dwi 'im 'di deud am Yncl Jo yn naddo? . . . Yn
yr ha' yn rhwbio nghorff i hefo Ambre Solaire nes o'n i'n
aur . . .

MAM     O! 'R aur.

PATRIC     Yn llifo'n aur . . . Fel taswn i'n botal o virgin olive oil ar shilff
lle diniwad fel Tesco . . . Yncl Jo.

MAM     Can seriously damage your health. (CHWERTHIN) Ydan ni
am chwara cariad?

PATRIC     'Im isio, Yncl Jo!

YNCL JO     Ty'd! . . . Fel chwara British-an–Jyrmans . . . 'Na' ni gau
cyrtans a chloi drws a mi 'na i drio ca'l hyd i chdi . . .

| | |
|---|---|
| PATRIC | Bang! Yncl Jo . . . Bang! . . . Dach chi 'di marw! . . . |
| YNCL JO | Nacdw . . . Fi 'dy'r British . . . Jyrman w't ti . . . A Jyrmans sy'n marw . . . Gorfadd di'n fan 'na rŵan . . . Fel tasa chdi 'di marw. GORWADD! |
| PATRIC | Yncl Jo o'dd yn gosod 'i hun r'wla rhwng *Llyfr Mawr y Plant* a Iesu-gadewch-i-blant-bychan-ddyfod-ataf-fi-Grist . . . |
| MAM | *(Â'I DWYLO AM EI CHLUSTIAU AC YN SIGLO YN ÔL A BLAEN)* Dwi 'im isio gwbod! Dwi 'im isio gwbod! Dwi 'im isio gwbod! |
| PATRIC | Mi odd pawb yn gwbod am Yncl Jo . . . Gwbod fel ma' pobol-sy-'di-tyfu-fyny yn gwbod nad o's 'na Santa Clôs . . . Ond dydyn nhw ddim yn deud hynny wth y plant . . . Yncl Jo ffrind plant bychain . . . |
| YNCL JO | Pat-ric! |
| PATRIC | Fydda fo byth yn deud "Patric" fel Mam . . . Ond Pat-ric! . . . |
| YNCL JO | Pat-ric! . . . Ty'd i balu hefo fi Pat-ric! . . . I'r alotment . . . TY'D PAT-RIC . . . S'im isio deud wth neb yn nag o's PAT-RIC? . . . |
| PATRIC | A fynta'n palu hefo rhawia'i ddulo . . . Y fi'n llonydd, llonydd yn y cwt chwslyd, poeth . . . Uffernol o boeth . . . Ogla creosot yn 'y ffroena fi . . . A photeli weedkiller fel llgada-mawr-fel soseri yn sbio arna i . . . Fi yn llonydd fel gladioli . . . T-shirt melyn fel daffodil gin i . . . Trwsus bach glas fel Sweet William amdana i . . . 'Y ngwallt i fel crysanthymym . . . |
| MAM | Blodyn Mam! |
| PATRIC | Ac Yncl Jo yn palu . . . |
| YNCL JO | Te Pat-ric . . . Shd! . . . Shd! . . . |
| PATRIC | 'I "Shd!" o fel neidar yn gwingo drosta i . . . |
| YNCL JO | Shd! . . . Shd! . . . 'Sa neb yn dy goelio di . . . Ma' Pat-ric yn palu clwydda 'sa nhw'n 'i ddeud . . . 'Sa chdi'n sgrechian yn fan hyn 'sa na neb yn dy glwad di ond y tiwlips 'sdi . . . A 'dy rheiny 'im yn deud 'im byd . . . |
| PATRIC | Clustia mawr coch yn dal sicrets ydy tiwlips . . . Y tiwlips fel gyddfa gwaedlyd a'r bocs llais 'di 'i rigo allan . . . A phan o'n i'n sgrechian yn rysgol mi odda nhw'n deud ma' strancio o'ddwn i . . . |
| MAM | Watja di dy hun yn strancio fel'a . . . |
| YNCL JO | Rhag dy gwilydd di . . . |
| PATRIC | Dad! . . . Dad! . . . Lle ma' Dad, Mam? . . . |

| | |
|---|---|
| YNCL JO | Gofyn iddi hi pwy ydy "Dad" . . . |
| PATRIC | Pwy ydy Dad, Mam? . . . |
| MAM | Hwn a hwn . . . |
| PATRIC | Pa hwn? . . . |
| YNCL JO | Ca'l i gang-bangio 'aru dy fam 'sdi Pat-ric . . . Ti'n gwbod be ydy gang-bangio? . . . Ciw o gocia'n disgwl 'u tyrns . . . Fel ceir wth bwmps petrol Seffwê . . . Ti'n dipyn o gacan gymysg rhen foi . . . |
| PATRIC | A dyna pryd y sylweddolish i fod yna gysylltiad rhwng gneud cacan a llofruddiaeth . . . Hudoliaeth bywyd ydy prydferthwch ei ddarfod . . . Gneud cacan o'dd Mam pan rois i'r 'wyalld drwy'i phen 'i . . . Dwi ddim yn ama nad o'dd hi'n cracio wy ar y pryd . . . Cracio wy yn agor petha . . . Cracio person yn 'i rhyddhau nhw i'w llawnder . . . Nid pen slwtj Mam o'dd 'na ond posibilrwydd . . . Agor ydy marw . . . Agor i fwy ac i fwy o betha . . . Artisd ydy llofrudd . . . Yncl Jo! |
| YNCL JO | Ia washi? |
| PATRIC | Dwi'n meddwl mod i'n rhy fawr rŵan i'r hen betha ma' sy'n digwydd yn y cwt ar yr alotment a mond y tiwlips yn gwrando . . . Ddudodd o 'im byd . . . Chafodd o fawr o jans beth bynnag . . . Mi taras i o yn go hegar ar 'i ben . . . 'I daro fo hefo gardyn nôm . . . Un o'r hen betha rhad, tjîp, concrit rheiny . . . Mi syrthiodd o i'r llawr . . . Dwi ddim yn meddwl 'i fod o wedi marw ar y pryd . . . Er na fedra i 'im bod yn siwr . . . Mi o'dd Yncl Jo newydd brynu Flymo . . . A mi osodish i'r Flymo ar 'i wynab o . . . Ar ôl i mi ei chysylltu hi i'r mains, wrth gwrs . . . Mi o'dd y tiwlips yn gwrando'n astud. |
| ATHRAWES YSGOL | (YN YMWTHIO O'R TYWYLLWCH) Patric! . . . Dach chi ddim yn gwrando'n astud . . . Patric! . . . Pwy ydach chi'n 'i feddwl ydach chi, Patric? . . . |
| PATRIC | The Flymo Killer, miss . . . Pawb yn sbio ond neb isio gweld . . .<br>Pawb yn clywad<br>Ond neb isio gwrando . . .<br>Pawb yn gwbod<br>Ond neb yn deud . . .<br>A'r tiwlips yn goch, goch, goch yn gwrando, gwrando, gwrando ac yn deud dim . . . Mum! . . . Roedd ffrind newydd Mam wedi gorod aros efo ni'r noson honno am 'i fod o 'di colli'r bỳs . . . Ac am nad o'dd 'na ond dwy loffd yn tŷ ni o'dd |

o 'di gorod cysgu efo Mam . . . Wrth wrando . . . Ar y landing . . . Mi glywn i Mam yn deud . . .

MAM Shd! Rhag ofni iddo fo glwad . . .

PATRIC A mi o'dd sbrings y gwely fel môs côd yn deud pob dim . . . "Tad Caren dach chi ynte," me' fi o'r twllwch a fynta uwchben y toilet yn ysgwyd 'i hen beth yn ffyrnig ar ôl piso . . . "Ffwcin cau hi," me' fo ac yn ôl â fo i ddisgwl y bỳs yn stafell mam . . . 'I wraig o atebodd y drws. "Mam yn roid hwn i'ch gŵr chi . . . 'I drôns o . . . Mi nath o'i adal o ar ôl yn tŷ ni noson o'r blaen . . . Hia! Caren . . . " Naddo 'nes i 'im hollti pen Mam efo 'wyalld a'i chladdu hi yn cwt glo . . . Celwydd o'dd hynny . . . Lighter fluid ddefnyddis i'n diwadd . . . Noson 'i phen-blwydd hi . . . Yn fforti rwbath . . . Hitha'n cysgu . . . Socian 'i phen hi efo lighter fluid . . . A matsian. . . . Mi o'dd hi'n debyg i gannwyll pen-blwydd . . .

MAM O! Ti'n 'n lladd i . . .

PATRIC Medda Mam yn nhrymder nos w'th ddyn arall o'dd 'di colli'r bỳs . . .

MAM Ma'r tijar yn deud fod chdi'n deud storis . . . Mod i 'di llosgi nylo efo lighter fluid ac ma' dyna pam nad w't ti 'di bod yn rysgol am dros wsnos . . . Am dy fod ti'n helpu i . . . A finna'n methu gneud dim byd oherwydd y bandejis . . . Ma' Yncl Jo'n mynd i ga'l gair efo chdi . . .

YNCL JO Paid ti â deud hen storis! . . . Mi ydan ni 'di ca'l sgwrs bach fel hyn o'r blaen yndo, Patric? . . .

PATRIC A mi rosodd o i gael swpar . . . Ac am iddo fo golli'r bỳs mi rosodd o'r noson . . . Do'dd Yncl Jo ddim yn ffysi . . . A thra ro'dd sbrings gwely Məm yn gwichian fel tasa'r gwely'n diodda o emffysimia . . . Mi ro'n i'n dal 'y ngwynt . . . A mi glywn i'r tiwlips yn sgrechian yn fud yn yr alotment du . . .

MAM Dwi'n meddwl y byd ohonoch chi 'sdi . . . Ty'd i gwely at Mam . . .

PATRIC O's 'na streic bysus? . . .

MAM Ma gin i ofn . . .

PATRIC Mi o'dd 'i bronna hi yn gynnas fel tebotia wedi eu hanghofio ar fwr' ar ôl clirio pob dim arall . . . A defnydd 'i choban hi mor ddiniwad â thî cosis . . .

MAM Gei di dwtjad . . . Dw't ti ddim yn rhy fawr . . .

PATRIC Mam! Dwi isio deud am Yncl Jo . . .

MAM Fedri di 'im brifo neb . . . Ti'n ddiniwad fel eira ar gerdyn

|          | Dolig . . . Dwi 'im isio gwbod! . . . Dwi 'im isio gwbod! . . . Be ti isio Dolig? |
|----------|---|
| PATRIC   | A mi o'dd 'y moch i'n 'lyb efo dagra Mam a hitha'n mwmial canu. |
| MAM      | "Listen to the rhythm of the falling rain . . . " Do's 'na ddim rheola yn y twllwch . . . |
| PATRIC   | A dyna pryd y sylweddolish i fod corff dynas yn saffach na chorff hogyn bach . . . Mi o'dd y noson honno mor dawal â chath yn gorwadd . . . A dim hyd yn oed sbrings gwely i darfu ar y llonyddwch. (*MAE O'N TYNNU DOL BARBIE O'I GRYS A'I DAL I FYNY'N UCHEL. Y DDOL SY'N ARWYDDO ALIS BOB TRO*) Dyna pryd y trois i'n Alis . . . Rho stribedi o blasder Band Aid rhwng dy goesa medda Alis . . . Ca'l di warad o'r hen beth 'na . . . A mi o'n i'n teimlo'r plasdar Band Aid pinc . . . Pinc fel croen . . . Yn tynhau rhwng 'y nghoesa i . . . Yn ddiogel . . . Yn saff saff . . . Rhoi'n llaw i lawr a do's 'na 'im byd yna ond esmwythdra . . . Llyfnder . . . Gwacter . . . diddymdra . . . Helo Alis . . . Ti ynof i dw't . . . . Ynof i rioed . . . 'Di bod yn cuddiad ynof i do? . . . Ma 'na gin gymint o betha'n cuddiad mewn plant bach . . . |
| PATRIC/<br>ALIS | Faint 'dy'r tiwlips? |
| YNCL JO  | Ty'd i'r cwt a mi dduda i wthach chdi . . . |
| PATRIC/<br>ALIS | O'n i'n meddwl ma' hogia bach o'dda chdi'n 'u licio y pyrfat . . . |
| YNCL JO  | Piss off! . . . |
| PATRIC/<br>ALIS | Yr unig fanta's o fod yn ddyn ydy 'i bod hi'n hawsach piso . . . Pidlan ceiniog a dima . . . Hen ddynion budur!<br>Hen ddynion budur!<br>Dangos 'y nicyrs<br>I hen ddynion budur<br>'Im yn ca'l twtsiad!<br>Hen ddynion budur! |
| YNCL JO  | Genod! . . . Ych a fi . . . 'N dylla i gyd fel watring cans . . . |
| MAM      | Dwi 'im isio gwbod! Dwi 'im isio gwbod! |
| GWEITHWRAIG GYMDEITHASOL | |
|          | (*YN YMDDANGOS O'R TYWYLLWCH*)<br>Ond rhoid dŵr berwedig ar ben byji, Mrs Thomas . . . Ydy hynny'n beth naturiol, Patric? . . . Be ydach chi'n 'i feddwl, |

Patric? . . . Pam chi'n sbio ar 'y mlows i a'n sgert i, Patric? . . . Ydach chi'n licio dillad merchaid? . . . Neu'n dychmygu gwisgo nhw? . . . Dillad 'ch Mam, dybad?

PATRIC      Taswn i 'di rhoid dŵr berwedig ar forgrug ne' wenyn meirch fydda 'na neb 'di deud dim . . . Pla ydy rheiny . . . Petha budron . . . Petha bach . . . Ond am 'y mod i 'di twalld dŵr ar ben bydji ma' 'na uffar o ffwcin lle . . .

MAM      Paid â iwsio geiria fel'a efo'r soshalwyrcyr . . .

PATRIC      Dibynnu be ydach chi dydy: bydji ne' forgrugyn . . .

GWEITHWRAIG GYMDEITHASOL
     P'run ydach chi, Patric? . . .

PATRIC      Be sy mor sbesial am ffwcin bydji 'lly?

MAM      Paid â iwsio geiria fel'a efo'r soshalwyrcyr!

PATRIC      Fydd Mam byth yn defnyddio geiria fel'a . . . Mond esbonio'r ystyr yn nhrymder nos . . . *Illustrated Dictionary* ydy Mam . . .

GWEITHWRAIG GYMDEITHASOL
     Sgynnoch chi ffrindia, Patric?

PATRIC      Oes . . . *Yr Encyclopedia Brittanica* . . . (*MAE'R WEITHWRAIG YN DIFLANNU'N ÔL I'R TYWYLLWCH*) Coesa bwr' o'dd yr *Encyclopedia Brittanica* . . . Tair cyfrol ym mhob cornol a phlancia yn gorwadd arnyn nhw . . . Yng nghwt Yncl Jo . . . Ga i nhw Yncl Jo? . . .

YNCL JO      Cei siwr!

MAM      Ma' Yncl Jo yn ffeind iawn efo chdi . . .

YNCL JO      Wa'th i chdi fynd â nhw ddim . . . Ma nhw'n dechra llwydo a thampio yn fama . . . Ond ma' gynnon ni jobsus bach gynta'n does? . . . Ty'd i ni neud y Rejistyr . . .

PATRIC      Llyfr o enwa'r clients a'r amsar i mi'u cyfarfod n'w o'dd y Register . . .

YNCL JO      Pump o'r gloch heno!

PATRIC      Yma, syr!

YNCL JO      Six-thirty!

PATRIC      Yma, syr!

YNCL JO      Nine o'clock!

PATRIC      Yma, syr!

YNCL JO        Ten-thirty!

PATRIC        Yma syr!
Yma syr!
Yma syr!
Yma syr!
Yma syr!
Yma syr!
Yma syr!
Yma syr!
YMA SYR! (SAIB)
Fe garish i'r enseiclopidias fesul un . . . Fel cario babis . . . I'r
lloffd . . . Un dwrnod ges i hyd i air newydd . . . "Paraquat"!
. . . "Paraquat: a nonselective herbicide. Although quickly
degraded by soil micro-organisms it is deadly to human
beings if ingested . . . " Dach chi isio diod o Paraquat,
Mam? . . .

MAM        Be ydy hwnnw? . . . Diod fel Warnincs Adfocat? . . . Cyma di
rofal nad w't ti'n dechra trin diod . . . Lle gest ti afa'l arno
fo? . . .

YNCL JO        Paraquat! Witja di am bach rŵan! Do! . . . Mi fuo gin i un . . .
A mi o'dd o'n rhyw ddechra' siarad pan fuo fo farw'n sydyn
. . . Mi o'dd o bron iawn 'di dysgu "Joey here!" . . . A mi fuo'r
diawl farw o niwmonia . . .

PATRIC        Peth braf o'dd medru chwerthin am 'u penna nhw . . . Tu
mewn . . . Yn y dirgel . . . O dan dillad . . . Alis a fi . . . Yn
nhrymder nos . . . Pan o'dd y dulo'n llonydd . . . A chyrff
Mam a pha bynnag dyn o'dd wedi colli'r bỳs y noson honno
. . . Ar y fatras fel lympia o gachu ci yn sychu ar bafin . . . A'r
tiwlips yn gwrando, gwrando . . . A'r *Encyclopedia Brittanica*
yn gloywi ac yn pefrio yn y gornel . . . Yn llawn o wybodaeth
beryglus . . . A Pontius Pilatus yn y twllwch yn golchi a
golchi'i ddulo ac yn wincio arna i . . . A finna'n gwenu'n ôl
arno fo . . . A'r nos felfat-ddu yn llyfn fel stribedi o Band Aid
rhwng coesa holl hogia bach y byd . . .

YNCL JO        (YN DYNWARED PAROT) Joey here! . . . Joey here!

SŴN GWYDR FFENESTR YN MALU.

PATRIC        Yn fyrfyfyr y rhois i'n llaw drwy baen ffenasd yr ystafell
Ffisics . . . Hyd yr arddwn . . . Roedd yna chwinciad o oedi
cyn i'r gwaed ddechra . . . A mi ddaeth drwy'r croen fel
sgwennu traed brain . . . Ac yn felys . . . Mae gwaed o'i flasu
yn felys . . . Ac ar lawr mi o'dd o fel sgwennu sownd . . . Ond
do'dd neb yn medru darllen be o'n i'n 'i ddeud . . .

GWEITHWRAIG GYMDEITHASOL
    *(YN DYFOD O'R TYWYLLWCH)* Pam nuthoch chi hynny?
    . . . Rhoi'ch llaw drwy baen gwydr, Patric? . . .

PATRIC    "Blood is a transparent liquid pumped by the heart (or an
    equivalent structure) to all parts of the body, after which it is
    returned to the heart to repeat the process. Blood is both
    tissue and a fluid. It is a tissue because it is a collection of
    similar cells that serve a particular function. The cells are
    suspended in a liquid matrix – called plasma – which makes
    the blood a fluid . . . " Hwn ydy Dad, Mam, medda fi wrth
    dwalld potal o Domestos ar wynab y dyn o'dd 'di colli'r bỳs
    ac o'dd yn cysgu wrth ochr Mam . . . Domestos kills all
    known germs . . .

YNCL JO    Ma' nhw fel cyrff hogia bach yn tydyn nhw? . . . Pat-ric . . .

PATRIC    "Y Nhw" . . . Ar y bwr' yn y cwt bob diolchgarwch . . . Y
    chwech vejitybl maro . . . Heblaw y tiwlips dyna'r unig beth
    arall y bydda Yncl Jo yn ei dyfu . . . A mi fyddan nhw yno . . .
    Ar y bwr' . . . Hyd nes y byddan nhw wedi gwsnio a madru
    a drewi . . . Heb benna . . . Heb freichia . . . Heb goesa . . . Ac
    w'th 'u hochra nhw y camera Polaroid . . .

YNCL JO    Un da am dynnu llunia ydy hwn 'sdi . . . Ond ma'r blincin
    ffilms yn llawar rhy ddrud . . . Yn erbyn y wal 'na . . . Tynna
    nhw . . . Pat-ric . . .

PATRIC    Un dwrnod mi rois i ddillad Mam amdana . . . Y dillad isa
    fydda hi'n 'u cadw ar gyfar y dynion o'dd 'di colli'r bysus . . .
    Y dillad isa o'dd 'n cael 'u cuddiad o dan y fatras . . .
    Iwnifform Mam . . . Y nicyrs coch o'dd mor fach fel na o'dd
    'na fawr o ddiban i'w rhoid nhw amdanach chi . . . A'r bra llai
    made in Taiwan . . . Ond ro'dd y petha yma'n drewi . . .
    Drewi o Mam . . . A dulo'r dynion . . . Drewi o fod 'di ca'l
    cuddiad o dan y fatras . . . Nid hogan fel 'na o'dd Alis . . .

ALIS     Tynna nhw oddi amdanachd! . . . Be w't ti'n 'i feddwl ydw i?
    . . . Dy fam? . . . Tyn nhw'r munud 'ma! . . . Dwi ddim yn ddig
    hefo chdi, cariad bach . . . 'Mond deud mod i'n wahanol . . .

YNCL JO    Mi w't ti'n going concern . . . Ma gin i glient i ti am bump . . .
    Mi fyddi di isio secratari cyn bo hir . . . A chlient arall am
    saith . . . A'r hen Yncl Jo'i hun am naw . . . Nefi! . . .

    *ALIS YN DAWNSIO. UN GOES I FYNY. EI DWY FRAICH YN
    YR AWYR. COES I LAWR. COES ARALL I FYNY.*

PATRIC    Athro coleg oedd nhad, a Mam yn un o'i stiwdants o . . . Mi
    o'dd hi'n darllen 'i thraethawd ar Spinoza iddo fo . . . A mi
    ddudodd o wrthi hi ar ganol y traethawd . . .

| | |
|---|---|
| MAM | Ma' 'ch llgada chi mor glir ag un o'r gwydra rheiny yr o'dd Spinoza yn 'u sgleinio . . . |
| PATRIC | A dyma fo'n symud yn nes ati hi a rhoid 'i law i fyny'i sgert hi . . . A medda fo . . . |
| MAM | Ga i aros efo chi heno . . . Dwi'n meddwl mod i 'di colli'r bỳs . . . |
| MAM a PATRIC | O Spinoza! . . . O Baruch Spinoza . . . |
| PATRIC | Un d'wrnod mi glwish i Yncl Jo yn sgrechian yn 'i gwt . . . Ma rhaid 'i fod o 'di molchi'i hun efo'r sebon Camay yr o'n i 'di rhoi darna o wydr yn'o fo . . . Mi o'dd y dafna gwaed hyd lawr fel petala'r tiwlips ar ôl storm . . . A mi o'dd 'i gnawd o'n rhubana coch fel y rhai sy ngwallt Alis amball dro . . . Shd! . . . Yncl Jo . . . Shd! P'idwch â sgrechian . . . Do's 'na neb yn gwrando ond y tiwlips . . . A dydyn nhw'n deud dim . . . Mum! . . . |
| YNCL JO | Ma gin i bwcins i chdi . . . Lot fawr, fawr o bwcins . . . Dynion neis . . . Busnes men . . . Tijars a Manijars a Ficars a Solisityrs . . . Cofia di fod yn wylld 'ŵan . . . |
| PATRIC | Dwi 'di dysgu gair newydd Yncl Jo . . . O'r *Encyclopedia Brittanica* . . . "Thanatos" . . . |
| YNCL JO | Tomatos! Na! Fydda i byth yn 'u tyfu nhw . . . Ti'n gwbod yn iawn . . . 'Mond maros a tiwlips . . . Pat-ric . . . |
| PATRIC | Thanatos! "From the Greek meaning death . . . Thanatology . . . The description or study of death and dying and the psychological mechanisms of dealing with them. Thanatology is concerned with the notion of death as popularly perceived and especially with the reactions of the dying, from whom it is felt much can be learned about dealing with death's approach . . . " A'r noson honno yn 'i gwt . . . Drw'r ffenasd . . . Mi 'nes i watjad Yncl Jo . . . Fel wbath 'im yn gall yn rhigo'r vejitybl maros efo'r hen rasal honno o'n i gadw mewn pot jam ar silff 'i dŵls . . . Ma' raid fod yna betha uffernol yn mynd drwy'i feddwl o . . . Nes o'dd y fejitybl maros yn slwtj gwlyb ac Yncl Jo ar 'i linia yn y llanasd yn beichio crio . . . A'i gefn noeth o yn blorynnod byw yn gneud i mi feddwl am y llyfr join-the-dots o' gin i adra . . . Mi fuo 'na ffwc o lun ar gefn Yncl Jo . . . |
| MAM | Pam w't ti mor hwyr yn dŵad i'r tŷ a chditha'n ddim o beth . . . Lle ti 'di bod? . . . Ma 'na hen betha drwg allan yn fanna . . . Bwci bôs a gôsds . . . Tendia di dy hun . . . O! Ty'd ata i . . . I'r gwely . . . Dwi ar ben fy hun ac yn llawn ofn . . . |

| | |
|---|---|
| PATRIC | A Mam yn gafal yno' i a mynd i gysgu . . . Ac o'i chwsg medda hi . . . |
| MAM | O! Pete . . . |
| PATRIC | "Pietà" medda finna i'r twllwch . . .<br>"Pietà as a theme in Christian art, depiction of the Virgin Mary supporting the body of the dead Jesus . . . " Dyma fi'n cydiad yn dynn-dynn yn Mam a rhoid sws iddi . . . "Stabat Mater!" . . . Medda fi . . . Ac agor y rasal o'n i wedi'i dwyn o gwt Yncl Jo . . . Mam! . . . Ond mi o'dd Mam yn cysgu ar obennydd o enwau dynion o'dd 'di colli cannoedd o fysus . . . A dyma fi'n agor y rasal a'i llafn hi'n oer fel y lleuad . . . Ac yn loyw fel lloergan ar gefn y môr . . . Dan ni am fynd i'r nefoedd hefo rasal Yncl Jo, Mam . . . A hithau'n mwmblan yn 'i chwsg holl enwa 'i gwacter . . . |
| MAM | Arnold a Hari Bach . . . Ior a Bobi . . . Tom Tycyr . . . A chdi! Mach-bach-gwyn-clws-i . . . Siwgwr candi Mam . . . |
| PATRIC | A mi fyddwn i'n gosod y rasal oer, oer ar 'i chlun hi . . . |
| MAM | O! |
| PATRIC | . . . Fydda hi'n 'i ddeud . . . |
| MAM | . . . O! . . . |
| PATRIC | Sud le 'dy'r nefoedd, Mam? |
| MAM | Lle pinc i gyd . . . Duw yn un candifflos mawr pinc . . . Stici . . . Yn ista ar gwilt mawr pinc . . . Ar gada'r pinc . . . A choed pinc yno . . . Efo dail pinc . . . A da-da pinc yn tyfu arnyn nhw . . . A'r ddaear yno yn binc i gyd . . . A phawb yn binc . . . Heb 'im byd rhwng 'u coesa ond esmwythdra pinc . . . T'yd hefo fi i'r lle pinc i ista am byth ac am byth ar y soffas pinc . . . Plîs! . . . Plîs! . . . Plîs! . . . |
| PATRIC | O! Mam . . . Fyddwn i'n 'i ddeud a gosod rasal Yncl Jo yn dendar rhwng 'i choesa hi . . . A'r enwa fel cerrig mân yn clatjan yn erbyn ffenasd y nos . . . |
| MAM | Philip Puw Ronnie Bach Aled Jenks Abes Toni Tacsis Cyril Cadets . . . Ta-ta 'mach i . . . Ma' 'n enaid i'n binc fel 'y ngwinadd i . . . |
| PATRIC | Sgynna i appointments heddiw Yncl Jo? . . . |
| YNCL JO | O! Oes . . . Ma'r dyn mawr yn dŵad heddiw . . . |
| PATRIC | O's raid i mi Yncl Jo? . . . |
| YNCL JO | O! Oes . . . |
| PATRIC | Ac os na 'na i be fydd yn digwydd i mi Yncl Jo . . . |

YNCL JO      Ti'n gwbod yn iawn Pat-ric . . .

PATRIC      Gwenu fydda fo fel Ffaddar Crismas a thros 'i ysgwydd o drwy'r ffenasd mi welwn i'r tiwlips fel gyddfa wedi'u hollti . . . 'U lliw nhw'n waed wedi ceulo . . . A'u gwreiddia nhw fel dulo'n gwasgu am y sicrets . . . Fasach chi 'im yn gneud yn na fasach chi Yncl Jo? . . .

YNCL JO      O baswn, Patric! . . . Baswn! . . . Fel hyn ma' bywyda hogia bach 'sdi . . . Bob un wan jac ohonyn nhw . . . Ond dydyn nhw ddim yn deud y naill w'th y llall 'sdi . . . Yr hen gnafon bach . . . Isio cadw sicrets ti'n gweld . . . Ond ma' hyn yn hollol normal 'sdi . . . Fel hyn ma' hi . . . Gofyn di i dy dad . . .

PATRIC      A mi fyddwn i'n gwasgu un o'r Encyclopedias rhwng 'y nghoesa . . . A'i deimlo fo'n oer ac yn galad . . . A mi fyddwn i'n mwytho'r clawr . . . Y clawr fel gên heb ei siafio e's ddoe . . . A'r holl wybodaeth rhwng 'y nghoesa i yn galad ac yn drwm . . . A Mam yr ochor arall i'r parad yn ca'l 'i bownsio ar y fatras ac yn gneud nada i'r twllwch . . .

MAM      O! Ti'n 'n lladd i . . . Ti'n 'n lladd i . . . Tom! . . . Wil! . . . Syd! . . . Barri! . . . Ned! . . . Dici! . . .

PATRIC      Iaith beryg o'dd Cymraeg . . . Iaith Yncl Jo . . . Iaith y dynion o'dd 'di colli'r bysus . . . Mamiaith . . . Iaith Mam! Iaith dan din . . . Hen gweir o iaith . . . Y brawddega fel wiars pigog yn 'ch cripio chi . . . Pob gair yn beltan . . . Iaith clwydda . . . Iaith o'dd 'n 'ch brifo chi a'ch mela chi . . . Iaith saff . . . Saff fel Alis . . . O'dd y Susnag . . . Iaith yr *Encyclopedia Brittanica* . . . A springs y gwely yn gneud sŵn fel rhywun yn chwerthin . . . Finna â'n llaw rhwng tudalenna'r Encyclopedia yn mela'r geiria . . . Blaena mysidd i'n mwytho Euclid . . . Finna'n dyfynnu i'r fagddu . . . Euclid! . . . "Of Euclid's life it is known only that he founded a school at Alexandria in the time of Ptolemy I Soter who reigned from 323 to 285/283 BC. Writing in the 5th Century AD the Greek philospher Proclus told the story of Euclid's reply to Ptolemy, who'd asked whether there was any shorter way in geometry than that of the Elements – 'There is no royal road to Geometry' . . . "

YNCL JO      Stileto! . . . Fo sgin ti heno . . .

PATRIC      O'n i 'im yn gwbod pw' o'dd Stileto . . . Mi fydd o bob amsar 'di cyrra'dd y cwt o mlaen i . . . A mi fydd y cyfan ohono fo wedi ei orchuddio efo cyrtans trwm felfat . . . Cyrtans coch-tywyll, felfat . . . Y cwbwl ydw i'n 'i weld ydy'r esgid stileto am ei droed o yn piciad allan o'r defnydd . . .

YNCL JO      Mae o'n barod . . . G'na be sy raid . . .

| | |
|---|---|
| PATRIC | Lle ma'r nos yn darfod, Mam? |
| MAM | O be wn i . . . Be wn i . . . Siwgwr gwyn candi Mam . . . Gafal yno i Meical . . . |
| PATRIC | Ond ma' Meical wedi dal y bỳs . . . |
| MAM | O be ydy'r otj? . . . Be 'dy'r otj? . . . Gafal yno' i . . . |
| PATRIC | A'i geiria hi'n ddu bitj yn tagu ar ddüwch felfat tew y nos . . . Mam! . . . |
| MAM | Be sy' mabi gwyn clws i? . . . |
| PATRIC | Pwy 'dy Stileto? . . . |
| MAM | Shd! . . . Cysga di rŵan . . . Ydy Huwcyn arna chdi nghyw i? |
| PATRIC | Nacdi! Arnach chi mae o' Mam . . . Ond fedrwn i ddim cysgu . . . Mi o'dd 'n llaw i'n dynn, dynn rhwng tudalenna'r *Encyclopedia Brittanica* . . . Yn rhoid "o" bach i'r geiria' diogel, sâff, Susnag . . . |
| MAM | Ti'n mrifo fi, Hari . . . |
| PATRIC | Faint mor bell fedar dynion fynd, Mam? . . . |
| MAM | Yn bell iawn 'y nghariad i. |
| PATRIC | Be ydy "Dad": gair am le gwag<br>Be ydy "Mam": gair sy'n methu'ch amddiffyn chi<br>Be ydy "Yncl": dyn sy'n ffwcio Mam heno<br>Be ydy "Tisio da-da?": agor balog a llaw yn mynd i mewn<br>Be ydy "Mond mynd i'r siop am chwinciad, del":<br>mynd allan am hydion a hydion a hydion a deffro i sŵn sbring gwely'n chwerthin am'ch pen chi<br>Be ydy "Deud Helo!": gor'od sefyll yn noethlymun<br>Be ydy "Mond wyth oed w' ti, cofia!": "Fydd 'na neb yn dy goelio di'r cont bach c'lwyddog"<br>Be ydy "Mynd at Iesu Grist": darfod, peidio bod, drewi, madru, marw, twllwch oer-oer.<br>Ma' clwydda yn rhan o fywyd plentyn bach fel Lego a jig-sôs ac Action Man . . . Y tiwlips yn goch fel gwrid ar focha hogia bach . . . Yn goch fel tina 'di'u chwipio . . . |
| PATRIC/ ALIS | (*YN DAWNSIO*) Ma' Alis yn saff<br>Alis saff<br>Plasdig ydw i<br>Dim tylla<br>Llgada plasdig yn edrach<br>Ar fyd plasdig |

Mama
Mama
Dada
Dada
Dulo plasdig yn cydiad
Mewn petha plasdig
Crio plasdig
Sgrechiada plasdig
Meddylia plasdig
Piso plasdig
Cachu plasdig
Secs plasdig
Ond dim tylla
Ddoe plasdig
Heddiw plasdig
Fory plasdig
Mam plasdig
Dad plasdig
Tŷ plasdig
Cwt plasdig
Ffwcio plasdig
Mama
Mama
Dada
Dada
Ond dim tylla
Beddy-time plasdig
Story-time plasdig
Geiria plasdig
Amsar plasdig
Chad Valley
Matel
Ffyc off Yncl Jo
Ffyc off Yncl Jo
Ffyc off Yncl Jo
Ffyc off Yncl Jo
Plasdig
Plasdig
Plasdig

YNCL JO     (*YN DECHRAU'R TAFLUNYDD CINE-8. Y LLUNIAU'N ANEGLUR. GWYNEB PATRIC YN CAEL EI OLEUO)* Ma' fo'n ffilm star, mami . . . Charlie Chaplin . . . Ti'n cofio Charlie Chaplin, Pat-ric? . . . D'os bosib 'n byd! . . . Ti'n rhy ifanc . . . W't ti d'wad? . . . 'N 'i gofio fo'n byta'i esgid yn yr eira yn *The Gold Rush* . . . Ti'n cofio Loryl an' Hardi ta? . . . Nag w't . . . O, pwy w't ti'n 'i gofio? . . . Pwy ti 'di weld . . . Tom an' Jeri?

| PATRIC | Finna'n sbecian drw' dwll clo'r cwt a gweld 'n hun wedi'n haflu o'r projector Cine-8 ar y plancia brown llawn creosot . . . Mond 'y nghefn i . . . A chefna'r dynion y tu ôl i mi . . . Fy nghefn i'n aros drw'r adag ar sgrin y plancia . . . A chefna newyddion yn dŵad i'r fei bob yn hyn a hyn . . . Ond byth wynab neb . . . Mi o'n i'n medru creu photo fit o wyneba dynion allan o'r teimlada a'r ofna o'dd yn cnoi ac yn cronni tu mewn i mi . . . Dim sŵn yn nunlla ond hisian y projector . . . Ac Yncl Jo yn gneud be o'dd o'n 'i neud . . . Finna'n diffodd ar y plancia pren llawn creosot . . . Rhimyn o ola o dan ddrws y cwt fel pìn tei dyn diarth . . . Uwch 'y mhen i y lleuad fel cyfflinc . . . Y nos mor ddu â chefn siwt . . . A'r sêr fel dandraff ar golar . . . Ro'dd dynion yn bobman . . . Fedra i ddim dengid . . . Ac Yncl Jo yn dechra crio . . . Sŵn crio o wylod 'i fol o . . . Ond dim dagra . . . Byth ddagra . . . A mi fydda fo'n rhoid record ymlaen . . . Jesu Joy of Man's Desiring . . . (Y MIWSIG I'W GLYWED) Yr un un record bob tro . . . Yn sgratjis byw ac yn slyrio . . . A mi fydda 'i grio fo'n waeth fyth . . . O'i fol o . . . Fel sŵn dysd bin yn ca'l 'i lusgo ar hyd lôn . . . A'r record yn canu . . . A mi fydda'r tiwlips yn cau mewn amdani . . . Eu petala nhw fel cega yn diferyd gwaed . . . Ond yn deud dim . . . Y tiwlips llawn sicrets ond yn deud dim . . . Mum! . . . |
|---|---|
| MAM | Ninety one o farcia allan o gant yn Hinglish . . . "He is a good storyteller although his imagination needs to be more disciplined" . . . Be ma' hynny'n 'i feddwl, Jo? |
| YNCL JO | Ma' isio fo fod yn fwy crefyddol . . . Disciplined 'yli . . . Fel o' gin Iesu Grist . . . |
| PATRIC | Ia 'ntê, Yncl Jo! . . . Jesus Christ and his twelve disciplined . . . |
| YNCL JO | 'Na chdi 'yli! . . . Deud 'tha ti'n do'n? . . . |
| MAM | O! Mi gei di bresant Dolig am riport fel hyn. |
| PATRIC | Ond mond Mehefin ydy hi, Mam . . . |
| MAM | Witja di befo . . . Mi fydd hi'n Ddolig cyn i ni droi rownd . . . |
| PATRIC | "Sulphuric Acid . . . $H_2 SO_4$ also called oil of vitriol or hydrogen sulphate, dense, colourless, oily, corrosive liquid . . . " |
| MAM | Sgin ti ddigon o dois i chwara hefo nhw? . . . Sgin ti, 'mach i . . . Sgin ti? . . . |
| PATRIC | Bob tro cyn mynd allan i grwydro o fŷs stop i fŷs stop ar ôl i'r bysus ola fynd . . . I chwilio am y dynion o'dd 'di colli'r bysus . . . Mi fydda Mam yn rhoi twtj bach o eau de cologne |

|        | tu ôl i'w chlustia ac ar 'i garddyrna . . . Smotyn ar un garddwn . . . A rhwbio'r arddwn arall yn'o fo . . . |
|--------|--------|
| MAM | 'S'a ogla da ar Mam? . . . Hogla fi! Ti'n 'i licio fo? . . . |
| PATRIC | Un noson mi ddath 'na sgrech o'r lloffd . . . |
| MAM | Dwi ar dân! . . . Ma' nghroen i'n llosgi i gyd . . . |
| PATRIC | Ma' raid nad eau de cologne o'dd yn y botal . . . A'r noson honno mi o'dd y bỳs stops i gyd yn wag . . . Mond sŵn y glaw yn tatsian yn erbyn perspecs ac aliminiym y shelters . . . Lliw orenj y goleuada neon yn y pylla dŵr fel llosgiada anghynnes asid ar groen dynas . . . A Mam a fi hefo'n gilydd . . . (SŴN GLAW) |
| MAM | 'Sdi be ydy'r peth mwya unig ac ofnadwy yn y byd . . . Sŵn glaw yn rhuthro i gwtar a neb ar y stryd . . . Mond gola'r siopa'n felynwy ar y pafin . . . |
| PATRIC | Medda Mam o'i chwsg . . . 'I breichia hi'n 'y ngwasgu fi fel taswn i'n diwb o dwthpesd . . . A'i geiria hi fel sgwiji yn gwichian yn erbyn paen ffenasd ddubitj y nos . . . |
| MAM | Single plis bỳs driver<br>o fama i rwla<br>Ann Summers<br>Ogla rybyr condoms<br>Vasaline<br>Cynfasa brushed nylon<br>Shocking pinc<br>Nicyrs bach nylon efo<br>Calonna arnyn' nhw<br>Sent Woolworth<br>Tin fedda' fel blymonj<br>Lipstic pinc<br>Patent leather<br>Last chance trendy<br>Warninc's Adfocat<br>Babycham<br>Emva cream<br>Pip-a-Dee<br>I left my heart yn rwla<br>Vosene |
| PATRIC | Geiria duon stici fel coltar Mam a'r düwch ar 'i phen hi fel dyn. |
| MAM | Sori!<br>Sori!<br>Sori! |

PATRIC | Fydda hi'n 'i ddeud bob bora wrth droi'r llefrith rownd a rownd yn llyn y bowlen o gwmpas cychod bach y cornfflecs . . .

MAM | Sgin ti 'im clw . . .

PATRIC | A rhoid 'i llaw ar 'y moch i fel 'tai hi'n trio rhoid y clw i mi . . .

MAM | W't ti'n dal i hel y goliwogs o'r potia marmalêd? . . .

PATRIC / ALIS | Y noson honno ac Yncl Jo yn lladd 'i hun yn crio a'r Cine-8 yn ddrwtian-ffrwtian ar ôl i'r rîl ddarfod . . . A mond llyfnder y plasdar pinc Band Aid yn feddal rhwng 'y nghoesa i . . . Dyma fi'n sbio ar y sêr . . . Miloedd ar filoedd ohonyn nhw . . . E's dalwm mi o'dd pobol yn meddwl ma' tylla yn y ffurfafen oeddan nhw yn gadal y glaw a'r eira i mewn o rwla pell, pell . . . Ond o'n i'n gwbod yn wahanol . . . Tameidia bychan, bychan o rew oeddan nhw . . . Yn oer ac yn bell ac yn dlws . . . 'Im otj, medda fi w'th y sêr . . . 'Dy o 'im otj o gwbwl yn na'dy be sy'n digwydd yn fama? . . . Yn nacdy Orion a Pleiades a'r Arth Fawr a'r Arth Fach? . . . 'Im otj . . . Ac oddi tanyn nhw y ddynas yr o'dd Patric yn 'i galw yn "Mam" ar 'i phen 'i hun a dynion unig ar 'i phen hitha . . . Ac Yncl Jo yn lladd 'i hun yn crio . . . A'r tiwlips yn tagu efo gormod o sicrets . . . A holl bobol y byd yn drist . . . Ond 'im otj . . . Gwe dal breuddwydion sydd i fyny'n fanna fel o' gin y Red Indians . . . A'r sêr ydy'r dafna dŵr sy 'di dŵad drw'r tylla yn y ffurfafen fel yr o'dd yr hen bobol yn 'i gredu . . . Dafna dŵr wedi glynyd yn y gwe dal breuddwydion ac yn sgleinio ac yn pefrio ac wedi rhewi'n fwclis gan mor oer-oer ydy hi i fyny yn fancw . . .<br><br>*SAIB.*

PATRIC | *(YN PWYNTIO I'R FFURFAFEN)* Yn fancw ma' Yuri Gagarin.

YNCL JO | A phwy ydy Urine Nigarin? . . .

PATRIC | Astronaut . . .

YNCL JO | A be ydy peth felly?

PATRIC | Rywun sy'n mynd rownd a rownd y sêr am byth ac am byth . . .

YNCL JO | Fedar neb neud peth felly . . .

PATRIC | O medar . . . Dwi'n medru diffodd y sêr . . . Fel hyn ylwch . . . Cau un lygad a rhoid blaen 'ch bys yn erbyn seran . . . A ma' hi'n diffodd . . . A gneud fel'a i bob un ohonyn nhw . . . Majishan ydw i . . . Fedra i neud i bob dim ddiflannu . . .

YNCL JO        Paid â ffwcin malu cachu nei di Pat-ric.

PATRIC          Yncl Jo! . . . Cosmonot o'dd Yuri Gagarin . . . Nid astronot . . . Mi a'th Alis yn od . . . Mi a'th hi i fod 'im isio gwbod am betha . . . Dwi 'im isio gwbod! . . . Dwi 'im isio gwbod! . . . Mi o'dd Alis isio fi dynnu'r plasdar . . . Roedd hi isio'n nhwtjad i . . . Isio rhoi'i llaw i lawr . . . Isio rhoi'i cheg arna i . . . Isio fi 'i brifo hi . . . 'I stabio hi . . . Mi nes i 'i dal hi efo dynion o'dd 'di colli'r bỳs yn hwyr y nos . . . Mi es i i olchi'n n'ylo fel Pontius Pilatus . . . Alis! . . . Alis! . . . Ty'd yma, Alis! . . . Ty'd yma'r asd . . . Pan ddois i adra ar home visit un pnawn a Mam yn hen, hen a phob bỳs stop mor wag â'r dyfodol . . . Medda Mam . . .

MAM           Ma' dementia ar Yncl Jo cofia . . . Cer i weld o . . . 'Dy'n cofio dim . . .

PATRIC          Helô Yncl Jo . . . 'Ch co' chi sy 'ma . . . A fynta ar erchwyn y gwely mond yn 'i drôns . . . Y sioc fwya o'dd gweld ma' hen ddyn hen sâl â'i feddwl o'n racs o'dd yna . . . Nid ffrîc . . . Nid monstyr . . . A be o'dd yn ddiawledig o'dd nad o'dd 'na 'im byd yn yr *Encyclopedia Brittanica* i esbonio hen ddyn sâl o'r enw Yncl Jo . . . Fi sy 'ma Yncl Jo . . . Pat-ric . . .

YNCL JO        Hi!! Hi!! Hi!! Hi!! Hi!! Hi!!

PATRIC          Jesu Joy of Man's Desiring, Yncl Jo . . .

YNCL JO        Hi!! Hi!! Hi!! Hi!! Hi!! Hi!!

PATRIC          Be ma' "Mond wyth oed w't ti cofia?" yn 'i olygu, Yncl Jo? . . .

YNCL JO        Hi!! Hi!! Hi!! Hi!! Hi!! Hi!!

PATRIC          *(YN RHOI TUSW O DIWLIPS I YNCL JO)* Rhein i chi Yncl Jo. *(MAE O'N GOLLWNG Y TIWLIPS AR LAWR FESUL UN)* Mi roddan nhw'n gweld pob dim . . . Ond ddaru nhw rioed ddeud gair . . . Rioed . . . Mum! . . .

YNCL JO        Hi!! Hi!! Hi!! Hi!! Hi!! Hi!!

PATRIC          *(UNDONOG)* Bunsen Burner, Yncl Jo . . .

YNCL JO        Hi!! Hi!! Hi!! Hi!! Hi!! Hi!!

PATRIC          "Robert Wilhelm born March 31 1811 . . . Gottingen Westphalia, Germany . . . Though he is generally credited with the invention of the Bunsen Burner he seems to have contributed to its development only in a minor way. Hydraulic Transmission: device employing a liquid to transmit and modify linear or rotary motion and linear or turning force. There are two types of hydraulic power transmission systems. Phosphorus: ordinarily a colourless semi-transparent, soft, waxy solid that glows in the dark, it takes fire spontaneously upon exposure to air and forms dense white fumes of the oxide. Death: the diagnosis of death in the mammalian organism was long based on the following easily established early criteria: the absence of peripheral pulse and heartbeat, the absence of respiration, the lack of corneal reflex and the presence of a bluish cyanosis that results from a lack of oxygen in the blood . . . " 'Dy o'r otj gynno chi taswn i'n golchi 'nulo, Yncl Jo . . . Fel y gnath Pontius Pilatus cyn lladd ein Harglwydd a'n Gwaredwr Iesu Grist . . . Sugna fo! . . . Yndw dwi yn 'ch clwad chi, Yncl Jo . . . Sugna fo! . . . Dyna 'dach chi'n 'i ddeud yntê? . . . Sugna fo . . . 'Na i, Yncl Jo! . . . Sugna fo! . . . *(MAE YNCL JO YN CHWERTHIN. MAE PATRIC YN CERDDED YN HERFEIDDIOL TUAG AT Y BAG CHWARAEON GAN BARHAU I SIARAD)* Sugna fo! . . . Sugna fo! . . . *(MAE O'N AGOR Y BAG. TYNNU ALLAN SAWN-OFF SHOTGUN)* Sugna fo! . . . Sugna fo! . . . *(RHY'R GWN YN EI GEG. FEL Y MAE O'N RHOI'R GWN YN EI GEG TRY YNCL JO ROWND. NID OES GAN YNCL JO WYNEB OND DARN O BREN DU SIÂP WYNEB HEB DWLL LLYGAID NA THWLL TRWYN NA THWLL CEG – OND MASG DU BITSH. GOLAU'N DIFFODD. CLEC GWN. FFLACH GOCH.*

*Y TIWLIPS YN PEFRIO YN EU COCHNI.*

# Pryd fuo Kathleen Ferrier farw?

Darlledwyd PRYD FUO KATHLEEN FERRIER FARW? am y tro
cyntaf ar BBC Radio Cymru ar 10 Mawrth 2002.
Fe'i cynhyrchwyd gan y BBC ym Mangor.

## Cast

MR PARRY: *JOHN OGWEN*
GWEITHWRAIG GYMDEITHASOL/GOFALWRAIG:
*GWENFAIR VAUGHAN JONES*

## Cynhyrchydd

*ALED JONES*

## Cymeriadau

MR PARRY – Dyn canol oed hwyr sy'n dioddef o afiechyd
Alzheimer

GWEITHWRAIG GYMDEITHASOL – Llais yn unig

GOFALWRAGEDD MEWN CARTRE HENOED – Lleisiau yn unig,
oedran 18-20

MRS PARRY – Llais yn unig

*DARNAU OLAF Y GÂN 'BLOW THE WIND SOUTHERLY' – KATHLEEN FERRIER.*

*FFÔN YN CANU AR DRAWS Y GÂN.*
*Y MIWSIG YN CAEL EI DDIFFODD.*
*PEIRIANT ATEB AC ARNO LAIS MR PARRY.*

| | |
|---|---|
| MR PARRY | "'Sa neb yma!" |

*GWICH Y PEIRIANT.*
*LLAIS Y WEITHWRAIG GYMDEITHASOL.*

| | |
|---|---|
| GWEITHWRAIG | *(REIT GYFLYM)* Mr Parry! Mr Parry! Nerys 'ch soshalwyrcyr chi sy 'ma. Ma' raid i mi ga'l gair efo chi eto Mr Parry. Mr Parry! Ma' 'na gwpwl o betha dwi isio'u gofyn i chi. Ar gyfar y fform. Newch chi ffonio fi? Newch chi? Gaddo? Ta-ra. |

*SŴN CHWERTHIN MR PARRY. MAE MR PARRY YN CHWERTHIN O HYD. CHWERTHIN GWAG, YN DEBYG I BESWCH RYWSUT.*

| | |
|---|---|
| MR PARRY | Ma'r awyr yn las heddiw. Drwy'r ffenasd 'ma. Ganol bora fel hyn. Glas fel llythrennod pensil PritchadbachShop. Ar filia Mam. Sdalwm. Paid in Full. |

*SŴN CLOC LARWM.*

Nefoedd! Nefoedd! Amsar y cwis.
*(YN GYFLYM)* Be ddigwyddodd yn twelf-eiti-tw?
Lladd Llywelyn.
Pwy gafodd 'i eni yn Prâg yn eitîn-eiti-thri?
Kafka.
Pwy aned ar y 26ain o Fai neintîn-fortîn?
Mam.
Faint o'r gloch o'dd hi pan fuo Iesu Grist farw?
Tri o' gloch pnawn.
Faint o'r gloch ydy hi yn llun de Chiroco – 'Enigma'r Aur'?
Pum munud i dri.
Pa seis sgidia o'dd Charlie Chaplin yn 'i gymyd?
Be uffar wn i?
Pwy aned yn Walton-le-Dale, Preston, Sir Gaerhirfyn?
*(OEDI: YN ARAF)* . . . Kathleen Ferrier.

Susnag siaradodd o hefo fi. Y pnawn hwnnw.
"I have some bad news for you," medda fo.
A'r bad niws yn llifo fel rhyw afon Menai rhyngo ni.
"O!" medda finna'n gwbod . . . "And what would that be, Docdor?" . . . Yn ddychryn i gyd mod i wedi siarad

Susnag yn ôl hefo fo.

"Alzheimer," medda fo.

"But that's a German word like Luger," medda fi.

"Pardon!" medda fo.

"Docdor," me' fi, "diolch i chi am ddeud hynna'n Susnag wtha i. Mi fasach chi 'di bod yn rêl hen gena tasach chi 'di'i ddeud o'n Gymraeg."

Mae'r Susnag yn dda i rwbath withia. 'N enwedig os ydach chi isio teimlo pelldar. A chadw hyd braich.

"Mi o'dd o ar 'ch tad hefyd yn doedd?" medda'r Docdor wedi ca'l y gwaetha drosodd.

"Oedd," me' finna, "'sna'm byd fatha cadw petha yn y teulu yn nagoes, Docdor? Yr holl anghofio 'na."

Be 'dy somnambulist?

Rhywun sy'n cerdded yn 'i gwsg.

A dwi'n cau'n llgada a dwi'n gweld. Gweld ydy cofio. Hen lunia. Melynu. Colli lliw. Dail tafol ydy cofio.

"Sbia!" medda Mam ben bora wrth agor y cyrtans.

*LLAIS Y FAM O BELLTER MAWR.*

| | |
|---|---|
| MRS PARRY | Eira am a weli di. |
| MR PARRY | . . . Eira am a weli di . . . |

Sut dach chi'n gwbod, Mam, mai fi ydw i ac nid rhywun arall sy 'di sleifio i mewn i mi heb ddeud dim byd ac wedi dwyn 'n llais i a ngwynab i?

"Ew!" medd Mam. "Ew!"

Ma' hi'n gosod bloda mewn fâs cyt-glas ar y bwr'. Ond ma' Nhad wedi iddo fo ddŵad o'i waith yn gweiddi:

"Gin pwy ges di rhein . . . ?"

A'i ddwrn llwch glo fo yn gwasgu'r bloda fel tasa nhw'n wddw rhywun . . .

'Ychi be fydda i'n 'i neud, Docdor? Rhoid cwis i mi fy hun. Os bydda i'n medru atab y cwestiyna mi fydda i'n teimlo'n go lew. Yr hen aflwydd fel cath yn cysgu ar ffendar 'y ngho fi, fel 'tai.

Dach chi'n gwbod be 'dy ffendar, Docdor? Da iawn rŵan yr hen go' fydda i'n 'i ddeud. Ond mi fydda i'n gofalu gofyn yr un-un cwestiyna tê, Docdor. Ond dwi 'di sylwi'n ddiweddar fod yr atebion yn amrywio. Sein drwg dach chi'n meddwl, Docdor?

Yn 'r eglwys dwi. A'r gola fel twca fara yn rhigo drw'r ffenasd ac yn hollti'r gynulleidfa. A'r Person yn deud: "Cyffeswn yn ostyngedig ein pechodau gerbron yr Hollalluog Dduw . . . " A finna rhwng Nhad a Mam.

Ar 'n glinia. A phob dim dan glo.

"Ma'r hogyn ma'n mynd yn fawr, Mr Parry," medda'r Person yn y Portj . . .
"Mi fyddi di fel dy Dad ryw ddwrnod, washi . . . "

SŴN DRÔR YN AGOR.

"Y ffor' ora," medda'r Docdor "i mi ddisgrifio'r afiechyd i chi ydy deud 'i fod o fel gwagio drôr yn raddol bach."
"Nes nad o's 'na ddim byd ar ôl yn y diwadd," medda finna. "Mond gwacter."

Tirwedd o ddim byd ond eira ar eira . . .

MRS PARRY

. . . Am a weli di . . .

MR PARRY

"Cwpwl o betha i ofyn i chi, Mr Parry . . ." medda'r soshalwyrcyr.

Y lleuad yn farc potal lefrith ar sdepan drws y nos.
Chi'n cofio fi'n deud hynna, Mam?
A chitha'n deud: "Ew!"

A Nhad yn deud:
"Siarad yn iawn, nei di!"

Cwpwl o betha . . .
'Y Nhad ar y grisia. Y carpad yn mygu 'i sŵn o. A Mam yn gneud i fyny am hynny yn y stafell wely drwy weiddi. Ond be o'dd hi'n 'i weiddi? "Lisabeth!" o'dd yr unig air y medrwn 'i glwad yn iawn. "Lisabeth!" medda hi . . . A'i sŵn hi'n dŵad i'n lloffd i.

A dŵad i'r gwely ata i.
"Dach chi ddim i fod, Mam," medda fi . . .
"Ma 'na lot o betha nad ydan ni i fod i'w gneud nhw," medda hi.
A nhynnu fi ati hi.
"Ty'd i gesail Mam."
"Pwy 'dy Lisabeth?" medda finna.
Ac un o ddronsys y tjesd-o-drôrs yn hongian yn y düwch fel ceg yn sgrechian.
"Shtt . . . " medda Mam . . .
"Anghofia fo!" fydda Nhad yn 'i ddeud yn bora.
A rhoid clec i'r papur newydd i'w sythu fo. A chlec arall i'r ŵy . . . "Anghofia fo!"
"Anghofio be?" fyddwn i'n 'i ddeud wth Mam ar y ffor i'r ysgol.
"Dim byd," fydda hitha'n 'i ddeud wth wasgu'n llaw i'n dynnach, dynnach fel petai hi wedi cofio rhwbath . . .

"Cwpwl o betha i ofyn i chi, Mr Parry," medda'r
soshalwyrcyr . . . "Nid 'Mr' ond 'Docdor'" me' fi . . .
"GP?!" medda hi 'di dychryn.
"PhD, del," me' fi.
"'Sa chi ddim yn deud 'del' taswn i'n ddyn" medda
hitha . . . "Ma' siŵr na faswn i ddim, cyw," medda
finna . . .
"Ylwch," medda hi . . . "Ma'n rhaid i ni lenwi'r fform
'ma. A wa'th ni neud hynny rŵan ddim."
"Ia! . . . Rŵan! . . . Munud 'ma . . . " me' fi . . . "Ma' fory'n
ormod o risc tyndyo? Hefo rhywun hefo Alzheimer . . .
Gormod o beth cythral o amsar . . . Tan fory . . . "
"Mi a'th o'n boncyrs dros nos," fyddan nhw'n 'i ddeud.
A fynta heb lenwi'r fform. Na'i seinio hi.
"Dwi'n dallt chi," medda hi . . . .
Ond fydda i ddim yn nafdda cyw, del, nghariad i, mabi
gwyn clws i? 'Dy o'n dallt dim 'chi 'di mynd. Fel 'i dad
o'i flaen o . . .
"Dwi'n gwbod fod hyn yn anodd," me' hi . . ." Wel! Mi
gna i o'n haws i chi ta," me' fi. "Diban hyn ydy gwbod
faint o bres sy gin i. Fedar o dalu am Hôm? Dwi ddim
yn mynd i Hôm. Dwi wedi penderfynu. Penderfynu
hefo un 'n'."
Camgymeriad cyffredin iawn hwnna. Dyblu "n" yn
"penderfynu". Ymysg camgymeriadau eraill, wrth
gwrs. Camdreiglio. Neu beidio â threiglio o gwbl. Lle
ti'n mynd i heno, del?
"Well mi alw eto dwi'n meddwl . . . " me' hi . . . Nefi!
Geiriau peryglus iawn i'w defnyddio hefo fi . . .
Eto a meddwl . . . Gobeithio gewch chi hwyl heno, del.
Faint ohonoch chi sy'n mynd?
Dau ddynas a dwy ddyn? Ia? Ia?

Welish i o, Mam!
Welish i o! . . . MAM!
A Mam yn rhedag i'r llofft. A ngwasgu fi i'w
meddalwch hi.
"Naddo, del . . . Welis di 'im byd . . . Cysga di'n ôl . . .
Cysga di rŵan i ti ga'l anghofio."

"Ylwch!" medda fi w'th Nhad . . . A dangos y dant o'n i
newydd 'i golli. A'r gwaed yn dal ar yr ymyl.
"Ga i o?" medda fo, "I mi ga'l 'i ddangos o i'r hogia
fory?"
"Swllt," medda finna . . .
"Ew! Ti'n un hafin cofia . . . ."
A dyma fo'n rhoid swllt budur imi. A chodi'r dant o

gledar 'n llaw i yn ara, ara bach hefo'i fys a'i fawd
anfarth. A'i lapio fo yn 'i hancas bocad . . .
"Watjwch chi golli fo!" medda fi . . .
"Byth!" medda fo, "a finna 'di talu crocbris amdano
fo . . ."
A wincio arna i . . .
"Be dach chi'ch dau'n 'i neud?" medda Mam o bell i
ffwr' . . .
"'Im gair," medda Nhad wtha i o dan 'i wynt . . .
"Iawn," medda finna dan 'y ngwynt inna . . .

Pryd fuo Kathleen Ferrier farw?
Hydref yr wythfed, nintîn ffifdi thri.
Pwy sgwennodd *Cartrefi Cymru*?
O. M. Edwards!
Mr O. M. Edwards?
Naci wir! Syr O. M. Edwards.

Withia mi fyddwn i'n mynd hefo Mam i dŷ Malcolm. Ac
yn ca'l da-da lawr grisia tra fydda Malcolm yn dangos y
jobsys i Mam . . .
"Shtt! . . . Dy sicret di a fi," fydda' Mam yn 'i ddeud ar
y pafin w'th i ni godi'n dulo ar Malcolm . . .
"Shtt!" Drw' mywyd i i gyd. Dwi wedi nwyn i fyny hefo
anghofio . . .

Mam! Ma' Dad yn deud 'ch bod chi'n un o fil . . .
"'Sgynno fo gymaint â hynny?" fydda Mam yn 'i ddeud
yn ôl.
"Fuo fi'n dy ysgol di heddiw," medda Mam.
"Welish i mono chi . . . "
"Dodda ti ddim i fod i ngweld i . . . Gweld y prifathro
fuos i . . . Pam ti 'di bod yn pîpî yn nesgia plant erill?
Witshia di i mi ddeud w'th dy Dad . . . "
"A be' arall," medda fi, "fyddwch chi'n 'i ddeud w'th
Dad o blith yr holl betha dach chi 'di anghofio'i ddeud
wtho fo . . . "
Gair mor ysgafn â huddug oedd Malcolm. A'r un mor
dywyll. Yn sgrechian yn fud rhwng fi a Mam. Gair oedd
yn gneud i Mam ddeud dim. Llaw ar geg o air. Shtt!

Be ydy ystyr y lythyren S yn Harry S Truman?
Does 'na run ystyr iddi hi.

A Mam yn dŵad i lawr y grisia. Mewn ffrog goch.
"Catalog! Ond paid â deud wrth dy Dad," medda hi
wtha i ar y landing.
"Argol!" medda Nhad . . . "Argol!"
Fel petai o wedi'i ffeindio hi o'r newydd. A'i chlunia hi'n

ysgwyd fymryn ll'ia. Jysd digon. Fanno ar y grisia. A dyma Nhad yn codi'i fraich tuag ati hi. A hitha'n codi'i braich hi i gwarfod 'i fraich o. A blaena'u bysidd nhw'n twtsiad. A Mam yn wincio arno fo. A Nhad yn codi aelia.

"E'lla!" medda Mam yn ôl. A finna'n gwbod mod i yn ffor.

Ond do'n i 'im isio gwrando. A neish i droi'r weirles ymlaen y noson honno i ddiffodd y sŵn o'n i 'im i fod i wrando arno fo. A medda llais y dyn ar y weirles:

"This is Kathleen Ferrier singing 'What is Life?'"

A nesh i wrando.

*WHAT IS LIFE O DAN Y GEIRIAU.*

Nes o'n i ar goll yn y llais.

"Kathleen Ferrier!" medda fi w'th y ddynas oedd yn rhoid sws nosdawch i mi.

"Naci! Mam!" medda Kathleen Ferrier yn ôl. A'i phais hi'n craclian hefo letrig fel hen record drw' weirles.

A'r drws yn cau mor ddistaw â sŵn ffrog goch yn disgyn dros y sgwyddau, dros y cluniau. Yn sblash o gochni ar y carpad.

Tasa chi'n ca'l dewis cofio un peth. Mond un peth. Cyn diflannu i'r nos. A cha'l cadw cofio'r un peth yna i befrio yn'o chi am byth ac am byth drw' gydol y nos ddiddiwadd. Be fydda fo, Docdor?

Be ydy enw arall Marion Michael Morrison?
Ca i'r cwestiwn eto os gwelwch yn dda?
Cewch! Be ydy enw arall Marion Michael Morrison?
John Wayne!
Da iawn chi.

"Chdi sy 'na, Malcolm," medda Nhad o'i gadair yn yr Hôm.

"Pwy 'dy Malcolm, Nhad?"

"Gwranda," medda fo, "os glywa i eto dy fod ti 'di bod yn gneud dŵr yn nesgia plant erill mi dy leinia i di . . ."

"Mam! Dwi 'di gweld dynas ddiath . . . Sbïwch drwy'r ffenasd! Welwch chi 'i broitj hi?" A mys i'n mwytho'r lluad.

"A'i ffrog felfat ddu bitj hi'n sîcwins sêrs hyd 'ddi hi!"

"A be ma' hi'n 'i neud?" medda Mam . . .

"Dotio a gwirioni!" dwi'n atab . . .

"A pham 'i bod hi'n dotio a gwirioni?" medda Mam yn ôl.

"Am 'i bod hi mor bell, bell i ffwr' a byth yn mynd i benderfynu marw . . . "

"Ew!" medda Mam. "Dipyn o ddynas! Ew!"

"Fedrwch chi ddeud rwbath 'blaw 'Ew!' Mam?" medda fi . . .

"Na fedra cofia," medda Mam. "Mi w't ti 'di dwyn y geiria erill i gyd . . ."

"Be mae'r hogyn 'ma'n 'i gabaloitjio, eto?" medda Nhad yn ffrâm drws gegin . . .

"Dal hwn!" medda fo, a thaflyd clap glo mawr tuag ata i . . .

"Dal o'r cadi-ffan!"

A dyma'r clap glo'n malu'n shitrws . . .

Fel petai'r nos yn deilchion w'th 'y nhraed i . . .

"Dad!" medda fi, "ma' gin i fwy o eiria na chi . . . "

A dyma fi'n dengid o'i afael o i'r llofft i chwilio am Ddynas y Nos yn canu'i chân drw'r weirles.

*PENNILL CYNTAF 'MA BONNY LAD' – KATHLEEN FERRIER.*

"Cer i Shop PritchadbachShop," ma' Mam yn 'i weiddi . . .

"Gofyn iddo fo gei di hannar dwshin o wya, pacad o Marie bisgets a blawd plaen bach. Ar y nefyr-nefyr deud 'th fo. A rwbath i chdi am fynd."

"O reit, Mam!"

"Mr PritchadbachShop! . . . Sori! . . . Mr Pritchad . . . geith Mam hannar dwshin o wya pacad o Marie bisgets a blawd plaen bach? Ar y nefyr-nefyr. A rwbath i mi am fynd."

"Ceith 'n Tad! A be gym'i di? Shyrbyt ffownten 'ta baswca 'ta' licrish ball . . . "

"Ga i ffrwt basdils?"

"Na chei! Mae'r dewis i blant tŷ cownsil yn go gyfyng ma' gin i ofn. Deu' wth dy fam am ddŵad yma i dalu nos Fowth. Ar ôl amsar cau. Nei di?"

A'r ogla sebon coltar yn codi ohono fo fel tamprwydd.

Un 'n' sy'n 'penderfynu' medda fi wtha fi'n hun. Tra ma' gin i fi'n hun.

*SŴN DRÔR YN AGOR.*

A dwi'n agor drôr y biwrô i sbio ar y penderfyniad. Dwi'n teimlo y penderfyniad trwm, du. Tydw i ddim yn mynd i Hôm.

"Rho fo i lawr," medda Nhad, "Rho di hwnnw i lawr munud 'ma."

"Mond twtsiad ydw i . . . "

"Mela w't ti," medda Nhad.

A Mam yn sgrechian tu ôl:

"Ddylsat ti fod wedi ca'l gwarad ohono fo. Cuddiad hen beth fel'a 'n tŷ 'ma. Ca'l gwarad ohono fo."

"Trôffi!" medda' Nhad. "Trôffi rhyfal! O' rhei'n dŵad â helmet Jeri ne' fionet. Ond gesh i'r crem de la crem wel'di . . . Luger! A digon o fwlets i neud gogor allan o PritchadbachShop."

A mi gaeodd Mam 'i cheg. Fel arfar.

A finna'n gwatshad Nhad o ffenasd llofft yn 'i gario fo i'w guddfan newydd yn cwt byjis.

"Hogia!" me' fi yn iard rysgol, "ma' gin nhad Luger . . ."

"Nefi! Fendith o dybad?" me' Gwynbach.

Tydw i ddim yn mynd i Hôm, hogia!
Chi'n clwad? CHI'N CLWAD?

*SŴN DRÔR YN CAU'N HEGAR.*

A withia mi fydda Nhad yn dŵad tu ôl i mi'n slei bach.

A rhoid rhawia'i ddulo dros 'n llgada fi . . .

"Ti'n gwbod pwy sy 'na?" fydda fo'n 'i ddeud . . .

"Chi!" fyddwn inna'n atab.

"Naci wir! Tria di eto!" medda fynta . . .

"Roy of the Rovers!" medda finna . . .

A'i fysidd o'n gwasgu 'n llgada fi. A'i anadl o'n boeth yn 'y ngwallt i . . .

"Naci! Un cynnig arall!" medda fo . . .

"Syr O. M. Edwards!" atebish i . . .

"Pwy?" medda fo yn 'i lais gwerthu glo a finna'n gwbod i'r dim mod i 'di daflyd o oddi ar 'i echal . . . Tro 'ma . . .

"PWY?" a'i fysidd o'n gwthio'n g'letach i'n llgada fi . . .

"Pidiwch, Dad," fyddwn i'n 'i weiddi. "Da chi'n 'y mrifo fi, Dad. Dad!"

"Ti'n iawn," medda fo, "Dad! Dyna ti pwy sy tu ôl i ti. Yr hen Dad! Pam 'sa ti 'di deud hynny yn y lle cynta? . . ."

Ac o'r tu cefn i mi a'i ddulo fo'n huddug am 'n llgada fi, medda fo:

"Ma' dy fam a fi'n dalld 'n gilydd i'r dim, 'sti . . . "

A mi fydda fo'n tynnu'i ddulo o 'na. A'n llgada fi'n goch ac yn brifo. Yn brifo fel petawn i wedi gweld gormod.

"Da chi'n gwbod pwy sy 'ma?" fyddwn i'n 'i ddeud wrtho fo yn yr Hôm . . .

"Yndw!" medda fo "Su' dach chi?"

A'r gair "chi" fel cau drws yn glep yng ngwynab rhywun . . .

"Roy of the Rovers, Nhad?" medda fi . . .

"Yntê hefyd!" medda fo'n ôl.

"A sut ma' petha yn y siop, Mr Pritchard? Brysur 'radag yma o'r flwyddyn mwn . . ."

A'i llgada fo'n wag fel shilffodd shop wedi hen gau . . .

Bellach ma'r awyr fel gwely heb ei gweirio . . . A'r haul yn staen fel ar gynfas . . .

Staen dyn sâl . . . Staen embaras dyn sâl . . .

Be ddigwyddodd ar Ragfyr yr unfed ar bymtheg sicstîn ffiffti thrî?

Oliver Cromwell yn datgan ei hun yn Lord Protector.

Yr haul fel staen piso . . .

A Nhad yn yr Hôm yn deud:

"Hwda! 'Ma ti hannar coron i brynu bloda i dy fam. Mi o'n i bob amsar yn prynu bloda i dy fam. Ti'n cofio?"

Hen bres am hen deimlad.

Docdor! Dwi'n cofio ddoe fel tasa fo heddiw. Ond ma' heddiw mor bell oddi wrtha i â ddoe.

A ma' fi'n disgyn i dwmpath o ddanal poethion. A ma' Mam yn rhwbio dail tafol hyd 'y nghoesa fi. Nes ma'r llosgi'n diflannu. Diflannu. A mendio. A mendio.

Docdor! Docdor! Fydd o fel cerddad i mewn i sdorm o eira? Nes bydd yr eira yn llenwi pob twll a chornol ohono i. A fi fydd y Dyn Eira . . . Ond yn haul symol y gaea ma' 'i ymennydd o'n dadlath . . . A'i deimlada fo'n dadmar . . . A'i holl eiria fo'n meirioli yn 'i geg o . . . Y Dyn Eira. Y geg sy wedi ei gneud o slecs . . . A'r llgada o dalpia glo . . . Hogyn 'i dad o'r diwadd . . . O'r diwadd . . . Diwadd . . . Fel 'na fydd hi, Docdor? . . . Fel cerdded i mewn i heth . . . 'Tebwch fi . . . 'Tebwch fi . . .

"Miss!" medda fi pan oedda ni'n sôn yn clas am Hitler a'r Maginot Line a Dunkirk, "ma' gin Nhad Luger 'di guddiad yn cwt byjis."

"Nago's wir chi," medda Nhad wth y plismyn ar sdepan drws.

"O'n i'n meddwl braidd," medda'r plisman. "Plant. Sbio gormod ar yr hen betha newydd 'ma . . . Y telifishyns . . ."

"Ty' 'ma," medda Nhad a'i law dyn glo fo'n troi'n gweir. Sgynnon ni 'im telifishyn medda fi ar ben 'n hun yn lloffd a moch i'n llosgi . . . Mond weirles a Kathleen Ferrier.

*CHWINCIAD O 'WHAT IS LIFE' – KATHLEEN FERRIER.*

Be o'dd enw mam Awstin o Hippo?
Monica.

"Ma'r nyrsys ma'n drewi o ogla sebon coltar," medda
Nhad. "Gas gin i ogla sebon coltar."

Be fydd yn digwydd i fy meddylia i? Sut fydda i'n colli
enwa? Docdor! Sut beth fydd y cyfarwydd yn troi'n
ddieithrwch pur? Fydd o, Docdor, fel edrach ar y
negydd yn hytrach na'r llun? Fydd o fel agor drws
popdy'n sydyn a'r gwres yn niwlio'ch sbectols chi?
Fydd o fel pan o'n i'n hogyn bach yn y bath a Mam yn
flêr yn gadal shampŵ fynd i'n llgada fi a dwi'n mynd
yn ddall?
Fydd o fel rhoid 'y mhen dan dŵr ym mhwll 'rafon
sdalwm a'r hogia'n cyfri a deg byth, byth, BYTH, yn
dŵad? Sut bydd hi? Fel unrhyw un o'r petha yna? Fel
'na fydd hi? Ia, Docdor?
Dwi'n trio rhoid y profiad mewn geiria cyn iddo fo
ddigwydd. Oherwydd pan ddigwyddith o fydd gin i
na'r profiad na'r geiria . . .
Pryd ddigwyddith o – dach chi'n meddwl, Docdor?
Dwi'n trio deall cyn imi golli pob dealltwriaeth. Dach
chi'n dallt, Docdor? 'Ta fydd o fel sŵn rhwbath tu mewn
i chi yn dŵad amdanoch chi? A'r sŵn yn cynyddu. Ond
wyddoch chi ddim be ydy o. Ond 'i fod o'n dŵad
amdanoch chi. Fel'a mae o, Docdor? Be dwi 'di neud i
haeddu hyn, Docdor? Feddylish i rioed 'swn i'n gofyn y
cwestiwn yna. Ar ôl i mi 'i ddirmygu o mewn cyn
gymaint o bobol erill. Dwi'n methu sefyll ar 'y nhraed fy
hun mwyach. Rhei dyddia dwi'n fodlon credu mewn
unrhyw beth. 'Tasa rhywun yn rhoid hylif wedi ei neud
hefo pîpî llo bach a briallu mi llyncwn i o. 'Dy petha fel
'na'n gweithio dach chi'n meddwl, Docdor? Ydy dŵr yn
medru troi'n win, Docdor? Mi setlwn i am rwbath llai
uchelgeisiol fel cofio sut i roid dŵr mewn teciall.
Dach chi yna, Docdor? Dach chi mor ddistaw â duw.
Ond hwrach mai gwrando dach chi'ch dau. Gwrando.
Ac yn falch uffernol nad ydach chi'n gorod rhoid
atebion.
Ymlaciwch, Docdor! Dwi ddim yn disgwl atebion.

"Dwi'n piciad allan," medda Mam un dwrnod. "Fydda
i ddim pum munud." A myn dian i mi o'dd hi'n deud y
gwir. Mi fuo hi'n hirach o lawar. Blynyddoedd yn
hirach. Ac yn yr Hôm mi fydda Nhad yn sbio at y drws.
"Mi ddaw dy fam drw' hwnnw unrhyw funud,

Malcolm bach. Gei di weld! Ty'd yn d'laen Lisabeth,"
medda fo. "Ty'd yn d'laen."

"Nhad," medda fi wtho fo. "Ma'r hen Luger yn ddigon
sâff."

Bellach dwi'n cofio'r atebion ond be oedd y cwestiyna?

Heno ma' cyllath y machlud wedi torri gwddw'r awyr.
Siarad yn iawn 'nei di. Be ma'r hogyn 'ma'n 'i
gabaloitjian?

John Wayne!

Yn lle?

GOFALWRAIG 1     Jeez, Bev, he's wet himself again.

MR PARRY     Syr O. M. Edwards! Pwy? Hedd Wyn? Ia? Ia? Hedd
Wyn 'dy'r atab? Shht dwi'n clwad y lleisia.
"This is Alver Lidell reading the news."
"Dowch lanciau rhoddwn glod."
"Yn galw Gari Tryfan."
"Art thou troubled?"
Ma' 'na rwbath yn y biwrô. Yn y drôr waelod.
Coed y Pry wth ymyl Pilkem Ridge.

GOFALWRAIG 2     Ty'd wir come an give us a hand to change him dwi isio
mynd allan heno.

GOFALWRAIG 1     So, lle ti'n mynd i ta?

GOFALWRAIG 2     'Sti be, I can' remember. Ma' gwithio'n fan hyn yn
gneud chdi just like them. Telling you.

                 *PIPS RADIO.*

MR PARRY     "The contralto Kathleen Ferrier has died."
Luger! Y Luger!

GOFALWRAIG 2     Lager! Ah! He wants a lager. Bev! He wants a lager. Can
he have a lager, Matron?

MR PARRY     Luger!

GOFALWRAIG 1     Wha' a' ya, Taid, a bleedin alcoholic? Why not, eh Taid?
Why not?

MR PARRY     Cysga i ti ga'l anghofio.
Be o'n i i fod i' anghofio, Mam? Heno dwi mond yn
cofio'r anghofio. Ydy o, Docdor, fel colli rhwbath?
Ond nid ffownten-pen tro 'ma lle-gythral-rhoish-i-hi?
Ond tro 'ma 'ch holl fywyd chi. Lle rhoish i o?

                 *PIPS RADIO.*

Pryd fuo Kathleen Ferrier farw? Fuo hi rioed farw. Mond troi'n llais. Ac yn fancw ma' 'na ddynas mewn ffrog goch yn y nos sy mor ddu â huddug. Yn bell bell i ffwr' tu ôl i wydyr pwy o'n i un waith. Yn sbio arna i. A ma' hi'n disgyn lawr y grisia yn 'y ngho fi. Ac yn estyn ei llaw tuag ata i.

MRS PARRY          (*O BELLTER MAWR*) O! Lle ti 'di bod? . . .

MR PARRY           Nes ma' hi'n troi'n ddim byd ond llais. Llais fel sŵn ffrog goch yn disgyn dros y sgwydda, dros y clunia ac yn sblash coch o fiwsig hyd lawr . . . Hyd lawr . . .

*KATHLEEN FERRIER YN CANU 'OMBRA MAI FU' – LARGO GAN HANDEL.*
*FADE OUT I FFÔN YN CANU.*
*PEIRIANT ATEB. LLAIS MR PARRY.*

"'Sa neb yma. Dwi 'di piciad allan.
Fydda i ddim pum munud."

*GWICH Y PEIRIANT ATEB.*

# Ta-ra Teresa

(i Jeff Nelson)

Perfformiwyd TA-RA TERESA am y tro cyntaf
gan Gwmni Theatr Gwynedd ar 12 Tachwedd 2002
yn Theatr Gwynedd, Bangor.

**Cast**
JOHNNY HENEGHAN: *MICHAEL ATKINSON*
EIRWEN WILLIAMS: *RHIAN CADWALADR*
ROBAT HEFIN: *OWAIN ARWYN*
ADRIAN HENEGHAN: *ELIN WMFFRAS*

**Cyfarwyddydd**
*IAN ROWLANDS*

**Cymeriadau**

JOHNNY HENEGHAN – Sais canol oed o Lerpwl

ADRIAN HENEGHAN – Ei ferch; Cymraes 25 oed

EIRWEN WILLIAMS – Cymraes ganol oed

ROBAT HEFIN – Ei mab; Cymro 25 oed

**Lleoliad:**
Amhendant. Ond yn awgrymu cefndir presennol y cymeriadau.

*MEWN TYWYLLWCH.*

*SŴN Y CYMERIADAU'N CERDDED AC YN CYRRAEDD Y GOFOD AR Y LLWYFAN.*

*MEWN TYWYLLWCH O HYD.*

| | |
|---|---|
| JOHNNY | Better go? Shall we go? |
| EIRWEN | Bod yna erbyn chwartar i saith ddudodd o . . . |
| ADRIAN | Well ni fynd ta, 'dydy . . . |
| ROBAT HEFIN | Mr Lewis; Cymraeg<br>Miss Hughes; Maths<br>Miss Edwards; Geog<br>Mr Thomas; Physics<br>Miss Morris; Saesneg<br>Mr Roberts; Cem<br>Miss Hortens Jones; French<br>Mr Pritchard; P.T.<br>Miss Lloyd; Gwnïo<br>Miss Adventure<br>Miss Adventure. |
| ADRIAN | Nes i gwarfod o go iawn yn y lle Bwdisd. Y traddodiad Theravada. Nid yr un Tibetaidd sydd yn fwy amlwg rownd y lle 'ma. |
| EIRWEN | Dwi'n clwad sŵn hangyrs dillad yn symud yn 'y meddwl i. A Seis 14 wedi ei sdampio ar bob un. Ond mae'r hangyrs yn wag. Yn dal dim. Dim. |
| JOHNNY | In the beginning . . . |

*GOLAU AR Y LLWYFAN.*

| | |
|---|---|
| JOHNNY | Stuck in the mud . . .<br>My Dad and me . . .<br>Stuck in the mud below the sea wall in Seaforth at low tide.<br>The sun setting like peeling a tangerine.<br>The sea like something forgotten in the distance.<br>The Cranes in Seaforth docks black against the setting sun like the ribcages of dinosaurs . . . Stuck in the mud on their way to nowhere on the long forward march of evolution.<br>And me and my Dad looking through them past them to the land beyond. |

And he'd bend down so that both of us were the same size
and he'd say:
That's Wales!
And that big hill there . . . That's Mole Vama . . .
Me and my Dad stuck in the mud . . .
I'll take you there one day, he'd say standing up.
Bigger than me.

*MIWSIG* BETI A'I PHOBOL.

LLAIS BETI GEORGE

Croeso at y cwmni. Mae o wedi cael ei alw gan un
gwleidydd Torïaidd amlwg fel "a nasty boil on the
majestic culture of Wales". Tra i eraill fo a'i debyg sydd
wedi gwarantu'r statws angenrheidiol i'r iaith Gymraeg.
Fo ydy Robat Hefin. Un o'r ymgyrchwyr iaith blaenaf.
Croeso i chi.

LLAIS ROBAT HEFIN

Diolch yn fawr.

LLAIS BETI GEORGE

Ond Robat Hefin mae 'na ryw dderyn bach wedi dweud
wrtha i nad ydy ymgyrchu yn cael lle blaenllaw yn 'ch
bywyd chi y dyddiau hyn. Fod yna rywun arall yn mynnu
lle . . .

LLAIS ROBAT HEFIN

Sôn am 'y nyweddïad i ydach chi, ia, Beti?
Neu o leia pan fydda i wedi dyweddïo. Nos fory. Achos
nos fory mae'r parti . . .

EIRWEN

Wel dowch, wir dduw! Robat Hefin! Byta'r wy 'na i gyd.
Nid jyst y melynwy. A phaid â synfyfyrio. Sycha dy
drwyn.
Bob! Cyma dôst arall. Neu mi fydd gin ti sdumog wag cyn
deg. A ti'n gwbod nad ydan ni'n sdopio tan y caffi ym
Modelwyddan am hanner awr wedi deg . . .

ROBAT HEFIN

Y caffi â'r gwrych o'i flaen o wedi ei dorri'n siapia cwpan
a sosar a chremjwg a thebot. Topiary, medda rhywun
wrtha i ar y bỳs un bora, dyna be ti'n galw torri siapiau
allan o wrych . . . Topiary. Be ydy hynny'n Gymraeg?
medda fi wrtho fo. Run peth, medda fynta. Ac yn y caffi y
bora hwnnw wrth fyta'r brechdana cyw iâr y bydda ni'n
'u hordro nhw bob blwyddyn oherwydd fod gin dy Dad
sdumog wag erbyn hyn. Y bore hwnnw mi gyfris i'r geiria
Susnag o'dd gin i . . .
No . . . Yes . . . Please . . . Thank you very much . . .
Goodbye . . . A bellach . . . Topiary.

EIRWEN     Ydy'r pres gin ti, Bob?
           Faint o bres sy gynnon ni, Bob?
           'Dy dy walat di'n saff?
           Ti'n siŵr fod dy walat di'n saff?
           Gad mi weld.
           Gad mi jecio.
           A'r tri ohonom ni yn y bysdop o flaen Dinas Garej am bum
           munud i wyth y bora. Ben bora pob dydd Iau ar ôl Sul y
           Pasg yn disgwl bỳs Robin Huw i ni ga'l mynd i Lerpwl.

JOHNNY     On Saturdays.
           During holidays.
           On Church Street you could hear this strange language . . .
           That's Welsh, my Dad would say.
           Those people there are speaking Welsh.
           And I'd listen.
           That was no language.
           That was incantation.
           Words whose meanings were never to be found in a
           dictionary but in what they conjured up in your
           imagination.
           They made other worlds inside me.
           Those words that cashed in their value in feelings and
           emotions. I never wanted to know what they meant.
           They were sacred.
           Like sex between Mum and Dad.
           You just listened and imagined
            . . . Every Friday night . . .
           Any chance then? Dad would say.
           And Mum answered in silence.
           And me behind the door, little Johnny in hand, ready and
           steady and waiting for go. And the squeaky, squelchy,
           squeegee bed springs acting as interpreters.
           Welsh was raw, basic like yanking an Elastoplast off a
           bruise on your leg . . .
           You made a sound. A pain sound . . . Welsh was sounds.
           Like my Mum in the darkness.
           Or someone in pain . . . And all those stinking rich, filthy
           rich Welsh people their bags full of things we could never
           afford from Lewis's and George Henry Lee's.
           T.J.'s we kept for ourselves.
           And then stuffing themselves at Reece's.
           Those rich Welsh people and their incantation . . .
           Leaving like conquerors on buses from the Pier Head into
           the darkness of the Mersey Tunnels.
           Into the darkness.
           The Welsh . . .

EIRWEN           Byseddu'r silc.
Twtsiad taffeta.
Cyfriniaeth pure wool.
With lace round the collar, Madam.
You're such a slim size 14.
Crinoline a chotwm a chrêpe de chine a chiffon.
Ond ych-a-fi crimpline a terylene a polyester.
Hetia fel orchids yn hongian yn sdêm fy nychymyg i.
Letrig defnydd yn biga mân ac yn clecian ar flaena mysidd i.
Gwefr 'n llaw i'n gwthiad rhwng ffrogia ar hangyrs ar y rêls dillad.
Yn nhawelwch cyfyng y changing rŵms blows yn gwasgu mronnau i.
Sgert yn ddulo dros 'y nghlunia i.
Silc yn tynnu ei hun i nghorff i fel croen arall.
Be oedd fwya pleserus – trio'r dillad 'ta 'u tynnu nhw?
A Bob ar yr ymyl yn sbio.
Bob hefo'r walat.
A Robat Hefin ar gadair yn cicio'i goesa 'nôl a mlaen . . .
Yn sylcio.
Byseddu silc eto.
Fel y lleithdar disgwyliedig rhwng 'y nghoesa fi.
Ar fŷs Robin Huw ben bora mi o'dd 'y mreichia gweigion i eisioes lond eu haffla.
Mi oeddwn i'n mynd i ga'l Barclodiad-y-Gawres o dd'wrnod.
Damia! Mond yn Abargela ydan ni o hyd. A mi fydd raid sdopio yn yr hen gaffi 'na ym Modelwyddan. Am banad. Am smôc. Am frechdan. Ac am fod sdumog hwn yn wag.

JOHNNY       It wasn't easy being a single parent.
My wife died.
I'd rather die than live with you, she said.
So she became a corpse on the bier of my emotions.
She passed away until the bitch found resurrection on the altar of another man's hairy chest.
Keep the kid, she said, but give me the car.
Ta-ra Teresa! I said.

EIRWEN       Second floor, please.
Ladies Fashions and Hosiery.
Going up.

ROBAT HEFIN   Ond, Mam, dwi isio mynd i'r lle tois!
Be ydy hosiery, Dad?
Rwbath am sana, medda fo.
Hosiery medda fi wrtha fi'n hun.

Dim yn ddrwg hwnna am un dwrnod. Dau air Susnag newydd.
Topiary a Hosiery.
Ond be fedrwn i 'i 'neud hefo nhw? Dyna oedd y drwg. Sut y medrwn i 'u ffitio nhw i mewn i frawddeg oedd yn gneud sens?
Ond, Mam . . .

EIRWEN          Taw, Robat Hefin!
Bob! Deud wtho fo . . . Swnian fel hyn a ninna newydd gyrraedd . . . (SAIB) Cyrraedd Lewisys . . . Siop Gymraeg yng nghanol Lerpwl . . . Sut y medra siop yn Gnarfon o'r enw Nelson gymharu hefo Lewisys, Lerpwl? . . . Sut y medra siop oedd wedi 'i henwi ar ôl Admiral o'dd 'di colli un lygad a mond hefo un braich ar ôl fyth apelio at ddynas go iawn oedd yn crefu am ddillad? Sut y medra'r Nelson unllygeidiog un fraich hwnnw weld cẏt a theimlo defnydd? A phlesio dynas. Un waith bob blwyddyn ar ôl y Pasg. Bob! Ydy'r walat yn saff gin ti? . . . Lewisys!

JOHNNY          And sometimes just before breaktime I'd pretend to be ill. So that I could stay in class. On my own. And when everyone had gone out. I'd go to the globe. And feel its cold, rump-roundness. I'd close my eyes. And slowly slowly slowly revolve it. Round and round and round. Then faster and faster and faster and faster. Whizz it round. Whip it round. Whirl it round. Then stop it suddenly with a jab of my finger . . . And would you believe it? . . . Eight times out of ten . . . The tip of my finger would have made contact with Wales . . . So small on that globe unless you knew what you were looking for . . . Would you believe it? . . . Can you believe it? . . .

ROBAT HEFIN          Mi o'dd mynd i'r lle tois o'r diwadd fel agor cist yn 'y nychymyg i i ga'l gwbod yn iawn be o'dd yna. Gweld tegan o'dd y peth cynta a ffendio allan wedyn mai hwnnw oeddwn i 'i isio. A'r dydd Iau hwnnw, Baswca welish i. Ac o'i weld o gwbod. Gwbod fod yn rhaid i mi 'i gael o. Ma' hwn oedd gwacter 'y mywyd i. Baswca. Yn union fel yr un oedd gin y British a'r Mericans i chwthu'r Jyrmans yn smiddarîns. Mi o'n i 'di gweld Audie Murphy hefo un. To Hell and Back, medda fi wrtha fi'n hun yn lle peryg tois Lewisys. Fydd gin na Ian na Deifid na Gwynbach 'im byd fel hyn. Ac yn 'y nghrebwyll i mi oeddan nhw'n ysgyrbibion, yn sgyrnau'n crensian, yn bennau heb wynebau, yn rhidens cnawd ar blatfform hen sdeshon Dinas. Hen Jyrmans oeddan nhw. A mond fi yn British. Achos mond un British oddach chi isio os o'dd gynnoch

, chi Baswca. Mi rodd o lond 'n haffla fi. Ond dodd 'na ddim digon o le iddo fo yn 'y nychymyg i chwaith. Ar y ffor' yn ôl i Alamein 'y mhlentyndod i ar fŷs Robin Huw. Wedi i ni gyrraedd adra y ffendion ni nad oedd yna daflegrau yn y bocs. Doedd o'n gneud dim ond chwythu aer i'r Dunkirk o mlaen i. Dud ydy o, medda Dad. Be ydy dud, medda fi'n pocedu'r gair Susnag newydd sbond. Wbath sy ddim yn gw'ithio medda Dad. A finna'n gliwio'r ystyr wrth y gair.

Mam!. medda fi, ma' Dad a dud yn swnio'n debyg iawn i'w gilydd, tyndyn nhw?

Uffernol o debyg medda Mam.

Mam sgwennodd i Lewisys i ofyn am y taflegrau. Er mwyn i mi gael lladd pawb.

LLAIS BETI GEORGE

Gan fod ganddoch chi egwyddorion mor gryf, mae'n rhaid i chi fod wedi eu hetifeddu nhw. Gan 'ch rhieni?

LLAIS ROBAT HEFIN

Yn sicr! Gan 'y Nhad yn bennaf. Mi fyddan ni'n mynd i Lerpwl bob blwyddyn. Ar ôl y Pasg. Hen arferiad. A dwi'n cofio un dwrnod 'y Nhad yn sefyll tu allan i Lewisys ac yn deud – bron yn gweiddi – Gas gin i'r lle 'ma. Mae gwarth Tryweryn yn dew yn yr awyr. Dwi'n 'i glwad o'n deud hynny rŵan. A dyna'r tro cynta i mi glwad yr enw Tryweryn. A dwi'n meddwl i mi etifeddu ei gynddaredd o . . .

LLAIS BETI GEORGE

Lerpwl! Ac onid o Lerpwl mae'ch darpar wraig yn dod? . . .

LLAïS ROBAT HEFIN

Naci wir! O Flaenau Ffestiniog.

LLAIS BETI GEORGE

Ond o Lerpwl yn wreiddiol?

LLAIS ROBAT HEFIN

Fel Saunders Lewis.

LLAIS BETI GEORGE

O deulu Saesneg . . .

LLAIS ROBAT HEFIN

Yn Gymraes rhugl! A dyna pam mae'n siwr gen i yr ydw i wedi dewis y gân nesaf er parch i Nhad. Am iddo fo ddeffro'r gynddaredd gyfiawn honno yno' i yn Lerpwl slawer dydd.

LLAIS BETI GEORGE
>A'r gân?

LLAIS ROBAT HEFIN
>Meic Stevens yn canu 'Tryweryn'.

LLAIS BETI GEORGE
>A finna'n meddwl y bydde chi wedi dewis 'Ferry Across the Mersey'. I ddathlu . . .

LLAIS ROBAT HEFIN
>Nid ar Radio Cymru, Beti.

LLAIS BETI GEORGE
>Meic Stevens amdani ta . . .

EIRWEN
>A'r pleser od cynddeiriog hwnnw un tro yn Reece's. Wrth ofyn am lasiad o ddŵr hefo'r cinio tatws a grefi a Welsh Lamb ond ma' New Zealand o'dd o. Ac o ga'l y dŵr cofio'n sydyn 'i fod o wedi dwad yr holl ffor o Dryweryn. Bob! medda fi, ma hwn wedi dwad o Dryweryn.
>Ydy, mwn, medda fynta. Wel g'na rwbath am y peth ta, medda finna.

JOHNNY
>If you've been brought up a Catholic your house full of plaster Jesuses showing their bleeding hearts, transparent plastic Marys becoming oedematose with holy water from Lourdes; Padre Pios ready steady go with miracles and Guardian Angels on your shoulder . . . If you've been brought up like that you'll always be looking for signs. Life then is not about living, it's about interpretation. And God gave me the sign. Well actually the rest of his family did. Jesus Mary and Joseph I said give me a sign walking through the city one night. Tell me what to do. For me and my daughter. Shall we or shan't we? Wales or not. And that night walking alone . . . Thinking . . . Weighing this against that . . . Weighing one emptiness against another . . . There it was . . . The sign . . . And God smiled I know he did . . . There on Hope Street . . . On the billboard of the Phil. Summer Concert, it said. And then the conductor's name. That name was the sign. The name: Owain Arwel Hughes . . . Wales! I said to the Guardian Angels, St Jude, St John Vianney, St John Bosco, St Maria Goretti, St Teresa of Avila, St Teresa the Little Flower. Wales! I said to them all. God had spoken.

ROBAT HEFIN
>Be oedd Tryweryn, Nhad? Medda fi wrtho fo ar y bỳs.
>Nid be ond lle. Lle ddaeth yn egwyddor, medda fynta.
>Fedrwn i ddim dalld yn wyth oed pam oedd raid boddi cwm yng Nghymru i roid dŵr i bobol mewn tre mor bell

i ffwr' o'r enw Lerpwl. Odd 'na nunlla'n nes, Nhad? medda fi.

Pam, Nhad? medda fi wrtho fo drachefn.

Am 'n bod ni wedi ca'l ein g'neud i gael ein sathru, medda fo'n sbio ar Mam. Hefo fi oedd Dad yn ista bob amsar ar fŷs Robin Huw. A Mam hefo'r pacia. A rhwsut mi suddodd yr enw Tryweryn yn ddwfn i fy isymwybod i. A mi ddath o'n ôl yn ddiweddarach fel cynddaredd. A hyd y dydd heddiw mae o'n air sy'n llawn o lais Dad yn deud yr enw ac yn sbio ar Mam ar yr un un pryd. Mam oedd tu ôl i argae o gariyr bags. A Nhad oedd y pnawn hwnnw wedi cael genwair newydd. Yn 'i dal hi'n fan 'na yn 'i law. Ar y bŷs. Fel petai hi'n bicell. Fel petai o'n barod i ymosod ar rywun. Ond wydda fo ddim yn iawn pwy. Neu nad oedd o'n deud . . . Dad, medda fi, be ydy egwyddor? Caethiwed, medda fynta. Yn gwasgu'r bicell.

ADRIAN  Nhad a fi'n y mwd. Y llanw allan. Morglawdd Seaforth tu ôl i ni. That's Wales, medda fo wrtha i yn dangos y llysnafedd o dir du o mlaen i . . . A'r haul fel lamp-shade rad yn raflo yn hongian uwch ei ben o.

JOHNNY  And see that there, that hill like a breast.

ADRIAN  A'i law o'n mwytho'r fron fel 'tai ei groen o'n cofio be oedd ei galon o wedi 'i hen fygu.

JOHNNY  That's Mole Vama.

ADRIAN  A mi oedd o ar 'i gwrcwd w'th 'n ochor i. Y ddau ohonon ni run seis.

JOHNNY  That's Wales. And we're going there to live. Owain Arwel Hughes said so.

ADRIAN  Will Mum come back if we go there? medda finna.

JOHNNY  That's the future.

ADRIAN  . . . Medda fo wrth gau'r drws yn glep yn ei gwep hi. That's the future! A ngwthio fi fymryn bach ymlaen i'r mwd fel petai o am adael i mi fod y cyntaf i groesi'r rhiniog i semi-detached y dyfodol. A'r darn tir du o mlaen i yn gneud i mi feddwl am hen got i Mam oedd wedi ei sgrwnshan wrth 'i gilydd i neud drafft ecsglwdyr yn rŵm ffrynt. A dwi'n cofio teimlo bryd hynny nad lle oedd hapusrwydd ond cyflwr. Rwbath tu mewn i chi. Anodd i'w ddal. Tu mewn i chi. Fel glöyn byw. Yn anwadalwch yr haf.

JOHNNY  What's wrong with you?

ADRIAN          . . . Medda fo o'r mwd.

JOHNNY          What's wrong?
                Ta-ra Teresa, see you Tuesday,

ADRIAN          . . . Medda fo wedyn yn 'y ngoglais i. I drio gneud i mi
                chwerthin. Who's Owain Arwel Hughes? Medda fi wrtho
                fo y noson honno.

JOHNNY          A sign from God.

ADRIAN          . . . Medda fo'n gandryll.
                A'r drafft ecsglwdyr rhwng 'i ddulo fo. Yn farw gorn.

ROBAT HEFIN     A minnau'n hŷn.
                Yn gorfod mynd i Lerpwl un dydd Iau ar ôl Pasg.
                Ty'd yn d'laen, medda Mam, mi fydd hi fel esdalwm.
                Doedd Dad ddim yno y flwyddyn honno. Fel esdalwm. A
                do'n i ddim isio meddwl am Dryweryn wrth sipian y dŵr
                yn Reeces yr eleni hwnnw. A mi o'dd 'na rwbath wedi
                digwydd i Lerpwl. Fel dynas dlos ar un adeg ond a oedd
                bellach wedi gollwng ei hun. Mi roedd y ddinas rwsut yn
                clafychu. Ac mi oedd pawb isio mynd i Gaer. Caer
                neisiach, gleniach, lanach, ddrutach. Caer y basa' hi 'di
                bod yn job i chi ga'l hyd i hyd yn oed un cachiad ci ar y
                pafin di-grac. Mi ddo i am leni, medda fi a'n llais i'n
                dechra torri. Ac os ca i fynd ar ben 'n hun ar ôl ca'l cinio
                yn Reeces. Cei, medda Mam, yn ddiymadferth. Cei,
                medda hi drachefn. Yn gryfach. Fel i danlinellu'r ffaith
                iddi hi ei hun. I Lewisys eish i ar ben 'n hun. Ond mi o'n
                i'n gwbod fod Mam yn nefoedd Ladies' Fashions. Mi
                oeddan nhw wedi gollwng yr hosiery erbyn hynny. Yn y
                lle llyfra o'n i. Pan oedd Lewisys yn gwerthu llyfra. Mi
                oedd Miss Morris English wedi deud y byddan ni rwbryd
                yn astudio *Collected Essays* gin George Orwell. A dyna
                pam ma'n siwr y prynish i *The Road to Wigan Pier* y pnawn
                hwnnw ar ben 'n hun yn Lewisys. A'i ddarllan o ar y ffor'
                yn ôl ar fỳs Robin Huw. Ar ben 'n hun yn y sêt. A Mam yn
                y sêt arall bron ar goll yng nghanol y cariyr bags y tro
                hwnnw. Ar y ffor' yn ôl cyn cyrraedd Birkenhead mi o'n
                i'n saff mai sosialydd oeddwn i . . .
                "They have never made it sufficiently clear that the
                essential aims of Socialism are justice and liberty . . ." Mi
                o'n i'n gwbod erbyn Connah's Quay mod i'n erbyn
                rhwbath. Ond o'n i ddim yn siwr iawn be. "That was what
                we were taught – the lower classes smell."
                A mi oedd gin i air newydd sbond: bourgeois. Ond y
                gwahaniaeth tro ma oedd nad oeddwn i'n gorfod gofyn i
                neb arall be oedd ei ystyr o. Mi o'n i'n dirnad yr ystyr o'r

cyd-destun. Mi o'dd gin i ail-iaith. Sylweddolais. Fel sioc
y blewiach oedd yn dechra tyfu rownd 'y mhidlan i. Mam!
medda fi rwla tua Rhyl, ydan ni'n bourgeois? Be ma
hynny'n 'i feddwl? medda hi. Dosbarth canol dwi'n
meddwl, medda fi. O! ydan, medda hi. O! ydan, yn
gwasgu'r dillad newydd ati hi ar yr un un pryd. Well ni
fynd i Gaer flwyddyn nesa ta, medda fi. Dach chi'n colli
Dad, Mam? medda fi'n sbio drwy'r ffenasd ar gastell
Conwy. A'i mudandod hi'n diffinio'r gair colli fel petai
hi'n eiriadur o ddistawrydd.

Mam! medda fi wrthi hi ar y pafin yn Menai View. Wedi
i'r bỳs 'n gollwng ni. Mam! Ymbobi ydy'r gair Cymraeg
am masturbation. Mae o yn Ellis Wynne. *Gweledigaeth
Uffern.* A mi groesis i'r lôn ar ben 'n hun. A'i gadal hi
rochor arall. Yn dwmpath rochor arall. Ymbobi medda fi'n
gweiddi arni hi. Ond mi oedd Mam eisioes yn hen law. Mi
wyddwn i.

LLAIS BETI GEORGE

    Mae'n amlwg fod 'ch Tad yn ffigwr pwysig yn 'ch bywyd
    chi. Ond mi fuodd o farw'n sydyn yndo? . . .

LLAIS ROBAT HEFIN

    Do! 'N sydyn iawn. Un pnawn. Trawiad ar 'i galon. Tra
    roedd o'n sgota. Yn Llyn y Morynion fel mater o ffaith . . .

LLAIS BETI GEORGE

    A mi sigodd hynny 'ch byd chi?

LLAIS ROBAT HEFIN

    Do . . . Do . . . Ond mi oedd Mam yn ddynas mor gre' dach
    chi'n gweld . . . A mi gymrodd Mam drosodd . . . A . . .

JOHNNY        What's Wales got that Liverpool hasn't they all said to me.
               She has no memories, I said. She has no past. She has no
               history. Wales is beginnings.

EIRWEN        Be ti'n ddarllan?

ROBAT HEFIN    *The Road to Wigan Pier.*

EIRWEN        O! . . . Anrheg i ti, 'yli.

               *MAE'N CYMRYD* THE ROAD TO WIGAN PIER *ODDI
               ARNO. AC YN RHOI LLYFR ARALL IDDO.*

ROBAT HEFIN    Be ydy o, Mam?

EIRWEN        *Cysgod y Cryman.*

ROBAT HEFIN    Diolch.

*MAE'N TYNNU SIACED LWCH* CYSGOD Y CRYMAN *A GOSOD COPI ARALL O* THE ROAD TO WIGAN PIER *O'I FEWN.*

EIRWEN          W't ti'n 'i ddarllan o?

ROBAT HEFIN    Yndw.

EIRWEN          Am be mae o?

ROBAT HEFIN    Comiwnists.

JOHNNY          We left 48 Balmoral Road, Liverpool 6. And the broken, brittle lives. The soggy newpaper lives. Empty polystyrene chip-tray-filling-with-rain-lives. Lives stapled together by illness and muffled dreams that seep into the darkness. In the restless sleeps. Lives defined by accents and backyards and dog-shit pavements. I arrived late in this place called Bla-Neigh Vest-Iniock. I'd put a deposit on a house in Picton Terrace. A Welsh name I could say that. Picton Terrace. And I had enough money for six months mortgage. The rest I would trust to a career I had in mind and god. We arrived late. Me and my daughter. I knew we'd arrived because we could see the stars. You don't see the stars in Liverpool. And some bastard's always stolen the moon. And there they were the stars

ADRIAN          like join the dots

JOHNNY          and the moon like

ADRIAN          a heads or tails half-a-crown

JOHNNY          frozen at the still point of its momentum before it plummets down again. Down again. Down. And the morning came. The first day. It didn't take too long before I saw broken, brittle lives. The soggy newspaper lives. Empty-polystyrene-chip-tray-filling-with-rain-lives. Lives stapled together by illness and muffled dreams that seep into the darkness. In the restless sleeps. Lives defined by accents and backyards and dog-shit pavements. And this place didn't have stars either. And some bastard had stolen the moon. Some Welsh-speaking bastard.

ROBAT HEFIN    Llefydd i ddengid iddyn nhw oedd tu mewn i iaith. Dodjan petha tu mewn i'r geiria. Mae brawddeg dda yn medru mynd â chi i le arall, diarth. Oherwydd dwi'n rhydd ymysg y geiria. Mi oedd bod tu mewn i'r iaith Gymraeg fel bod mewn syrcas. Rhyfeddod un gair ar deitrôp brawddeg yn pery i chi ddal 'ch anadl mewn syfrdan. Acrobats geiria'n tymblo i ddelwedd na feddylioch chi 'i bod hi hyd yn oed yn bosibl gneud y

ffasiwn beth. Dau air yn clownio hefo'i gilydd. Yr holl
giamocs ar drapîs yr iaith. Ac eliffants geiria yn
gwrthsefyll, yn gwrthdystio, yn gwrthod cael eu bychanu
gan gynulleidfa mor dena. Yn rhydd yng nghanol syrcas
yr iaith. Tra oedd geiria Nhad a Mam yn pasio'i gilydd fel
dieithriaid mewn macintoshis plastig-llwyd ar stryd yn y
glaw. Yn tatsian y glaw.

JOHNNY      And what did you learn today?

ADRIAN      O dad yn deulu dedwydd y deuwn â diolch o'r newydd
            cans o'th law y daw pob dydd ein lluniaeth a'n
            llawenydd.

JOHNNY      And what does that mean?

ADRIAN      I don't know. I can only say the words. You Inlish yeah?
            the other children are saying in the playground. And they
            run away. To look from a distance. I feel like one of those
            captured Red Indians on the Westerns I watch with my
            father on Saturday afternoons. A black-and-white squaw
            struggling without moving. Pinned against the
            schoolyard wall by tiny John Waynes and miniature
            Barbara Stanwycks. And I escaped home to my Ladybird
            Books and I-Spy Books and the English colony of the
            Public Library. I still hate Enid Blyton though. And Dad
            will ask:

JOHNNY      What's the matter?

ADRIAN      Nothing, I say. And his outstretched arms holding
            nothing.

JOHNNY      Come here. Come to your Offa's Dyke.

JOHNNY      Come to your Offa's Dyke.

ADRIAN      Sing me the song, I'd say.

JOHNNY      (YN CANU) Found a peanut
            Found a peanut
            Found a peanut just now
            Where d' you find it
            Where d' you find it
            Where d' you find it just now

            In the gutter
            In the gutter
            In the gutter just now

            SAIB.

ADRIAN      Ta-ra Teresa, I'll see you Tuesday . . . He'd always say. And tickle me to death. And tuck me in bed. Me and the Guardian Angels. Hyd nes un dwrnod penodol, pendant y cerddais i dros riniog y dosbarth ac i mewn i'r Gymraeg. Mi oedd pob gair a'i ystyr yn cyrraedd ar yr un adeg tu mewn i nghrebwyll i. A'r geiria yn dal dulo fel ffrindia i greu brawddegau. Geiria'n hopsgotjo i ddeud ar goedd be oedd ar 'y meddwl i.

You In'lish, yeah, meddan nhw. Na! dwi'n dŵad o fan hyn, medda fi. A sioc y deud fel petai'r geiria yn sefyll yn stond ar bennau eu hunain o mlaen i yn yr iard. Fel rhesiad o gowbois peryg. Pob gair yn wn. A ma fi'n rhedag i chwara' hefo'r lleill. Fel un ohonyn nhw.

JOHNNY    I started my own engineering business . . . Light engineering . . . Not so much constructing things . . . More like pulling them down really . . . Deconstructing could be another word, I suppose . . . Dismantling, maybe . . . Removing things, you know . . . Bridges . . . Railway lines . . . Disused factories . . . These things were my ambition by the way . . . I'd reach that goal one day, you know the bridges . . . The railway lines . . . The disused factories . . . But you had to start somewhere . . . So I would offer to take down the odd shed or two or ten . . . An arthritic looking lean-to . . . You know . . . Clear the odd backyard . . . The washing machine that was thrown out with the sink-unit. And mangles . . . Blow me, old mangles were like an epidemic in Bla-Neigh Vest-Iniock . . . Light engineering . . . Know what I mean . . . Take away the damn rubbish that had accrued for damn years in the damn place . . . Nice word that accrued . . . But I still held on to the dream of bridges and railway lines and disused factories . . . Me and my partner . . . More an associate than a partner really . . . An interpreter of my burgeoning vision . . . A Welsh speaker . . . We became a limited company . . . Limited by my associate's intelligence . . . Limited by the place . . . The sodding place . . . And limited by the language . . . It wasn't incantation after all. It was bitterness . . . I became a prisoner of their words . . . Locked behind the bars of their sentences . . . And they staring in at me . . . Smiling . . . Smiling that enigmatic Welsh smile . . . That inscrutable Welsh smile . . . The rapist's smile when he gets off his knees . . . The killer's smile before his premeditated strike . . . And I then realised . . . Their language was a blunt instrument . . . Their words cudgels . . . Knuckle-duster syntax . . . Their last retort . . . The terrorism of verbs . . . Such a musical language, people who could leave would say . . . I love the lilt of the accents, don't you? And other middle class crap like that . . . But it's fury . . . Pus-words from a dark, dark, dark malign wound . . . Hidden by the scab of smiles . . . Christ! They hate us . . . The English . . . A hand-shaking-welcome - to - Wales - bara - brith - frigging - male - voice - frigging-choir-hatred. The word mistake was beginning to close the gap between what I felt inside and what I could see outside. A bridge word. My bridge, after all . . . The word stuck began to sum me up. And the word stuck had two definitions. One was stuck equals daughter. My Welsh-speaking daughter. She speaks Welsh like one of us, Mr Heneghan, they'd say . . . Smilingly . . . Their language policy in the schools was a kind of theft. Linguistic kidnapping. And the other definition of stuck was stuck equals economics. I couldn't go back. God was no longer the friendly building society I thought he was. The bastard had become a bank. Out-staring me. Courteously. And my engineering business was still at the mangle stage. But because I had a dependent Welsh-speaking daughter the council re-housed us. Amazing how the poor always find one another across all barriers. We're all poor in this god-forsaken place. And the poor can never ever move. Only die where they are. But there was always sex. What would the poor do without sex? But the sex was limited as well. Like putting your hand into cold tea in a teapot and squeezing the teabag. A disappointment. Until I met her.

EIRWEN    Bob, ma' swpar yn barod. Ma' Robat Hefin 'di mynd i'w wely ac yn cysgu'n sownd . . .

ROBAT HEFIN    Nadw, Mam. Dwi tu ôl i drws. A dach chi ddim yn gwbod. Yn glustia i gyd . . .

EIRWEN    Ty'd at y pryd bwyd 'ma, Bob. Gad i dy gorff di fwynhau petha, Bob. Rho rhyw drît bach i dy gnawd. Drycha be sy gin i i ti. Carpaccio of Beef. Merllys hefo tameidiau trylowy bron o Parmesan. A choeli di ddim: gratin dauphinois! O y miwsig! 'Te Deum', Marc-Antoine Charpentier, rhag ofn i dy chwilfrydedd di fynd yn drech na chdi. W't ti'n licio fi, Bob? Ti ddim 'di gweld y dillad yma amdana i o' blaen yn naddo? Ti'n licio'r dillad, ta? Dw't ti ddim? Gad mi tynnu nhw ta. I be fyddwn ni isio dillad heno ynte, Bob? Ma' Robat Hefin yn darllan gormod o Susnag, Bob. Mi dalish i o heddiw yn darllan am Wigan Pier. 'Dy o otj gin ti taswn i yn datod 'y mlows? Meddylia darllan llyfr am hen dre hyll uwchben Lerpwl? Be ti'n feddwl o'r Carpaccio of Beef? Duw! Dwi 'di anghofio gwisgo bra, cofia. Neu brassiere fel y bydda dy fam yn 'i ddeud. Licish i rioed y gair Cymraeg 'bronglwm'. Licis di o? Neis 'te. Y Carpaccio of Beef. Dwi'n siwr dy fod ti'n meddwl mod i'n hen slwt fel yr oedd dy fam yn gwbod yn 'i chalon 'y mod i. 'Dy otj gin ti taswn i'n tynnu'n sgert? 'Dy hi ddim rhy fach, nac'dy? O'n i'n meddwl yn llofft taswn i'n plygu drosodd fydda nhin i'n dŵad i'r golwg. Rhaid mi gofio gofyn i Bob medda fi wrtha fi'n hun. 'Sgynna i feddwl fel dyn, d'wad? Oes 'na 'im gormod o barmasan ar y merllys 'ma, nagoes? Damia dwi 'di anghofio'r rocet, hogyn. Math ar letys, wel'di. Letysan hefo cic yn'i hi. Dyna pam ma' nhw'n 'i galw hi'n rocet mwn. Niwsans ydy nicyrs, 'te Bob? George Henry Lees, Bob. Silc a lês. Hwda! Teimla nhw. Ogleua nhw. Bydd yn feiddgar, Bob. Go dratia ma' nhw 'di mynd i'r gratin dauphinois, 'achan. W't ti am 'y nhwtsiad i, Bob? Ga i awgrymu dy fod ti'n dechra hefo dy llgada. Gad y dulo am dipyn. I'r hen lawia ma'r dulo. Yr ecspyrts. Cym' beth o'r gwin coch 'ma. Y Burgundy dugoch, hypnotig. Ma'i ogla fo hyd yn oed yn dy feddwi di. Arogleua! Taswn i'n darllan llyfr yn noethlymun, Bob. Llyfr Cymraeg bob gair. Fasa' hynny'n gneud rwbath i ti? Agor llyfr fel agor cluniau. A'r print yn ddu fel blew. Tynnu Gŵr Pen y Bryn i mronna yn fan hyn, Bob. A mond chdi yn gwatsiad. Bîff ma'n neis, dydi? Medium rare, washi. Llawn gwaed. Esgusoda fi, dwi 'di anghofio deud nos dawch wrth Robat Hefin. Weli di ddim cnawd yn nunlla i edliw dim i ti. Dwi'n ddillad i gyd, wel'di. Ti'n licio'r tjips oven-ready a'r chicken kievs o Cwics. Neith tro'n gneith swpar chwaral, chwadal nhwtha. A dwi 'di troi'r gwin yn ddŵr 'yli. Be ti'n 'i feddwl o hynna, Bob? Rhaid i mi roi'r gora i'r gwyrthia ma'n rhaid!

*(WRTH ROBAT HEFIN)* Ges ditha hefyd dy siomi y noson honno. 'Ndo? Nos dawch, cyw. Sws i Mam.

JOHNNY      From here the first sign of civilization is Landydno. Marks and Spencer becomes the soothing cliché we've all been looking for. Us stranded exiles. I sought emotional asylum there – in Landydno not in unaffordable Marks and Sparks – many years ago. One weekend. Mid-November. Off-season. In a cheap hotel. Bring your own soap affair. Share a towel with previous guests. That kind of deal. On your own on the promenade in Landydno mid-November. On your own by the cenotaph looking at the poppies in a drizzle you know your life has taken a wrong turning. And that it's nobody's fault but your own. We are condemned to be free, as someone once said. She was sitting on her own in the corner of the dining room. Just ₗ her and me. That Friday evening. Reading a Welsh language newspaper.

May I join you, I said sitting down.

"I'd rather . . . " she said.

Sorry I don't speak Welsh I interjected. There was a slight pause.

EIRWEN        That doesn't matter. Tonight.

JOHNNY        She relaxed. Swallowing her words.

ADRIAN        Mi oedd Nhad yn ddyn crefyddol iawn mewn ffordd od. Doedd duw fel y cyfryw ddim yn bwysig iddo fo. Ond fel rhyw bolisi siwrin y bydda fo yn ei fyd yn trio cael hyd iddo fo pan oedd pethau'n mynd ar y goriwaered. Ond ffeindiodd o neb erioed. Mond y chwilio ffrantig weithiau. Bron nad oeddach chi'n medru clwad dronsys ei feddylia fo'n cael eu hagor a'u troi drosodd. A'r dŵad adra hwyr. Ac ogla sent gwragedd dynion erill arno fo. A wedyn pan fydda petha wedi sadio winc i'r nefoedd hefo'r geiria: Ta-ra Teresa see you Tuesday. Fel tasa 'na ddim o'i le. Ond be oedd yn bwysig i Nhad oedd y seintia. A mi fyddach chi'n 'i glwad o'n mwmblian yr holl enwau o dan ei wynt. St. Jude. St John Vianney. St.John Bosco. St Maria Goretti. St. Teresa of Avila. St Teresa the Little Flower. Bytaliyn o enwa o'i gwmpas o. Be wn i os oedd Nhad yn meddwl fod yna rywun go iawn tu hwnt i hyd yn oed ei holl refru o. Ond hwrach mai cwmpeini geiria o'dd o 'i isio. Cwmpeini enwa. Lot gwell na'r Teresa go iawn oedd wedi ei adael o ond rioed wedi mynd. Mam. Ond i bwy oeddwn i yn perthyn? A be 'dy perthyn? Nid i Lerpwl nac i seintia Dad. Nid i Stiniog chwaith. A ffendio'n hun yn y lle od, peryglus hwnnw rhwng y Gymraeg a'r Saesneg. Lle mae rhywbeth yn trio dŵad i fod. A weithia ca'l 'n nal yn y crossfire. Nid hyn. Nid y llall. Nid fama. Nid fancw – chwaith. Sbio allan ohona fi'n hun i wahanol lefydd ar yr un un pryd. Ini-mîni-meini-mo. Dewis dewis dau ddwrn. A withia mi fyddai Nhad yn dŵad adra ar ôl bod yn hel sgrap drwy'r dydd. Ac yn dangos y doluria ar gledrau ei ddwylo i mi lle roedd o wedi brifo'i hun. Look! fydda fo'n 'i ddeud – the stigmata.

A'r plant erill yn sbio'n hurt bost arno ni'n dau . . . A ni'n dau'n dalld 'n gilydd i'r dim.

JOHNNY        Naked there. Modigliani-like. She was a landscape. And my body became so light. So unencumbered by its own heaviness and clumsiness. I became a breeze over the heights and valleys of her flesh. I realised what lovely things our bodies are. Like a vase dripping with sunlight on a window ledge. Her flesh was somehow profound. The crevice of her mouth inviting me into the depth of her. Like dying into something greater than yourself. She was my unmade journeys. Beginnings that had crossed my mind. Once-only things. You never thought they'd return. To find you out. And they were there in her eyes. An open-handed generosity that I realised in her presence I had wanted to pray to all of my life. And had settled for less. I had been exhumed into life again. Life that had left me behind somewhere. Once. Stranded within my own self. Like the sea in Seaforth far off like a promise and me and my Dad stuck in the mud. Like a word on the tip of my tongue.

EIRWEN          Don't worry . . . Maybe you're too tired.

JOHNNY          I'm never any good on the first night.

EIRWEN          There'll be other chances.

JOHNNY          And the word chances was like opening a dirty, worn curtain onto a building site in the rain. Got to go, she said. Pulling up her knickers. Big as someone else's conscience. There was innocence on her mind when she put those on that morning. Knickers for protection. Not for provocation. Knickers that women wear. Not what men like. She was dressing herself back into who she pretended to be. As she zipped up her skirt I noticed the indentation of her removed wedding ring. A white empty band. And the edges inflamed. In the corridor I squeezed her arse. Round like a schoolroom globe, I said. And I can always find Wales, I confided in her. Jabbing my finger into her buttocks. Jabbing. And she winced. And I kissed her. Brutally. In the silence of my room Wales I realised was full of hushed things. Like the sound of someone undressing. On their own. Late at night. On their own. In the dark.

ROBAT HEFIN     Be wn i pam es i i gyfarfod Bwdisd? Gweld y posdyr yn y siop lyfra ddaru mi:
                Buddhist Meditation
                Every Wednesday evening
                7pm
                The Library
                All welcome.
                Isio newid, ia? Gyffesu i mi fy hun fy mod i wedi syrffedu ar Sdeddfod a Stomp a Thalwrn a Phrotestio. Fod y geiria Cymraeg yn ddrain yn 'y ngheg i. Isio llonydd, ia? Isio distawrwydd, ia? 'Laru tu mewn. Gwenu tu allan.

Geiria'n ffwndro tu mewn. Rhethreg tu allan. Fel 'na ma' hi, Beti. Ac nad oedd na chapal nac eglwys nac emyna na Beibil wedi golygu dim byd imi ers duw a ŵyr pryd. Ma' raid fod hogan y siop lyfra – yr hogan yr oeddwn i wedi bod yn ymwybodol ohoni hi ers tro – wedi ngweld i'n edrach ar y posdyr.

ADRIAN          Werth mynd.

ROBAT HEFIN     Medda hi . . .

ADRIAN          Ddoi di, dybad? Medda fi wrth y drws oedd o newydd ei gau. Fel ganwaith o'r blaen. A'r sein Ar Gau yn rhythu arna i fel 'tai o yn 'y mhryfocio fi. Ddoi di, Robat Hefin, ymgyrchwr iaith y mae'n sgwrs ni hyd yn hyn wedi ei gyfyngu i deitlau'r llyfrau yr w't ti'n 'u harchebu yn fa'ma? *Aporias* gin Jacques Derrida; *Nietzsche's Voice* – Henry Staten; *The Poetic Achievement of Ezra Pound* – Michael Alexander. Ti'n gweld fel dwi'n cofio. Ond Arglwydd! Pwy fydda'n medru anghofio teitlau fel 'na? Ti wedi rhoi cyfle i mi astudio daeryddiaeth dy wyneb di. Y lonydd sydd yn mynd i nunlla yn'o chdi. Y tir neb. Tu ôl i angerdd geiriau dy brotest di ma' dy llgada di'n sôn am boen. Tu ôl i argae'r deud mae pwysau anferthol yr hyn yr wyt ti'n 'i ddal yn ôl. Pwy sydd wedi boddi be yn'o chdi? Am be'n union yr wyt ti'n protestio? Petawn i hefo chdi'n ddigon hir mi welwn i hen olion yn dŵad i'r fei. Ddoi di, dybad? Ddoi di?

                *CÂN: 'DDOI DI DEI' – LEAH OWEN.*

LLAIS BETI GEORGE
                Leah Owen yn fanna yn canu 'Ddoi Di Dei'. Robat Hefin, ydach chi ddim yn diflasu weithia ar brotestio? Meddwl ambell dro mae 'na fwy i fywyd na hyn . . . Does bosib nad ydy hynny wedi croesi'ch meddwl chi.

LLAIS ROBAT HEFIN
                Unwaith yn y pedwar amsar falla, Beti. Ond drwy'r iaith Gymraeg y mae mywyd i'n digwydd. Tynnwch yr iaith oddi yna ac mi ydw i'n disgyn i fudandod. Does yna ddim bywyd wedyn . . .

ADRIAN          Robat Hefin! Mi ddois di.

ROBAT HEFIN     Oes gin ti enw'n llechu yn rhywle? . . . Ma' raid fod.

ADRIAN          Adrian Heneghan . . .

ROBAT HEFIN     Dysgwraig!

ADRIAN          Yn wreiddiol o Lerpwl bellach o fan hyn. Arglwydd

gwyn! Ma'r iaith ar dy frêns di dydy? . . . Fel arfar, 'de . . .
Pan fyddai'n deud 'n enw mi fydd pawb yn sbio'n hurt
arna i. Blydi hel Adrian . . . Ma'u llgada' nhw'n 'i ddeud
. . . A wedyn mi fydda i'n ateb eu penbleth mud nhw . . .
Ia! Fydda i'n 'i ddeud dwi'n gwbod mai enw dyn ydy
Adrian . . . Dyn o'r enw Adrian Henri . . . Mam yn ffan . . .
Dad fel arfar 'im yn ffysi . . . Neither here nor there, la . . .
Adrian Henri? Canu rhyw gloch fach? . . .

ROBAT HEFIN   "The first daffodils of autumn will appear
When the leaves fall upwards to the trees
Tonight at Noon." 'The Mersey Sound'. Uffar o artist da.
Ond na chafodd o rioed 'i gydnabod fel sawl un arall . . .
Yn enwedig yng Nghymru . . . A . . .

ADRIAN   Iesu! Jyst deud 'n enw wnesh i.

ROBAT HEFIN   O'n i'n arfer mynd i Lerpwl! Fi a Nhad a Mam . . . Hefo
bỳs Robin Huw . . . Sach chdi ddim yn nabod Robin Huw
. . . Bob dydd Iau ar ôl Pasg . . . Yn mynd i Lerpwl . . . Er
mwyn i Mam ga'l dillad newydd i'w rhoi nhw hefo'r
dillad newydd oedd ganddi hi'n barod. A'u hongian nhw
ar ôl dwâd adra. Fel sicrets yn y wardrob . . .

ADRIAN   Meddylia! Hwrach 'n bod ni wedi pasio'n gilydd ar y
stryd . . . Top Church Street falla . . . Neu ganol Bold Street
. . . Chdi hefo dy fam . . . Finna hefo'n nhad . . . Mynd
heibio'n gilydd . . . A bod llygid bach direidus ffawd
wedi'n gweld ni a deud . . . Dwi am ddŵad â rheina at 'i
gilydd ryw ddwrnod mewn cwarfod Bwdist yn Gnarfon
. . . On' Susnag o'n i'n siarad bryd hynny . . .

ROBAT HEFIN   Cymraeg dwi 'di siarad rioed . . .

ADRIAN   Wel! Wrth gwrs! Ti rioed 'di gorod symud naddo? Ddaru
dy fam di ddim gadal dy dad. Tasa chdi 'di symud i
goedwig Compaigne yn dair oed, Ffrancwr fasa chdi
wedyn.

ROBAT HEFIN   Naci'n tad. Mi fydda Nhad a Mam yn dal yn Gymry. Ac
felly Cymro fyddwn inna . . .

ADRIAN   Ffrancwr fasa chdi, siwr dduw, er gwaetha dy dad a dy
fam. Fel mater o ffaith sgin i fawr o go' ohono i'n hun yn
dair oed yn siarad Susnag with a Scouse accent wack!

ROBAT HEFIN   Pryd ddysgis di Gymraeg, ta?

ADRIAN   'Im llawar ar dy ôl di. Ma' golwg late-developer arna chdi.
Pawb yn dysgu iaith dydy?

ROBAT HEFIN ، A! Babi Susnag. Susnag oedd iaith dy gartra di, felly . . .
Yn . . .

ADRIAN       Bla-Neigh Vest-Iniock, la! Sgowsar ydy Nhad. Mr
Heneghan. Mi rosodd Mam yn Liverpool. She preferred
the car you know.

ROBAT HEFIN  Ddysgodd o mo'r iaith, mwn.

ADRIAN       W! Hen air bach piwis ydy mwn 'te . . . Naddo cofia . . . Mi
wrthododd o'n bendant . . .

ROBAT HEFIN  Heneghan? Gwreiddiau Gwyddelig.

ADRIAN       Wel siŵr gythral! The Irish connection. Yr hen gyd-
Geltiaid. Ia, mwn. Na! Sais 'dy Nhad! Sori. Dim dianc rhag
yr hen Sacsyns yn yr achos yma ma' gin i ofn. Yr unig beth
sydd ar ôl o'r Irish connection ydy'r snâm a'r ffaith mai
Pabyddes sy'n credu mewn dim ydw i . . .

ROBAT HEFIN  Fel Saunders Lewis.

ADRIAN       Pabydd oedd hwnnw. Nid Pabyddes. A mi ro'dd o'n
credu. Arglwydd Grist! Rho'r gora iddi hi.

ROBAT HEFIN  A Harri Pritchard Jones.

ADRIAN       A Dafydd ap Gwilym. A hyd y gwyddom ni gefndar
Gruffudd ab Yr Ynad Goch. A Iesu Grist. Roman Cathlic
oedd hwnnw hyd nes iddo fo droi'n Cristion . . . Achos
ma' damwain ydy pob dim . . . Pa iaith ti'n siarad . . . Lle
ges di dy eni . . . Pwy ydy dy rieni di . . . Pa grefydd w't
ti'n perthyn iddi hi . . . Damwain . . . Ac i neud y peth yn
ddwyieithog . . . Accident . . .

ROBAT HEFIN  Ond mi oedd Saunders Lewis yn Babydd o egwyddor. Ac
yn genedlaetholwr o egwyddor . . .

ADRIAN       Sut gwyddos ti? Fuos di am drip yn 'i seici fo do? Day-out
bach yn 'i emosiyna fo ar fŷs dy Robin Huw di? Hwyrach
mai adweithio yn erbyn ei fagwraeth oedd o. Neu rwbath
dyfnach, cudd. Adwaith ydy pob egwyddor yn erbyn
rhwbath sy'n llwyr ar goll yno' ni.

ROBAT HEFIN  Does 'na ddim byd gwaeth yn nagoes na dogmatiaeth
person sy'n erbyn pob dogma. Sicrwydd pobol sy'n
mynnu ansicrwydd ym mhawb a phopeth arall . . .

ADRIAN       Go on! Cwffia hefo fi . . . Dwi'n licio fo . . . Secsi . . .

ROBAT HEFIN  Sgin ti ddim egwyddorion felly?

ADRIAN       Nagoes! 'Run! Oherwydd y mae pob egwyddor yn y
diwedd yn andwyo rhywun arall . . . Trais ydy pen draw

egwyddorion. Cwbwl sgin i ydy dyheadau. Dwi'n chwilio am rwbath na fedra i yn 'y myw roid enw iddo fo. Rhwbath. Neu rywun.

A pham ddois di i fama heno? Pa set o hen atebion yr w't ti wedi eu gwrthod nhw? Be w't ti wedi ei gladdu yno chdi dy hun cyn y dois di i'r lle 'ma? Mi fasa Saunders yn troi'n 'i fedd.

ROBAT HEFIN    Ddoi di'r wsnos nesa?

ADRIAN         Dof . . . A'r wsnos wedyn . . .

ROBAT HEFIN    Hyd nes gei di'r atab . . .

ADRIAN         Hyd nes y ca i hyd i'r cwestiwn . . . A chditha? . . . Ddoi di 'nôl?

ROBAT HEFIN    Dof . . .

ADRIAN         Mwn . . .

ROBAT HEFIN    O! A gyda llaw nid ar y mrêns i mae'r Gymraeg . . . Ond yn 'y nghalon i . . . A dyna'r cysylltiad hanfodol na eill y Saeson pragmatig fyth mo'i neud . . . Teimladau ydy iaith i ni. Dydy iaith iddyn nhw yn ddim byd ond arwyddion.

ADRIAN         Un o'r credoau! Hwnna! Ia? Gyda llaw ma' dy lyfr di 'di dŵad i mewn: *Pilgrimage*, Dorothy Richardson. Be ti'n 'i guddiad hefo'r holl eiria 'na?

ROBAT HEFIN    Dŵad yma i dy weld di nesh i.

ADRIAN         Well ti fynd â fi adra felly'n dydy? I ti ga'l gweld mwy ohono i.

JOHNNY         She did come back. The following evening. The Saturday. We screwed.
I'd left my shirt on I remember.
I can't see you again, she said.
That's all right, I said.
You won't brag will you, she said. Promise?
God's honour, I said.
Stunned by the word 'brag'.
She left.
I returned to my room.
I closed the door.
Welsh tart, I bragged.

LLAIS BETI GEORGE
               Yr 'Andante' allan o *Romeo a Juliet* – Procoffief. Hyfryd.
Robat Hefin, pryd ddaethoch chi'n ymwybodol o Gymreictod?

LLAIS ROBAT HEFIN

> Nid cweit pryd efallai ond sut . . . Dau ddigwyddiad pan oeddwn i'n blentyn. Cofio bod yn yr ar' un dwrnod hefo rhaw fach, rhaw plentyn, yn tyllu ac yn dŵad ar draws asgwrn. Asgwrn rhyw anifail mwn. Ond yn 'y nychymyg i bryd hynny asgwrn hen berthynas i mi oedd o. Rhywun oedd wedi byw yn y fan hon ganrifoedd ynghynt. Rhywun hefo enw . . . Teimladau . . . Ofnau . . . Ac wedi mynegi y pethau rheiny . . . Mynegi holl gymhlethdod ei bywyd . . . Hefo'r un cyfuniad o eiriau Cymraeg yr oeddwn i yn eu defnyddio. Roedd y pridd yn dal 'n hanas i. A'n hanas i yn annatod glwm wrth yr iaith Gymraeg. Ac wrth ddal yr asgwrn bychan budur yna gwbod mod i'n ddwfn berthyn i wlad a phobol oedd yn ymestyn tu hwnt i fi fy hun a fy mhethau. Ac nid yn unig perthyn ond fod gen i gyfrifoldeb yn sgîl y perthyn yna. Cyfrifoldeb i warchod ac i ymgeleddu beth oedd wedi ei ymddiried i mi gan y gorffennol byw. Nid unigolyn mohono'i yn byw yn ôl ei fympwy tu mewn i fy unigolyddiaeth ond aelod o genedl neilltuol. Ac y mae'r aelodaeth yna yn hawlio ohono'i y weithred o gadw a gofalu a gwarchod. Does gen i ddim dewis yn y peth, mewn geiriau eraill.

LLAIS BETI GEORGE

> Dau ddigwyddiad, medda chi. Rydach chi wedi bod yn huawdl iawn am y naill. Beth am y llall?

LLAIS ROBAT HEFIN

> Syrthio wnes i. Syrthio ar ddarn o lechen. Nes i'r lechen wthio'i hun i'r byw ychydig o dan 'y mhen-glin i. A'r gwaed yn stillio. A'r boen yn ofnadwy. A ma' Mam yn dŵad o'r tŷ ar 'i hyll 'di dychryn drosti hefo'r holl weiddi. Ac wrth sbio ar 'y nghoes i medda hi, Llechan! Mi ddudodd hi'r enw hefo'r ffasiwn atgasedd nes peri i hynny agor rhywbeth o'm mewn i. Wedi'r cyfan mi oedd llechen yn symbol o'r lle ro'n i'n byw. Bob bore mi fyddwn i'n agor y cyrtans i weld tomenni llechi Rhosgadfan a Charmel a Fron. Ond eto dyma symbol o orthrwm. Fod dynion a merched a'u teuluoedd wedi eu hegsploitio gan y darn yma o garreg. Cyfalafwyr Saesneg wedi ein rheibio ni. A hynny yn 'y ngwneud i'n ymwybodol o hanes. Hanes gorthrwm. Fod y Cymry o dan fawd y Saeson. Yr unig beth y medrwch chi 'i neud hefo llechen ydy carreg fedd neu do. Hynny ydy, pobol wedi ein cau i mewn ydan ni. A'n mygu. Wedi ein claddu. A'r bore hwnnw mi ddarganfyddish i fy awch i am ryddid. Am awyr las. Am atgyfodiad os mynnwch chi. Awch sydd wedi fy ysgogi fi a nghyflyrru fi'n wleidyddol ac mewn ffyrdd erill byth ers

hynny. Ac fel rhyw gynffon yn y stori. Y pnawn hwnnw a finna'n gorweddian ar y soffa yn mwytho mhen-glin ma' Mam i mewn a rhoid llyfr i mi. Un o'r cyd-ddigwyddiada tyngedfennol rheiny. *Cysgod y Cryman* – Islwyn Ffowc Ellis oedd y llyfr. A hyd y bydda i mi gofia i'r wefr o ddarllen y frawddeg gyntaf:

"Yr oedd yr haf yn doreithiog yn Nyffryn Aerwen y flwyddyn honno . . ."

Oherwydd o'i darllen hi mi sylweddolais i fod y Gymraeg yn ddigonol. Y medrwn i trwy fy iaith fynegi unrhyw beth y dymunwn i ei fynegi.

**LLAIS BETI GEORGE**

Cyn eich dewis nesaf chi. Beth – yn fyr tro 'ma, Robat Hefin – beth ydy hanfod Cymreictod i chi?

**LLAIS ROBAT HEFIN**

Cofio. A moli . . . A gwneud hynny drwy gyfrwng yr iaith Gymraeg . . .

**LLAIS BETI GEORGE**

A'ch dewis nesaf chi o gân? . . .

**LLAIS ROBAT HEFIN**

Dwi am ddewis emyn tro 'ma. Er parch dwi'n meddwl i'r traddodiad ymneilltuol sydd wedi cynnal a diogelu yr iaith a'r diwylliant Cymraeg am gyhyd. Ar hyd y bedlam. Mi liciwn i 'I Bob Un Sy'n Ffyddlon'.

**EIRWEN**

Pleser dyn unig ydy pysgota. Chwipio'r dŵr hefo dy lein. Chwipio, Bob. Aros. Hel meddylia. Dal dy feddylia. A'u taflyd nhw'n ôl mewn dychryn i lyn du dy ymennydd. Am na fydda neb yn coelio'r ffasiwn feddylia tasa ti'n dŵad â nhw yn ôl i'r tŷ. Feiddia ti yn dy fyw â deud Sbïwch! wrth 'u penna' nhw. 'U taflyd nhw i ffwr', Bob. Cyn dŵad adra. Yn waglaw. 'Im byd yn tycio heddiw fydda ti'n 'i ddeud . . . Dim byd. Dim.

**JOHNNY**

One evening. Late. You know. I looked towards the Stool-Ann Dam. The dam stuck there like one of those slides little girls put in their hair. Those comb-kind-of-things. You know. I began to tremble with a gentleness. A gentleness. In the afterglow of the setting sun the mountains became flowing hair. The flowing hair of a young girl. With a slide in her hair. Hey! I said to her. Hey! Turn your head this way. Let me see your face. Turn this way and tell me what's it all about . . . WHAT'S IT ALL ABOUT. Face my furious music. But she never does. Never does . . . Never . . .

Ta-ra Teresa . . . I say . . . Ta-ra . . . For good . . .

ADRIAN ⟨Ydy o otj gin ti nad ydw i ddim yn genedlaetholwraig?
⟨Ydi o otj gin ti nad oes gin i run egwyddor?
Ydy o otj gin ti nad ydw i'n credu mewn un dim?
Ydy o otj gin ti mod i'n gwegian rhwng un math o simsanrwydd a simsanrwydd arall, gwahanol?
Ydy o otj gin ti taswn i'n deud mod i wedi syrthio mewn cariad hefo ti beth bynnag ma' hynny'n 'i feddwl?
Shttd!
Shttd!
Paid â deud dim. Dim un gair.
Dim.

EIRWEN Death by misadventure. Dyna be' ddudon nhw. Ond 'da ni'n gwbod yn wahanol. Tydan ni, Bob? Chdi a fi a dŵr y llyn. Pam es di i sgota'r pnawn hwnnw i Lyn y Morynion heb dy enwair? A'r bocs plu yn y drôr. Chdi oedd yr abwyd y dwrnod hwnnw. Ynte, Bob? Pwy welis di yn y llyn y pnawn hwnnw? Y Morynion? Nhw welis di? Y Morynion yn meddwl mai Gronw Pebr oeddat ti ac am dy waed di o'r diwadd? Drias di droi dy farwolaeth yn chwedloniaeth, Bob? Ond dyna'r un ola 'sa ti ynte, Bob? Gronw Pebr! Glwis di sgrech y dylluan tu mewn i dy benglog di? Do, Bob? Yr hen gwdihŵ! Yr hen sguthan! Yr hen jadan! Yr hen gyrbiban! Yr hen gelffaint! Yr hen ast! Iddi hi. Deimlis ti am unwaith Efnisien dy emosiynau? Do? Bob digeidfran! Pwy hudodd di i'r crombil du? Ac wrth foddi pwy oedd o flaen dy llgada di, Bob? Pan oedd hi'n rhy hwyr a chditha ar dy ffordd i lawr, pwy welis di? Fedras di weiddi allan yr enw? Ges di hyd i dy lais go iawn, Bob? Cyn i'r dŵr dy dagu di. Ges di enw, Bob?

ADRIAN Mi ddois i allan o'r bath yn drochion sebon i gyd . . .

ROBAT HEFIN Ti fel dyn eira'n dadlath.

ADRIAN Dynas eira! Plîs! A ni'n dau yn gwrando am yn hir ar sŵn y trochion sebon yn tician 'u hunain i ebargofiant. 'Dy o ddim yn deg, medda finna. Chdi yn dal yn dy ddillad a finna'n noethlymun . . .

ROBAT HEFIN Dan ni'n gyfartal rŵan, medda fi. A'r sioc o ganfod fod fy nghroen i mor wyn. Bron mor wyn â'r radiator neu'r sgyrtins bôrd.

ADRIAN O'n cwmpas ni mi o'n i wedi gosod hwnt ac yma gynnwys dau gariyr bag o fwyd o Marcs an Sbensyrs. Dau becyn o sandwijis yn fanna . . . Coesa cyw iâr mewn perlysiau – digon i ddau – yn fancw. Micsd salad – lollo rosso a berw dŵr a rocet – mewn man arall. Dau ffrwt ffŵl – un gwsberis ac un riwbob

ROBAT HEFIN   Ych-a-fi! – riwbob!

ADRIAN        ar glustogau'r gwely. Potal o win coch ar lintal y ffenasd. Ac ar hyd y cwilt blith-draphlith gynnwys pacad o dda-da hard-boiled yn emwaith sdici . . .

ROBAT HEFIN   Pam ti 'di gneud hyn i gyd? Medda finna . . .

ADRIAN        Er mwyn i ni ga'l symud o gwmpas wrth fwyta. Llwybr o fwyd. Fel petai taith ar gychwyn. Hen chwiw wirion, mwn. A'r pwdin ar y gwely . . . Sbia drw' ffenasd hefo fi . . .

ROBAT HEFIN   A dyma ti'n agor y ffenasd led y pen. A'r môr . . .

ADRIAN        . . . Môr tawel diwedd haf. Un min nos ac Awst yn dirwyn i ben. A'r tonnau'n taro'r tywod yn union fel . . .

ROBAT HEFIN   sŵn cynfas newydd ei heirio a'i smwddio yn disgyn yn . . .

ADRIAN        chŵydd ar fatras y gwely. A'r ymyl yn cyrlio fymryn . . .

ROBAT HEFIN   fel y mraich i am dy ganol gwlyb di . . .

ADRIAN        a'r haul fel un o'r da-da hard-boiled yn cael ei sugno a'i sipian i ddim byd bach bron. Yn ddarn bychan, crwn, claear. Melys jysd iawn . . .

ROBAT HEFIN   a phawb yn symud yn araf ar hyd y prom. Ac fel roedd hi'n twllu yn closio at ei gilydd, yn sdopio, yn oedi, yn . . .

ADRIAN        sbio ar waedlyn yr haul ar y gorwel ac yn gynnas yng ngwres ei gilydd ac yn darganfod ei gilydd . . .

ROBAT HEFIN   yn yr hannar gola tra ro'n i'n ffendio'n ffor' â blaena fy mysidd ar hyd dy gorff di . . . Yn dal 'y ngwynt bron ar barwydydd dy groen di . . .

ADRIAN        ti ar goll? medda fi . . .

ROBAT HEFIN   paid â rhoi fyny, medda chdi . . .

ADRIAN        caria mlaen i chwilio a'r dagrau'n powlio lawr dy ruddiau di . . . Dy groen socian di . . . Fel petai ti'n croesi afon . . . Ni'n dau un nos hwyr mewn gwesty rhad yn Llandudno ac o'n cwmpas ni sbarion bwyd a thu mewn i ni sbarion hen bethau, hen hanesion nad oedd yn mennu dim arnon ni y noson honno . . . Mennu dim . . .

ROBAT HEFIN   yn y nos licrish . . .

EIRWEN        (YN WYLLT REIT AR Y FFÔN. FEL MAE HI'N SIARAD – O BRYD I BRYD MAE BYRDDAU TRESELS YN DOD I LAWR O'R NENFWD YN LLAWN O DDANTEITHION) Helo! Helo! Bwyd i Bawb o Bobl y Byd, ia? Dwi am i chi

drefnu parti i mi. Parti dyweddïad i fy mab. Dwi isio bob
dim. Dwi isio folafons. Dwi isio canapés. Dwi isio eog.
Scotch salmon, cofiwch. Nid yr hen beth 'farmed' 'na. Dwi
isio coesa cyw iâr. Clampia o rei. Dwi isio sugar and spice
and all things nice. Dwi isio amrywiaeth o fara. Bara hefo
tomato-wedi'i–sychu-yn-yr-haul yn'o fo. Bara hefo
caraway. Bara poppy seeds. Bara walnut. Dwi isio paella.
Dwi isio hapusrwydd. Dwi isio ffrwythau. Ffrwythau
ecsotig. Papaya. Mango. Passion fruit. Guava. Starfruit.
Dwi isio llonydd. Dwi isio cigoedd. Ham a tongue a bîff.
Porc. Sgynno chi ben mochyn? Ond dim blydi lamb. Dwi
isio lle ar ben 'n hun bach. Dwi isio bob dim yn neis i'r
ddau. O! A bloda'. Tusw ar bob bwr'. Ac un disblê
anhygoel yn y canol. Blodau na welodd neb eu tebyg nhw
o'r blaen. Orchids a ballu. Ond ma' gin i ofn. Ofn. Y pryf
yn y pren. Y crac yn y cread. O! A siampên. Môr o
siampên. A gwinoedd. Dwi isio gwin coch. Dwi isio'r
Brunello di Montalcino o Tuscany. A Montefalco o
Umbria. Dwi 'im isio bygyr ôl o Ffrainc. Mi fydda Taid yn
deud na fedrach chi ddim ymddiried yn soldiwrs Ffrainc
yn y Rhyfal Mawr. Mi o'dd well ti'r Jyrmans o beth diawl.
Dwi isio mynd o 'ma. Helpwch fi. Plîs helpwch fi. I roid
noson hapus iddyn nhw. Noson fythgofiadwy. Oleuni
diflanedig cannwyll wêr. A chofiwch teisennau cri. O! A
dwi isio'r tseina gora. Royal Doulton. Dim byd papur a
phlastig. Dwi isio cyllith a ffyrc a llwya go iawn. Dim byd
electroplated. Ond arian a hwnnw'n sgleinio. Sterling
silver. A llineinia bwr'. Dim yr hen beth crêp 'na. Ond
Linen. Pure Irish Linen. Plîs. O! Plîs. Dwi isio pesdri.
Choux pesdri. Filo pesdri. Puff pesdri. Shortcrust pesdri.
A phesdri fel bydda Mam yn 'i roid ar dartan fala. Dwi isio
marw withia. Dwi isio mynd yn ôl i ddoe er mwyn i mi
ga'l newid rhei petha. A phan syrth grawnsypiau'r sêr. A
dwi isio i chi ofalu 'i bod hi'n noson ola' leuad iddyn nhw.
Y lleuad wen fel tu mewn i gragen wystrysen. Fel petai'r
byd heb wae na dwyfol drasiedi. Y lloer fel clustdlws.
Gofyn i'w garreg fedd. A dwi isio i bawb gael ryw damaid
o bob dim oedd ar y menyw. A bwyd môr. Ei dychryn hi
yw bod yn fyw. Cimwch. A chregin duon. Corgimwch.
Sori Bob. Sori. Sori. Sori. Perdys. A chocos. Sori. Ar wely o
rew mân. Stwffiwch 'ch hunain. A bara lawr ar dôst. A dwi
isio cacan. Coblyn o gacan. Fel pan fyddwch chi yn sbio
arni hi y byddwch chi yn meddwl am avalanche. Sy'n
mygu. Yn mygu. Cascêd o eising gwyn. Rhagfyr drwy
frigau'r coed. A dwi isio dyn. Dwi isio dyn mewn bô-tei.
A chôt gynffon fain. A het silc. I gyhoeddi eu dyfodiad
nhw:

| | |
|---|---|
| LLAIS DYN | Foneddigion a Foneddigesau. Rhowch groeso tywysogaidd i'r Bonwr Robat Hefin a Ms. Adrian Heneghan. |
| JOHNNY | I saw his mother standing by the celebration cake. That evening of the engagement party. We hadn't been introduced before. She was a whisper. A rumour. A secret. But Christ Almighty! Was she now out in the open . . . |
| EIRWEN | Mi gwelish i o yn y drws. A mi o'n i'n gwbod mai fo oedd y tad. |
| JOHNNY | On occasions like this we're supposed to dance. The prospective mother-in-law with the future father-in-law. So, may I have the pleasure . . . |
| EIRWEN | Sgin i ddim isio . . . |
| JOHNNY | I take it that was a 'yes'. |
| | *MAE HI'N MYND YN GYNDYN. MIWSIG DAWNSIO ARAF.* |
| JOHNNY | Smile . . . Don't ruin their evening . . . |
| | *Y DDAU'N DAWNSIO. YN Y MAN JOHNNY YN RHOI EI LAW AR EI PHEN-ÔL.* |
| JOHNNY | Your arse is still like a school globe . . . Do you know that? . . . And I bet that even now I can always find Wales . . . I never bragged. |
| EIRWEN | I was pregnant . . . |
| JOHNNY | Bob . . . |
| EIRWEN | We pretended . . . |
| JOHNNY | But probably Bob's . . . |
| EIRWEN | Since we never made love. Ever! What do you think? |
| | *SAIB* |
| JOHNNY | Long . . . Long . . . Long . . .<br>Damn! Damn! Damn!! . . . Long . . . Long . . . Coveret . . . Long . . . Coveret . . . Yard . . . Aye . . . Aye! Bloody hell! . . . That's it . . . Long Coveret Yard Aye! . . . Long Coveret Yard Aye . . . Jesus! A Welsh word at last. And a bloody big one too. Long Covert Yard Aye . . . But when it came to the party and my turn to speak . . . Could I get it? . . . Could I get anything past the Long Coveret . . . Sod it! I said, Sod it! . . . I've brought you a male voice choir instead . . . Well! I hadn't really . . . It was just a tape recorder hidden behind a curtain with one of those cardboard cut-outs of Bryn |

Tyrvyl that they use to sell his CDs. And as this bleedin'
hymn was slurring along on the tape I could see their faces
. . . They just couldn't take the joke . . . And I could feel the
venom coming sweetly towards me . . . Their disgust was
palpable . . . Wrapped in a smile . . . Anything the matter,
I said. And they continued to smile. As if I were all the
English of all time. As if I'd built Cnavon Castle single
handed their smiles ambushed me amongst the empty
trifle dishes. Only a joke, I said. Anything the matter, I
said. Come on, Hevin, I said. Remember when I said to
you that I thought 1282 was a radio frequency, long wave.
You laughed then. Why don't you laugh now? (*SAIB*) Did
I hear it inside my head? . . . Or was it thrown at me? . . .
But the word Tree Where N came from somewhere . . .
And as I heard the word, Hevin sort of passed me . . . Was
he leaving? . . . Was he going for a piss? . . . Was he taking
the piss? . . . And as he passed I held him gently . . . I
wasn't forceful at all . . . (*JOHNNY YN DAL ROBAT O
DAN EI GESAIL*) I asked him . . . In a quiet tone of voice,
you know . . . Do I smell, Hevin? . . . Do I smell like Bessie
Bradock's armpits? . . . Is that why you're leaving? . . . Do
you know who Bessie Bradock was? . . . And then he sort
of lost it, I suppose . . .

ROBAT HEFIN  Ti'n gwbod? E's dalwm mi o' gin i hen dric. Tric plentyn.
Os o'dd 'na rywun 'di gadal ôl cachu ar ban toilet mi o'n
i'n trio piso'r houl i ffwr' . . . Er mwyn adfar y glendid.
Pam 'y mod i'n meddwl am yr hen dric yna bob tro dwi'n
sbio arna chdi? . . .

JOHNNY       I didn't raise my voice. What you saying? I said to him.
What you saying? What's he saying? I said to Adrian.
Who just stood there looking. With his mother. And then
the word Tree Where N came from somewhere again . . .
Did you say that, Hevin? . . . I sort of held on to him . . .
Wouldn't let him go as if he were something of value . . .
Sorry about your water, I said to him. Before I came here I
didn't even know where Liverpool got its water from. I
honestly thought it came from the sky. Stupid, eh? I'd
never even heard of Tree Where N. Honest to God.
HONEST TO GOD. But I'm sorry. So sorry. Let me give it
back to you, I said. Have it FUCKING BACK. (*JOHNNY
YN GWTHIO ROBAT I'R LLAWR. RHOI EI DROED
ARNO. JOHNNY YN AGOR EI FALOG. PISO I GEG
ROBAT*) Now say, thank you, Mr Heneghan . . . Say it! . . .
SAY IT! . . . Have you lost your tongue . . . Have you
become mute? Say it! . . . SAY IT!

ROBAT HEFIN     Thank You, Mr Heneghan.

JOHNNY          Do you know? You've got good English. And there's something else I want to share with you. I've got a little secret about your uncle. Bob's your uncle. Because sure as fuck he wasn't your father. Was he now, Mummy? Where are you, Mummy? That's what I like about parties. You're bound to meet an old acquaintance. And start to reminisce. And feel that flesh again in the memory of your finger tips.

EIRWEN          (WRTH ROBAT) Be dduda i wrtha ti? Be dduda i?

ROBAT HEFIN     (O'R LLAWR) Dim byd fel arfar, Mam. Mond siarad ffwl sbîd. Siarad Cymraeg gloyw, cywir drwy gydol'ch priodas anghyfiaith chi. A Nhad fel dymi dyn-taflyd-ei-lais yn dynwared 'ch deud-dim huawdl chi.

JOHNNY          Long Covert Yard Aye . . . Son . . .

                *TYWYLLWCH.*

                *GOLEUNI SYDYN.*
                *NID YW ROBAT HEFIN AR Y LLWYFAN MWYACH. Y TRI ARALL YN SEFYLLIAN O GWMPAS . . . DISTAWRWYDD HIR.*

JOHNNY          Like the silence of a truce . . .

                *DISTAWRWYDD.*

EIRWEN          Yr ha' tanbaid! Ha' blwyddyn dy eni di. Yr haul yn toddi'r tar ar y lôn. Tar yn swigod duon yn clecian o dan wadnau'n sgidia gora ni. Gwarthaig yn y dŵr. Gwenoliaid yn fflïo'n uchel. A'r sêls gora fuo rioed ar Gorona. Fel 'na oedd hi? Ia? Blwyddyn dy eni di. Yr ha' hwnnw. Be wn i? Gan mai ni sy'n creu ein hafau drwy edrych yn ôl. Ond ma' 'na rywun wedi sleifio i mewn i hafau fy nychymyg i. Ac wedi gadael uffar o lanasd yn ystafell fy myw i. Pwy sydd wedi agor y dronsys tu mewn i mi? A mela a chwalu'r dillad isa. Turio trwy'r wardrobs. Malu nillad i'n rhidens. Cysgu yn 'y ngwely fi. Maeddu'r cynfasa. Dwi am hurio'r haul i roi'r hafau yn ôl fel y dyla nhw fod. Ti'n clwad, Robat Hefin? Ma' Mam yn mynd i ddechra clirio. Cadw. Didoli. Tacluso. Gwneud rhestr o bob dim sy ganddon ni. Ma'r lle ma'n rhemp. Dwi'n mynd i osod yr hafau'n ôl. Fel roeddan nhw. Fel roedd o. Ddydd d'eni di.

JOHNNY          There was nothing the driver could do. According to the police quoting the driver. He just seemed to step out of the road without looking. And there were witnesses. The driver will be exonerated.

EIRWEN     What did he say about exonerated?

JOHNNY     No blame. No blame, no blame on the driver, that's what exonerated means.

ADRIAN     (YN DDIYMADFERTH)
Dim bai. Dim bai. Dim bai ar y dreifar. Dyna be mae exonerated yn ei feddwl.

EIRWEN     I know what exonerated means. But when a twenty three year old boy is killed you have to find someone to blame. There's a moral duty to find someone to blame. Finding someone to blame will make life bearable, and what was he doing in Liverpool? He hadn't been to that God-forsaken place since he was a schoolboy. I shall set up a scholarship in his name. Gwobr Goffa Robat Hefin . . .

JOHNNY     She had myth-making ambitions. The Welsh will always milk their history for all its worth. A scholarship was just for starters.

ADRIAN     Misglwyf! Sori! medda fi wrtho fo o ganol gwlybaniaeth fy noethni yn Llandudno . . .
Be uffar 'dy'r otj, medda fo . . . Be uffar 'dy'r otj. Ac i mewn i mi â fo. Fel ro'n i 'i isio . . .

JOHNNY     Would you like me to come with you, I said to her. Out of the blue. Would you? she said. Out of the blue.

ADRIAN     Tydy brawd a chwaer ddim i fod i ffwcio.

EIRWEN     Mi fydd 'na bownd o fod rwbath ar d'ôl di'n *Barddas*. Englyn o leia. Cywydd dybad? W't ti'n rhy ifanc i awdl dwa'?

ADRIAN     Ffwcio pob mawl.

JOHNNY     Where you from, mate? Said the taxi driver. Wales, mate. I said. Ah! Got a bit of a Welsh accent there, mate. But I'm from here originally, mate. Bit of a Welsh accent eh? I used to go to Rill, mate. Yous been to Rill? Haven't been for a while though, mate. I had a friend who had a caravan in Tow-n, mate. Know it, mate? Tow-n? Seeing family are you, mate? I've come for my Son's inquest, mate. I said. What happened, mate? He was 'run over. Only twenty five. Does your head in a thing like that, mate. Does your fucking head in. But I'm originally from here, mate. I said. Again. Stunned this time by the word originally. As if I'd become a fake in the meantime, mate.

EIRWEN    Before I pronounce the verdict may I take this opportunity to express my deepest condolences to Mr and Mrs Heneghan on the death of their Son. Meddai'r crwner.

ADRIAN    A'i ddŵad o'n sgrech. Fel 'tai 'i gorff o i gyd mewn trybestod. Shhd! Shhd! Medda fi yn 'i fygu o rhwng fy mronnau. Yn y nos licrish.

EIRWEN    Death by misadventure, medda fo.

JOHNNY    The driver of the car came up to me. I'm really sorry, mate, he said. But I didn't stand a chance. Don't blame yourself, mate, I said. It was an accident. Everything is.

EIRWEN    OND FI 'DY FAM O, medda fi dros bob man yn y cwrt. A mi a'th y lle mor ddistaw â dŵr llonydd. Y geiriau Cymraeg wedi 'u sdopio nhw'n stond. Fel brwsh bras wedi'u sgwrio nhw i fudandod.

JOHNNY    What shall we do now? I said to her. On the pavement. Outside the court. In a strange city.

EIRWEN    'Swn i'n licio mynd i'r Albert Dock, medda fi wrtho fo . . .

JOHNNY    On the street there was this man. Drunk. He'd taken off his glasses. You know. Held them in front of him. With the lenses facing him. He then began to kick the invisible glasses wearer. That other. Kicking the shit out of him. And I listened to the silence of the pain. That wino. Thank God that's not me. I said to myself. Not me. Me.

ADRIAN    Mi o'dd 'i goc o'n waed i gyd. Mi daliodd o hi i fyny yn 'i ddwrn. Fel petai o newydd fy lladd i. A ni'n dau'n gwaedu. Ac yn farw chwerthin.

JOHNNY    That's the Adelphi, I said. But I know cheaper hotels, I said. Holding my breath. Holding her hand. You conquered me once, she said. Freeing herself.

EIRWEN    Mi driodd o afael yn 'n llaw i. A finna hefo'r holl bacejis. Paid! Robat Hefin, medda fi. Paid. Nesh i ddim cweit roid hwth iddo fo. Ond mi a'th o oddi ar y pafin. Mi fuo bron iddo fo â mynd o dan moto. A'r bobl yn sdopio'n sdond. Yn dal 'u gwynt. Brêcs yn sgrechian. O! mabi fi, medda fi'n gollwg y pacejis hyd bobman. O! mabi fi. A Bob ar ymyl y pafin. Yn welw. Ond â golwg y cyth arno fo. Dwi'n cofio'n iawn. Dwi'n cofio.

JOHNNY    Come on, I said. Let's be tourists. Let's go to the Albert Dock. I want to go to the Tate. They've got a Picasso. I've never seen a Picasso face to face.

ADRIAN

Yn fud ac ar agor
fel arch Siwan
ym Miwmares.
Fel 'na dwi'n teimlo
Heb'o ti.
Lle bu rhywbeth
o werth un waith
am rhy chydig
yn le gwag
yn fud ac ar agor
fel arch Siwan
ym Miwmares.
A chditha
yn anaf fy nghof
yn fud ac ar agor
fel arch
Llywelyn yn Llanrwst
yn fud ac ar agor:
Mudandod yn galw ar Fudandod:
Neb yn angerdd Neb.
Sbia! Mi ges di dy fawlgan gin i wedi'r cyfan. Er gwaetha
fi fy hun.
Dwi'n dy garu di. Ond mi roddat ti yn gwbod hynny. Yn
doeddat? Fy ngharwr! Fy ngharwr! medda fi yn herio'r
nos
ddi-glem
ddi-ystyr
ddi-bwrpas
ddi-drefn
oer
oer
oer
oer
oer
oer
OER . . .

JOHNNY

There in the Tate. In British Art after 1945 I looked into her
eyes. And it was like walking without thinking into a
familiar corner-shop where you'd bought things all your
life. Only to find the shelves empty. The counter bare.
Don't stare at me, she said. I thought I'd left something
behind, I said, but there was nothing. Her body was
closed. Let's go back, she said. Let's. I said to someone
who crossed my life once. Crossed. Let's go home, I said.

EIRWEN

Y tro cyntaf i mi ddod yn ôl o Lerpwl. Yn waglaw. Ac mi
oedd pwysa yr hyn nad oedd yna yn affwysol.

ADRIAN

Drannoeth ei farw mi ddath 'na becyn bychan drwy'r posd. Ei lawysgrifen o ar yr amlen. Fy enw i. Adrian. Dim cyfenw. A'r cyfeiriad. Tu mewn, mi oedd yna ddwy amlen arall. Un i mi. Un i Nhad. A pharsel bychan i Eirwen. Yn yr amlen i mi mi oedd yna lun polaroid ohono fo'i hun. Yn dal potel o ddŵr. Evian. Mi oedd o'n gwenu. Beth wnaeth o tybed? Sdopio rhywun ar ganol Bold Street. A gofyn iddyn nhw dynnu ei lun o. Ba esgus roddodd o? Yn Lerpwl ar ei wyliau? Twrist? Dieithryn? Myfyriwr ar fin gadael y Poli neu'r Brifysgol? Wyliodd o ei hun yn dŵad i'r fei o'r cemegau cudd? Y blanc gwyn. Yna lliwiau egwan. Diymadferth. Wedyn y lliwiau'n cryfhau. Yn twallt drwy'r gwynder. Siapiau'n dechrau ymddangos. Be ymddangosodd gynta tybed? A fynta'n sbio arno fo'i hun. Yn disgwyl iddo fo'i hun gyrraedd. Be ddaeth? Ei wallt o? Trwyn? Y gweflau? Y llygid? Gweld ei hun yn dŵad i'r fei o wynder y Polaroid. Fel genedigaeth. Awr neu ddwy cyn ei farwolaeth o. Oedd gweld ei hun yn sioc iddo fo? Yn ormod? Yn ddychryn pur, lliwgar? A'r botel ddŵr yn ei law o. Yn 'i dal hi wrth ochor ei wyneb. A mae o'n gwenu. Gwenu ar be? Gwenu am mai dyna be mae twrist i fod i 'neud? Ynteu gwenu i'r gorffennol mae o? Gwenu gwên rhywun sydd wedi cael digon ac yn gwybod nad oes yna ddyfodol y bydd o'n gorod ymgodymu ag o. Gwenu arna i mae o? Cofia fi hefo gwên. Dyna be mae o'n 'i ddweud wrtha i o'r cemegau?
Ynteu gwenu oherwydd tric y dŵr mae o? Welish i mo'r tric am ddiwrnodia. Y botal Evian wrth ochor ei wyneb o. Fy nghrebwyll i oedd wedi gweld y gair Evian. Y botel las, plastic concertina, gyfarwydd. Evian medda fy ymennydd i wrth fy llygaid i. Ond nid Evian, oedd yna. Ond Tryweryn. Roedd o wedi mynd â label hefo fo. A'i osod o ar draws yr enw disgwyliedig. Wedyn sdopio rhywun ar y stryd. Dal y botel. Gwenu. Y rhywun diarth yn pwyso'r botwm. Ac o agen y camera y print sgwâr gwyn yn dŵad allan. A'r gwynder blanc yn ei guddied o a'r tric am eiliadau o dragwyddoldeb. Nes y daeth o i'r fei yn gwenu. Gwenu. Hyd heddiw. Ac yno' i.

JOHNNY

Jesus! Seaforth docks. He'd sent me one of those polaroid pictures. You know. A part of a crane on the left hand side. You could just about make out the sea on the right. The rest was a blank. A whiteness. On the back he'd written: That's Wales! And I thought of my father and me. Long ago. Stuck in the mud. My Dad pointing to the land ahead of us. That's Wales, he'd say. The land reclining like a nude. Mole Vama, her exposed breast. In the polaroid the

crane seemed to be holding on to the heaviness of nothing.
Wales was just a blank. As if it could be anything you
wanted it to be.

EIRWEN        Ac yn yr amlen hefo'r enw Mam arni mi roedd 'na lyfr.
              *The Road to Wigan Pier.* Ar yr wyneb ddalen yn 'i sgwennu
              hogyn ysgol o y geiriau:
              "Prynwyd yn Lewisys, Lerpwl hefo Mam y flwyddyn ar
              ôl i Dad ladd ei hun."
              A'r dyddiad:
              "Ebrill 27ain, 1972."
              Ac yn sydyn, yn y fan a'r lle mi roeddwn i yn cofio . . .
              Popeth . . .

              *SAIB.*

JOHNNY        Better go? Shall we go?

EIRWEN        Bod yna erbyn chwartar i saith ddudodd o . . .

ADRIAN        Well ni fynd ta, dydy . . .

              *Y TRI'N CERDDED I GEFN Y LLWYFAN. GOLAU AR
              ARCH YN Y PEN PELLAF. MAE'R ARCH AR AGOR. EI
              CHEUAD YN PWYSO YN ERBYN Y WAL. ADRIAN YN
              CARIO BOCS. JOHNNY AC EIRWEN YN SEFYLL O
              BOPTU'R ARCH. ADRIAN YN Y CANOL YN WYNEBU'R
              TU BLAEN.*

JOHNNY        St Jude. St John Vianney. St John Bosco. St Maria Goretti.
              St Teresa of Avila. St Teresa, the Little Flower.

EIRWEN        Cuddiad w't ti ynde, tu ôl i ddrws y blynyddoedd marw.
              Yn gwrando arnon ni'n paldaruo o le dy fudandod. Yn
              glustia i gyd.

              *MAE ADRIAN YN AGOR Y BOCS YN ARAF GAN
              DYNNU ALLAN GERFLUN EFYDD O'R BWDA.*

LLAIS BETI GEORGE
              Robat Hefin. Mae yna un cwestiwn ar ôl. Pam y gyda'r
              nos honno yn Lerpwl y bu i chi gamu o'r pafin hwnnw ac
              i lwybr car? . . . Pam . . . Robat Hefin? . . .

              *SAIB.*

LLAIS ROBAT HEFIN
              Oherwydd i mi weld, Beti. Gweld hogyn bach rochor arall
              i'r lôn ar y pafin yn sgrechian crio iddo fo'i hun. Ac ar 'i
              ysgwydd o . . . Baswca . . . A hwnnw ddim yn gwithio. Ac
              wrth 'i ochor o ddynas a llond 'i haffla hi o bacia a

rheiny'n disgyn i bob man fel petai hi ei hun yn dadfeilio. Ac yn sbio ar y ddau . . . Y dyn 'ma . . . Fel dyn diarth . . . A'i geg o ar agor yn ogof ddu fel petai o'n mynd i ddeud rhwbath. Ond mi roeddach chi'n gwbod 'i fod o wedi colli 'i lais . . . Fod rhywun wedi rhigo'i focs llais o o'i wddw fo . . . Ac nad oedd modd iddo fo ga'l hyd i'r geiria . . . Ac wrth sbio arnyn nhw, ddirnad, Beti, fod yn rhaid i rai petha farw. Nad oes dichon i chi fedru 'u hachub nhw. Ei bod hi'n amhosibl eu gwaredu nhw o'r gorffennol. Ac imi ar yr union eiliad honno ailddarganfod yno' fi fy hun hen chwedl. Fod atgyfodiad . . . Unrhyw fywyd newydd . . . yn dibynnu ar farwolaeth. Ac mai nid diwedd ydy marwolaeth wedi'r cwbl. Ond drws . . . Felly nid chwyldro, Beti, ond datguddiad. Ac mai dyna pam es i dros ymyl y pafin, Beti . . . Hwyrach . . . Efallai . . . Be dach chi'n 'i feddwl, Beti? . . . Hwyl i chi.

*GOLAU FFYRNIG. SŴN BRÊCS CAR. SŴN CLEC. MAE ADRIAN YN TROI'R ARCH ROWND YN ARAF BACH. TYWYLLWCH SYDYN.*
*SŴN ARUTHROL RHYWBETH YN DISGYN NEU RYWBETH YN AGOR.*